中等职业教育
改革创新
系列教材

F I N A N C I A L   A C C O U N T I N G

企业会计实务

曾钧 杨艳俊
主编

张莉莉 刘云婕
副主编

人民邮电出版社
北京

图书在版编目（C I P）数据

企业会计实务 / 曾钧, 杨艳俊主编. -- 北京 : 人民邮电出版社, 2024.3
中等职业教育改革创新系列教材
ISBN 978-7-115-63710-9

Ⅰ. ①企… Ⅱ. ①曾… ②杨… Ⅲ. ①企业管理－会计实务－中等专业学校－教材 Ⅳ. ①F275.2

中国国家版本馆CIP数据核字(2024)第032791号

内 容 提 要

本书严格依据《企业会计准则》和现行财税金融政策编写，以企业日常经济业务为主线，将教学内容分为筹资业务核算、投资业务核算、职工薪酬业务核算、采购与付款业务核算、销售与收款业务核算、成本费用业务核算、财务成果业务核算、财产清查业务核算、财务报表编制九个项目。每个项目设置多个典型任务，将知识传授与价值引领融合，培养学生具备数字经济背景下从事企业会计核算与监督的职业能力。

本书知识讲解清晰易懂，注重岗位技能与实践能力培养，适合作为中等职业学校会计事务专业的教材，以及社会人士自学和培训用书。

◆ 主　　编　曾　钧　杨艳俊
　副 主 编　张莉莉　刘云婕
　责任编辑　崔　伟
　责任印制　王　郁　彭志环

◆ 人民邮电出版社出版发行　　北京市丰台区成寿寺路 11 号
　邮编 100164　　电子邮件 315@ptpress.com.cn
　网址 https://www.ptpress.com.cn
　固安县铭成印刷有限公司印刷

◆ 开本：787×1092　1/16
　印张：12.75　　2024 年 3 月第 1 版
　字数：221 千字　　2024 年 3 月河北第 1 次印刷

定价：45.00 元

读者服务热线：(010)81055256　印装质量热线：(010)81055316
反盗版热线：(010)81055315
广告经营许可证：京东市监广登字 20170147 号

FOREWORD

前言

党的二十大报告提出，要“加快发展数字经济，促进数字经济和实体经济融合，打造具有国际竞争力的数字产业集群”。为适应会计、审计及税务服务业优化升级需要，对接会计数字化、网络化、智能化发展新趋势，对接新产业、新业态、新模式下企事业单位会计、财税代理服务等岗位（群）的新要求，不断满足会计行业高质量发展对技术技能人才的需求，作为我国职业教育根基的中等职业教育，应重视并加强学校教学改革和教材建设工作。企业会计实务是中等职业教育会计事务专业的专业核心课程，前承出纳与资金管理课程，后接税费核算与智能申报、财税代理服务、会计信息系统应用等课程，在教学改革中起到举足轻重的作用。

本书以《企业会计准则》和现行财税金融政策为依据编写，具有以下特色。

1. 符合中等职业教育人才培养需求

本书坚持以育人为根本，对照企业岗位要求，帮助学生掌握新产业、新业态、新模式下从事现代会计核算及会计服务必备的基础理论知识和操作技能，培养学生成为具有可持续发展能力的高素质劳动者和技能型人才。

2. 典型案例示范，实用性强

本书在每个学习任务中都引入典型案例进行详细解析，让学生加深对理论知识的理解；同时增加课堂活动环节，培养学生独立分析与解决问题的能力。

3. 版式新颖，形象生动

本书对每个任务涵盖的知识点和技能点进行梳理，构建了简洁清晰的知识框架。每个项目设有“学习目标”“学习任务”“素养提升”“项目小结”四个模块；每个学习任务又按照“任务引例”“知识学习”“引例分析”“课堂活动”依次展开，让学生跟随本书“想一想”“做一做”“试一试”；知识点中穿插醒目的“请注意”“你知道吗”等提示栏目。这样的体例设计符合中职学生的认知规律，能够提高学生的学习兴趣。

4．教学资源丰富

本书配套丰富的数字教学资源，包括与主要知识点和技能点对应的微课视频、电子课件、原始凭证库、企业案例库、习题库（即测即评）等素材。教师可从人邮教育社区（www.ryjiaoyu.com）下载使用。

本书由武汉市财政学校曾钧、淄博职业学院杨艳俊担任主编，绥化市职业技术学校张莉莉、淄博职业学院刘云婕担任副主编，淄博职业学院梅研参与编写。

在编写本书的过程中，编者得到了厦门网中网软件有限公司、人民邮电出版社的大力支持与帮助，在此表示感谢。由于编者水平所限，书中可能存在不当之处，欢迎广大读者批评指正。

编　者

2024 年 1 月

CONTENTS

目 录

项目四　采购与付款业务核算…………………66

项目五　销售与收款业务核算…………………90

项目六 成本费用业务核算…120

项目七 财务成果业务核算…145

项目八 财产清查业务核算…161

项目一 筹资业务核算

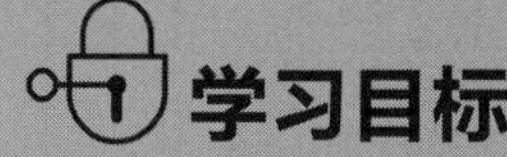

学习目标

知识目标

1. 熟悉吸收直接投资业务、银行借款业务核算的账户设置
2. 掌握吸收直接投资业务、短期借款业务、长期借款业务的核算方法

技能目标

1. 能正确识别和审核筹资业务原始单据
2. 能根据原始凭证准确编制吸收直接投资业务的记账凭证
3. 能根据原始凭证准确编制短期借款、长期借款业务的记账凭证

素养目标

1. 培养认真、严谨的工作作风
2. 培养积极思考、勇于探索的创新思维习惯
3. 培养会计职业判断能力

学习任务

企业要进行经济活动必须有一定的资金保障，因此，筹资活动是组织生产经营活动的起点。在社会主义市场经济条件下，企业取得资金的渠道很多，但主要是投资者投入资金和向银行等金融机构借入资金两方面。

任务一 吸收直接投资业务核算

任务引例

> **想一想**：该业务如何核算呢？

2022 年 1 月 1 日，北京万佳投资有限公司、北京天逸投资有限公司、北京万发投资有限公司三家公司共同投资设立北京君豪实业有限公司，相关的验资报告、银行电子回单、投资协议、固定资产验收单、固定资产增值税专用发票、无形资产增值税普通发票如图 1-1 至图 1-7 所示。

验资报告

京佳宇会验字〔2022〕293号

北京君豪实业有限公司（筹）：

我们接受委托，审验了贵公司（筹）截至2022年01月01日申请设立登记的注册资本首次实收情况。按照法律法规以及协议、章程的要求出资，提供真实、合法、完整的验资资料，保护资产的安全、完整是全体股东及贵公司（筹）的责任。我们的责任是对贵公司（筹）注册资本的首次实收情况发表审验意见。我们的审验是依据《中国注册会计师审计准则第1602号——验资》进行的。在审验过程中，我们结合贵公司（筹）的实际情况，实施了检查等必要的审验程序。

根据协议、章程的规定，贵公司（筹）申请登记的注册资本为人民币伍佰万元整，由北京万佳投资有限公司、北京天逸投资有限公司、北京万发投资有限公司于2022年01月01日之前一次性缴足。经我们审验，截至2022年01月01日，贵公司（筹）已收到全体股东缴纳的注册资本（实收资本）合计人民币伍佰万元整。其中：北京万佳投资有限公司认缴的出资为人民币贰佰伍拾万元整，实际缴纳人民币贰佰伍拾万元整，占注册资本的50%，出资方式为货币贰佰伍拾万元整；北京天逸投资有限公司认缴的出资为人民币壹佰伍拾万元整，实际认缴人民币壹佰伍拾万元整，占注册资本的30%，出资方式为货币伍拾万元整，材料（5mm钢板）壹佰万元整；北京万发投资有限公司认缴的出资为人民币壹佰万元整，占注册资本的20%，出资方式为固定资产（数控机床）柒拾万元整，无形资产（专利权）叁拾万元整。

本验资报告供贵公司（筹）申请办理注册资本及实收资本（股本）变更登记及据以向全体股东签发出资证明时使用，不应被视为是对贵公司（筹）验资报告日后的资本保全、偿债能力和持续经营能力等的保证。因使用不当造成的后果，与执行本验资业务的会计师及本会计师事务所无关。

附件：1.注册资本及实收资本（股本）变更前后对照表

2.验资事项说明

北京市佳宇会计师事务所　　　　中国注册会计师：陈晓梅

中国北京　　　　（主任会计师/副主任会计师）

中国注册会计师：陈小佳

2022年01月01日

北京市佳宇会计师事务所

中国 注册会计师 陈晓梅 41285028549

中国 注册会计师 陈小佳 41285028613

图1-1　验资报告

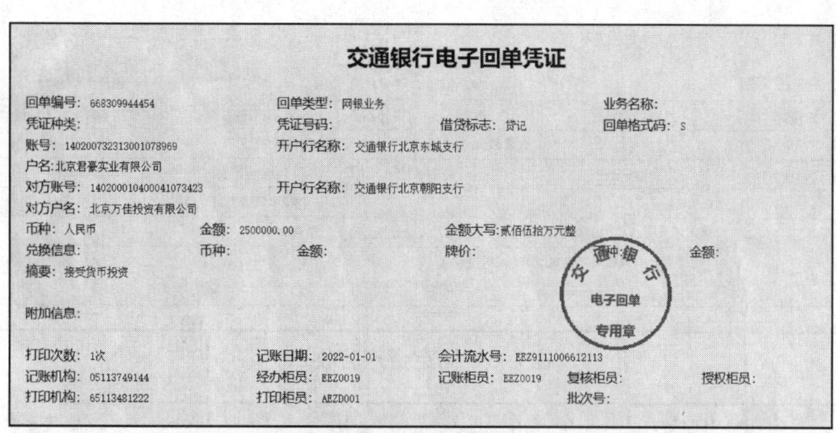

交通银行电子回单凭证

回单编号：668309944454　回单类型：网银业务　业务名称：
凭证种类：　凭证号码：　借贷标志：贷记　回单格式码：S
账号：14020073231300107896 9　开户行名称：交通银行北京东城支行
户名:北京君豪实业有限公司
对方账号：14020001040004107342 3　开户行名称：交通银行北京朝阳支行
对方户名：北京万佳投资有限公司
币种：人民币　金额：2500000.00　金额大写:贰佰伍拾万元整
兑换信息：　币种：　金额：　牌价：　金额：
摘要：接受货币投资
附加信息：
打印次数：1次　记账日期：2022-01-01　会计流水号：EEZ9111006612113
记账机构：05113749144　经办柜员：EEZ0019　记账柜员：EEZ0019　复核柜员：　授权柜员：
打印机构：65113481222　打印柜员：AEZD001　批次号：

图1-2　银行电子回单（北京万佳投资有限公司）

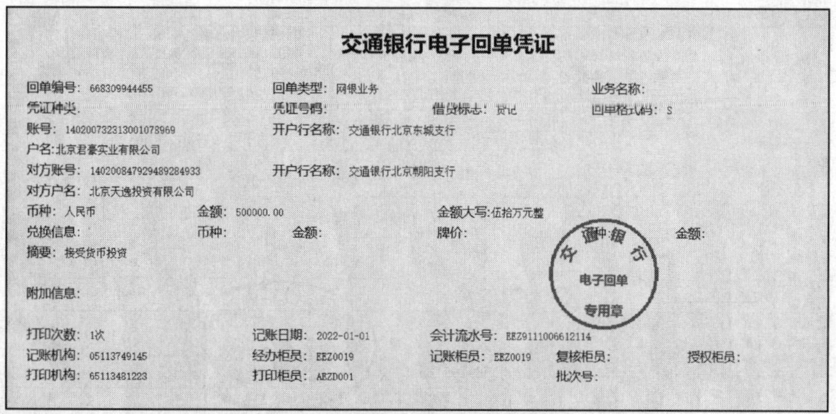

交通银行电子回单凭证

回单编号：668309944455　回单类型：网银业务　业务名称：
凭证种类：　凭证号码：　借贷标志：贷记　回单格式码：S
账号：14020073231300107896 9　开户行名称：交通银行北京东城支行
户名:北京君豪实业有限公司
对方账号：14020084792948928493 3　开户行名称：交通银行北京朝阳支行
对方户名：北京天逸投资有限公司
币种：人民币　金额：500000.00　金额大写:伍拾万元整
兑换信息：　币种：　金额：　牌价：　金额：
摘要：接受货币投资
附加信息：
打印次数：1次　记账日期：2022-01-01　会计流水号：EEZ9111006612114
记账机构：05113749145　经办柜员：EEZ0019　记账柜员：EEZ0019　复核柜员：　授权柜员：
打印机构：65113481223　打印柜员：AEZD001　批次号：

图1-3　银行电子回单（北京天逸投资有限公司）

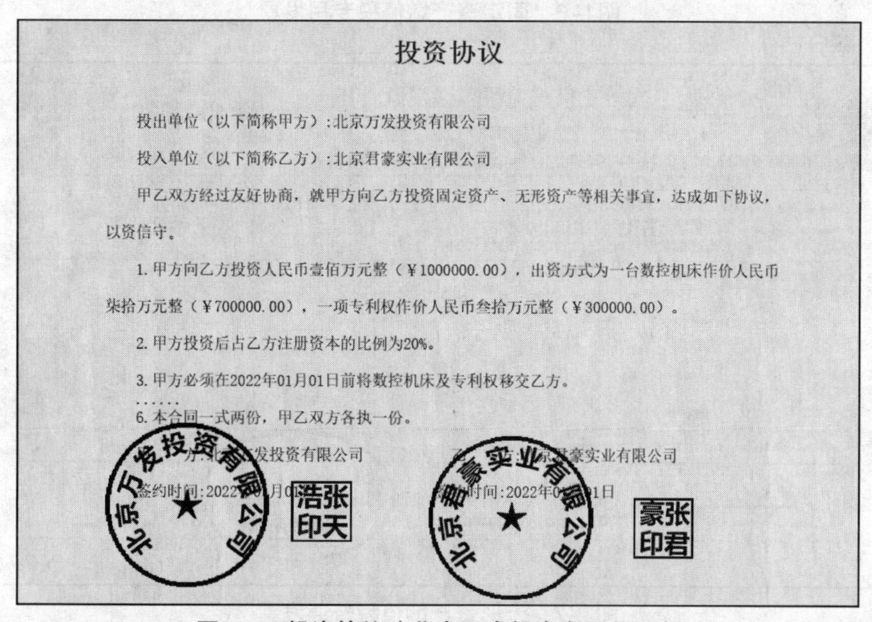

投资协议

投出单位（以下简称甲方）:北京万发投资有限公司

投入单位（以下简称乙方）:北京君豪实业有限公司

甲乙双方经过友好协商，就甲方向乙方投资固定资产、无形资产等相关事宜，达成如下协议，以资信守。

1.甲方向乙方投资人民币壹佰万元整（￥1000000.00），出资方式为一台数控机床作价人民币柒拾万元整（￥700000.00），一项专利权作价人民币叁拾万元整（￥300000.00）。

2.甲方投资后占乙方注册资本的比例为20%。

3.甲方必须在2022年01月01日前将数控机床及专利权移交乙方。

……

6.本合同一式两份，甲乙双方各执一份。

甲方:北京万发投资有限公司　乙方:北京君豪实业有限公司

签约时间:2022年01月01日　签约时间:2022年01月01日

图1-4　投资协议（北京万发投资有限公司）

固定资产验收单

2022 年 01 月 01 日　　　　编号：003912

名称	规格型号		来源	数量	购（造）价	使用年限	预计残值
数控机床			投资投入	1	619469.03	10	0
安装费	月折旧率		建造单位		交工日期	附件	
	0.83%				2022 年 01 月 01 日		
验收部门	管理部	验收人员	王华	管理部门	管理部	管理人员	张强
备注	该固定资产为北京万发投资有限公司投入。						

审核：张毅　　　　制单：李艳

图1-5　固定资产验收单

1100132230　　北京增值税专用发票　　№ 60973000　　1100132230　60973000

发票联　　开票日期：2022年01月01日

购买方　名称：北京君豪实业有限公司
纳税人识别号：911101012384689166
地址、电话：北京东城区朝安街58号 010-78368206
开户行及账号：交通银行北京东城支行 14020073231300107896 9

密码区：03*3187<4/+8490<+95-59+7<243
4987<0-->>-6>525<693719->7*7
87*3187<4/+8490<+95708681380
9<712/<1+9016>6906++>84>93/-

货物或应税劳务、服务名称	规格型号	单位	数量	单价	金额	税率	税额
*机床*数控机床		台	1	619469.03	619469.03	13%	80530.97
合计					¥619469.03		¥80530.97

价税合计（大写）⊗柒拾万元整　（小写）¥700000.00

销售方　名称：北京万发投资有限公司
纳税人识别号：911101018876213512
地址、电话：北京东城区沿江西路13号 010-83627112
开户行及账号：交通银行北京东城支行 14020008091001654531 3

备注

收款人：　复核：　开票人：郭宇航　销售方：（章）

第三联：发票联　购买方记账凭证

图1-6　固定资产增值税专用发票

1100132657　　北京增值税普通发票　　№ 40028300　　1100132657　40028300

发票联　　校验码 16015 50259 32782 82301　　开票日期：2022年01月01日

购买方　名称：北京君豪实业有限公司
纳税人识别号：911101012384689166
地址、电话：北京东城区朝安街58号 010-78368206
开户行及账号：交通银行北京东城支行 14020073231300107896 9

密码区：03*3187<4/+8490<+95-59+7<244
4987<0-->>-6>525<693719->7*7
87*3187<4/+8490<+95708681380
9<712/<1+9016>6906++>84>93/-

货物或应税劳务、服务名称	规格型号	单位	数量	单价	金额	税率	税额
*无形资产*专利技术		项	1	300000.00	300000.00	***	0.00
合计					¥300000.00		¥0.00

价税合计（大写）⊗叁拾万元整　（小写）¥300000.00

销售方　名称：北京万发投资有限公司
纳税人识别号：911101018876213512
地址、电话：北京东城区沿江西路13号 010-83627112
开户行及账号：交通银行北京东城支行 14020008091001654531 3

备注

收款人：　复核：　开票人：郭宇航　销售方：（章）

第二联：发票联　购买方记账凭证

图1-7　无形资产增值税普通发票

知识学习

一、吸收直接投资业务核算的账户设置

为了核算和监督投资者投入资本的增减变动情况，企业应设置如下账户。

（一）“实收资本”账户

“实收资本”账户属于所有者权益类账户，贷方登记企业实际收到的投资者投入的资本，借方登记投资者投入资本的减少，期末贷方余额反映企业实收资本总额。该账户可按投资者设置明细账户，进行明细分类核算。

（二）“股本”账户

“股本”账户属于所有者权益类账户，用来核算股份有限公司在核定的股本总额及核定的股份总额范围内实际发行股票的数额。该账户贷方登记实际发行的股票票面总额，借方登记股份有限公司按法定程序报经批准减少的股本数额，期末贷方余额反映股份有限公司期末股本总额。

（三）“资本公积”账户

“资本公积”账户属于所有者权益类账户，用来核算企业资本公积的增减变动情况。该账户贷方登记资本公积增加数额，借方登记资本公积减少数额，期末贷方余额反映资本公积结余数额。“资本公积”账户下应设置“资本（或股本）溢价”和“其他资本公积”两个明细账户，进行明细核算。

二、吸收直接投资业务核算

技能点讲解

吸收直接投资业务核算

（一）接受现金资产投资业务核算

1. 股份有限公司以外的企业接受现金资产投资

企业收到投资者以现金投入的资本时，应以实际收到或存入企业开户银行的金额作为实收资本入账，借记“银行存款”账户；按投资合同或协议约定的投资者在企业注册资本中所占份额的部分，贷记“实收资本”账户；实际收到或者存入企业开户银行的金额超过其在该企业注册资本中所占份额的部分，贷记“资本公积——资本溢价”账户。

2. 股份有限公司发行股票业务

股份有限公司发行股票时，既可以按面值发行，也可以溢价发行（我国目前不允许折价发行股票）。当股份有限公司发行股票收到现金资产时，应按照实际收到的金额，借记“银行存款”账户；按股票面值和核定的股份总额的乘积计算的金额，贷记“股本”账户；按其差额，贷记“资本公积——股本溢价”账户。

股份有限公司发行股票所支付的相关手续费、佣金等交易费用，如为溢价发行，应从溢价中抵扣，冲减资本公积（股本溢价），无溢价或溢价不足以抵扣的，应将不足抵扣的部分冲减盈余公积和未分配利润。

（二）接受非现金资产投资业务核算

1. 接受投入固定资产

企业接受投资者作价投入的房屋、建筑物、机器设备等固定资产，应以投资合同或协议约定的价值（不公允的除外）作为固定资产的入账价值，借记“固定资产”账户；以投资合同或协议约定的投资者在企业注册资本或股本中所占份额的部分作为实收资本或股本入账，贷记“实收资本”“股本”账户；投资合同或协议约定的价值（不公允的除外）超过投资者在企业注册资本或股本中所占份额的部分，贷记“资本公积——资本溢价或股本溢价”账户。

2. 接受投入材料物资

企业接受投资者作价投入的材料物资，应以投资合同或协议约定的价值（不公允的除外）作为材料物资的入账价值，借记“原材料”“库存商品”等账户；以投资合同或协议约定的投资者在企业注册资本或股本中所占份额的部分作为实收资本或股本入账；投资合同或协议约定的价值（不公允的除外）超过投资者在企业注册资本或股本中所占份额的部分，计入资本公积（资本溢价或股本溢价）。

【练一练 1-1】晴天有限责任公司于设立时收到B公司作为资本投入的原材料一批，该批原材料投资合同约定价值（不含可抵扣的增值税进项税额部分）为100 000元，增值税进项税额为13 000元（由投资方支付税款，并提供或开具增值税专用发票）。合同约定的价值与公允价值相符，不考虑其他因素。晴天有限责任公司对原材料按实际成本进行日常核算。账务处理如下：

借：原材料　　100 000

　　应交税费——应交增值税（进项税额）　　13 000

　贷：实收资本——B公司　　113 000

3. 接受投入无形资产

企业收到以无形资产方式投入的资本,应以投资合同或协议约定的价值(不公允的除外)作为无形资产的入账价值，借记“无形资产”账户；按投资合同或协议约定的投资者在企业注册资本或股本中所占份额的部分，贷记“实收资本”“股本”账户；投资合同或协议约定的价值(不公允的除外)超过投资者在企业注册资本或股本中所占份额的部分，贷记“资本公积——资本溢价或股本溢价”账户。

请注意

接受非现金资产投资业务中，对于可抵扣的进项税额，借记“应交税费——应交增值税(进项税额)”账户。

(三)实收资本增减变动业务核算

我国有关法律规定，企业资本(或股本)除下列情况外，不得随意变动，如企业擅自改变注册资本或抽逃资金，要受到市场监督管理部门的处罚。

(1)符合增资条件，并经有关部门批准增资。

(2)企业按法定程序报经批准减少注册资本。

1. 实收资本(或股本)的增加

一般企业增加资本的途径及其核算方法如表 1-1 所示。

表 1-1　一般企业增加资本的途径及其核算方法

增加资本的途径	核算方法
(1)接受投资者追加投资	同一般企业接受资产投资业务
(2)资本公积转增资本	经股东(大)会或类似机构决议，借记“资本公积——资本溢价(股本溢价)”账户，贷记“实收资本”或“股本”账户
(3)盈余公积转增资本	经股东(大)会或类似机构决议,借记“盈余公积”账户，贷记“实收资本”或“股本”账户

2. 实收资本(或股本)的减少

在企业按照法定程序报经批准减少注册资本时,应按照减资金额,借记“实收资本”账户，贷记“库存现金”“银行存款”等账户。

股份有限公司采用收购本公司股票方式减资的，在收购股票时，收购价格与股票面值可能不同,应按股票面值和注销股数计算的股票面值总额,借记“股本”账户；按所注销库存股的账面余额，贷记“库存股”账户。购回股票支付的价款高于面值总额的，按其差额借记“资本公积——股本溢价”账户；股本溢价不足冲减的,冲减盈余公积及未分配利润,借记“盈余公积”“利润分配——未分配利润”账户。购回股票支付的价款低于面值总额的，应按股票面值总额，借记“股本”账户；按所注销库存股的账面余额，贷记“库存股”账户；按其差额贷记“资本公积——股本溢价”账户。

引例分析

做一做：任务引例轻松搞定！

扫码看答案

课堂活动

1．以游戏形式按照随机组合方式将班级学生分成若干小组（每组 5 ～ 6 人）。

试一试：一起挑战高难度任务！

2．各小组讨论练习，共同完成以下任务。

【业务 1】甲股份有限公司采取发起设立的方式成立，公司注册资本 5 000 万元。4 月 1 日，经公司股东大会决议并经证券监督管理机构核准，甲股份有限公司向社会公开发行普通股 1 000 万股，每股面值 1 元，每股发行价 2 元，发行费率 0.1%；取得扣除发行费用后的股款 1 998 万元，已存入银行。

【业务 2】乙股份有限公司采取发起设立的方式成立，公司注册资本 3 000 万元。4 月 1 日，发起人甲、乙、丙一次性认购全部普通股 3 000 万股，每股面值 1 元，其中甲公司认购 900 万股（占比 30%），乙公司认购 1 200 万股（占比 40%），丙自然人认购 900 万股（占比 30%）。股款已足额缴至专用账户。

次年 6 月 1 日，经股东大会决议，乙股份有限公司以现金回购本公司股票 500 万股，支付回购款 1 200 万元。

次年 6 月 30 日，乙股份有限公司经批准按面值注销已回购的库存股，当日公司所有者权益总额 5 000 万元，其中股本 3 000 万元，资本公积 1 000 万元，盈余公积 400 万元，未分配利润 600 万元。

次年 7 月 31 日，乙股份有限公司将资本公积 200 万元转增资本，按股东甲、乙、丙持股比例分配。

【任务要求】完成甲、乙股份有限公司吸收直接投资业务的账务处理。

3．每个小组推荐一位代表汇报本组任务完成情况，说明解决相关问题的思路和方法。

4．其他小组对其汇报进行评分。

5．每个小组将汇报情况形成文字资料，由任课教师评阅。

任务二　银行借款业务核算

任务引例

> **想一想**：该业务如何核算呢？

2022 年 2 月 1 日，北京君豪实业有限公司向银行借入短期借款，借款合同如图 1-8 所示，收账通知如图 1-9 所示。

2022 年 2 月 28 日，计提本月借款利息，利息计算表如图 1-10 所示。

借款合同

借款单位：（以下简称借款方）北京君豪实业有限公司

贷款单位：（以下简称贷款方）交通银行北京东城支行

借款方为生产需要，特向贷款方申请借款，经贷款方审核同意发放。为明确双方责任，恪守信用，特签订本合同，共同遵守。

第一，由贷款方提供借款方借款人民币壹佰万元整（¥1000000.00）。借款期限：从2022年02月01日起至2022年07月31日止。

第二，贷款方应如期向借款方发放借款，否则，按违约数额和延期天数，付给借款方违约金。违约金数额的计算，与逾期借款罚息相同，即为1%。

第三，借款利率，年利率6%。自支用借款之日起，按月计算利息，按季结息，到期归还本金。

第四，借款方应按协议用款，不得转移用途，否则贷款方有权提前终止协议。

第五，借款方如不按规定时间、额度用款，要付给贷款方违约金。违约金按借款额度、天数，按借款利率的5%计算。

第六，借款方保证按借款合同所订期限归还借款本息。如需延期，借款方应在借款到期前3天，提出延期申请，经贷款方同意，办理延期手续。但延期最长不得超过原订期限的一半。贷款方未同意延期或未办理延期手续的逾期贷款，加收罚息。

第七，借款方以房产作为借款抵押，价值人民币贰佰万元整（¥2000000.00），产权证件由公证机关保管。公证费由借款方负担。

第八，借款到期，借款方未归还借款，又未办理延期手续，贷款方有权依照法律程序处理借款方作为借款抵押的物资和财产，抵还借款本息。

第九，本协议一式 3 份，借贷款双方各执正本1份，公证机关1份。

第十，本协议书经双方签字之日起生效，借款本息全部偿清后失效。

借款单位（公章）：北京君豪实业有限公司　　　　贷款单位：交通银行北京东城支行

负责人：张君豪　　　　审批组长：张建国

签约日期：2022年02月01日　　　　签约日期：2022年02月01日

图1-8　借款合同

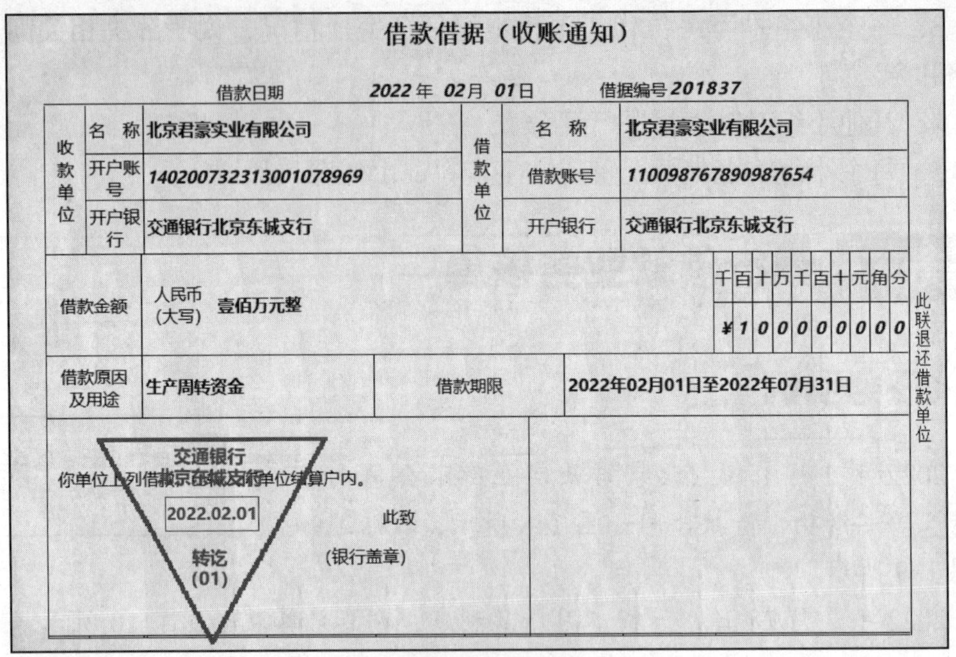

借款借据（收账通知）

借款日期 2022年 02月 01日 借据编号 201837

收款单位	名称	北京君豪实业有限公司	借款单位	名称	北京君豪实业有限公司
	开户账号	140200732313001078969		借款账号	110098767890987654
	开户银行	交通银行北京东城支行		开户银行	交通银行北京东城支行
借款金额	人民币（大写）	壹佰万元整		千百十万千百十元角分	¥100000000
借款原因及用途	生产周转资金		借款期限	2022年02月01日至2022年07月31日	

你单位上列借款已转入你单位结算户内。

此致

（银行盖章）

交通银行北京东城支行 2022.02.01 转讫（01）

此联退还借款单位

图1-9 收账通知

利息计算表

编制单位：北京君豪实业有限公司 2022年02月28日 单位：元

借款类别	借款期限	借款金额	年利率	月利息	备注
短期借款（交行北京东城支行）	2022.02.01-2022.07.31	1000000.00	6%	5000.00	生产周转资金

审核：张毅 制单：李艳

图1-10 利息计算表

2022 年 4 月 30 日，支付借款利息，银行利息回单如图 1-11 所示。

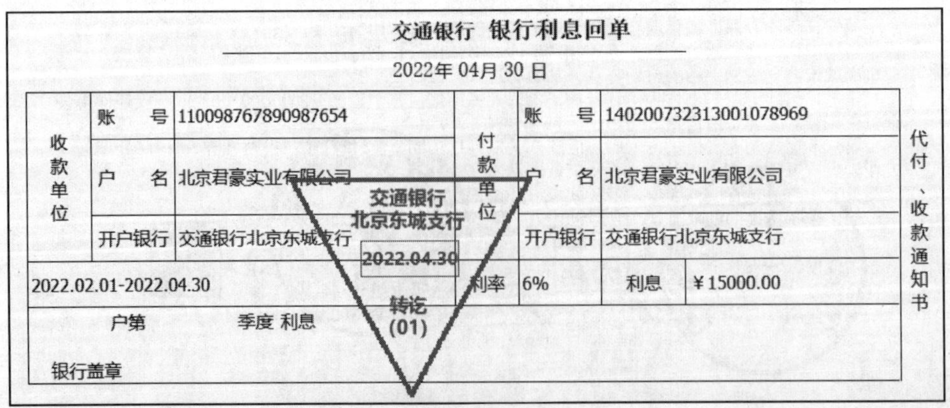

交通银行 银行利息回单

2022年 04月 30 日

收款单位	账号	110098767890987654	付款单位	账号	140200732313001078969
	户名	北京君豪实业有限公司		户名	北京君豪实业有限公司
	开户银行	交通银行北京东城支行		开户银行	交通银行北京东城支行
2022.02.01-2022.04.30			利率	6%	利息 ¥15000.00

户第 季度 利息

银行盖章

交通银行北京东城支行 2022.04.30 转讫（01）

代付、收款通知书

图1-11 银行利息回单

2022 年 7 月 31 日，归还银行借款的本金和剩余利息，本月利息计算表如图 1-12 所示，还款凭证如图 1-13 所示。

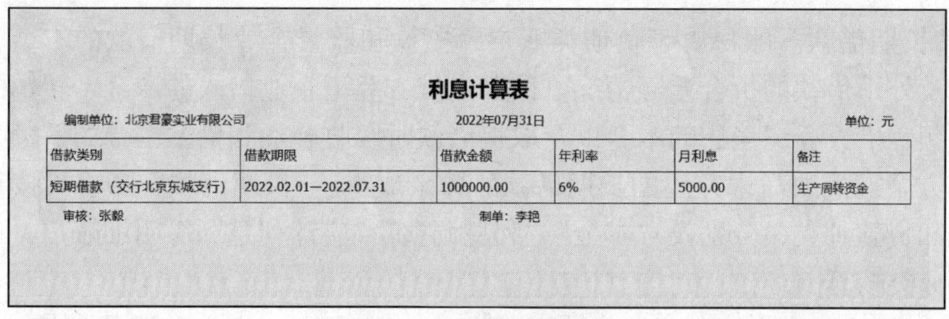

利息计算表

编制单位：北京君豪实业有限公司　　2022年07月31日　　单位：元

借款类别	借款期限	借款金额	年利率	月利息	备注
短期借款（交行北京东城支行）	2022.02.01—2022.07.31	1000000.00	6%	5000.00	生产周转资金

审核：张毅　　制单：李艳

图1-12　利息计算表

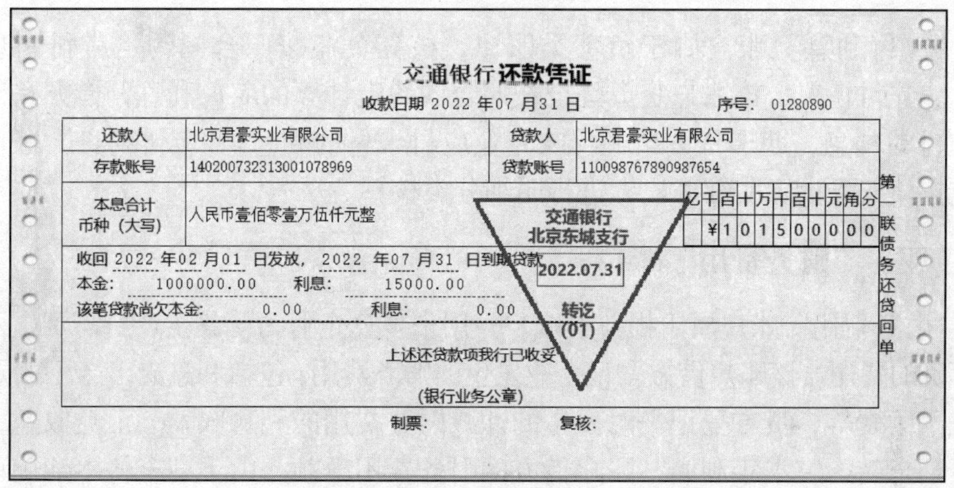

交通银行**还款凭证**

收款日期 2022 年 07 月 31 日　　序号：01280890

还款人	北京君豪实业有限公司	贷款人	北京君豪实业有限公司
存款账号	140200732313001078969	贷款账号	110098767890987654
本息合计币种（大写）	人民币壹佰零壹万伍仟元整	亿千百十万千百十元角分	¥101500000

收回 2022 年 02 月 01 日发放，2022 年 07 月 31 日到期贷款

本金：1000000.00　利息：15000.00

该笔贷款尚欠本金：0.00　利息：0.00

上述还贷款项我行已收妥

（银行业务公章）

制票：　　复核：

第一联　债务还贷回单

图1-13　还款凭证

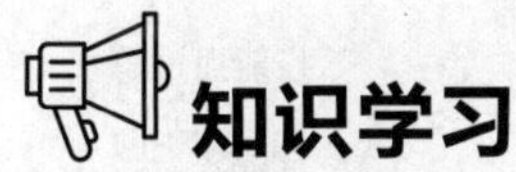

知识学习

一、银行借款业务核算的账户设置

为核算和监督企业向银行等金融机构借入资金的增减变动情况，企业应设置如下账户。

（一）“短期借款”账户

“短期借款”账户属于负债类账户，核算和监督企业短期借款的取得、偿还和结存情况。该账户贷方登记企业实际借入的各种借款，借方登记偿还的各种借款，期末贷方余额反映尚未归还的各种借款累计总额。“短期借款”账户可按债权人、借款种类和币种设置明细账户，进行明细分类核算。

（二）“长期借款”账户

“长期借款”账户属于负债类账户，核算和监督企业长期借款的本金、利息以及外币借款的折合差额情况。该账户贷方登记企业借入的本金、转销的利息差额，借方登记偿还的本金以及取得借款时实收金额和借款本金的差额，期末贷方余额反映尚未归还的长期借款的摊余成本。“长期借款”账户可按贷款单位和贷款种类，分别设“本金”“利息调整”“应计利息”等明细账户，进行明细分类核算。

（三）“应付利息”账户

“应付利息”账户属于负债类账户，核算企业按照合同约定应付利息的发生、支付情况。该账户贷方登记按照合同约定计算的应付利息，借方登记实际支付的利息，期末贷方余额反映企业应付未付的利息。“应付利息”账户一般应按债权人设置明细账户，进行明细分类核算。

（四）“财务费用”账户

“财务费用”账户属于损益类账户，用来核算企业为筹集生产所需资金而发生筹资的费用。该账户借方登记企业发生的财务费用，包括利息支出、汇兑损失、相关手续费等，贷方登记平时发生的冲减财务费用的利息收益、汇兑收益，以及于期末转入“本年利润”账户借方的财务费用净额。由于期末将本期确认的财务费用净额结转到“本年利润”账户，因此，结账后“财务费用”账户无余额。

二、短期借款业务核算

技能点讲解

短期借款业务核算

短期借款是指企业向银行或其他金融机构等借入的期限在1年以下（含1年）的各种款项。

（一）短期借款取得的核算

企业从银行或其他金融机构借入短期借款时，应签订借款合同，注明借款金额、借款利率和还款时间等内容。根据合同中注明的借款金额，借记“银行存款”账户，贷记“短期借款”账户。

（二）短期借款利息的核算

取得短期借款而发生的利息费用，一般应作为财务费用处理，计入当期损益。

短期借款利息一般按单利计算，计算公式为：

短期借款利息＝借款本金 × 借款期限 × 借款利率

短期借款月利息＝借款本金 × 年利率 ÷12

短期借款日利息＝借款本金 × 年利率 ÷360

企业的短期借款应按期结算或支付利息。在实际工作中，银行一般于每季度末收取短期借款利息，企业一般在月末预提短期借款利息。企业应当在资产负债表日按照计算确定的短期借款利息费用，借记“财务费用”账户，贷记“应付利息”账户。实际支付利息时，根据已预提的利息，借记“应付利息”账户；根据当期应计利息，借记“财务费用”账户；根据应付利息总额，贷记“银行存款”账户。

若企业借入的短期借款利息是按月支付的，或利息是在借款到期时与本金一起偿还且利息数额不大，可以简化核算手续，不采用预提办法，而在实际支付或收到银行计息通知时，直接将利息记入“财务费用”账户。

（三）短期借款偿还的核算

企业在短期借款到期偿还借款本金时，借记“短期借款”账户，贷记“银行存款”账户。

三、长期借款业务核算

长期借款是指企业从银行或其他金融机构借入的期限在1年以上（不含1年）的借款。长期借款一般用于固定资产的购建、改扩建工程、大修理工程、对外投资以及企业保持长期经营能力等方面，是企业非流动负债的重要组成部分。

长期借款按照付息方式与本金的偿还方式，可分为分期付息到期还本长期借款、到期一次还本付息长期借款、分期偿还本息长期借款。长期借款按所借币种，可分为人民币长期借款和外币长期借款。

（一）长期借款取得的核算

企业从银行或其他金融机构借入长期借款时，应签订借款合同，注明借款金额、借款利率和还款时间等内容。根据合同中注明的借款金额，借记“银行存款”账户，贷记“长期借款”账户。

（二）长期借款利息的核算

企业应在资产负债表日，按照长期借款的摊余成本和实际利率计算确定长期借款的利息费用，按合同利率计算确定应付未付的利息。长期借款计算确定的利息费用，应当按以下原则计入有关成本、费用：属于筹建期间的，计入管理费用；属于生产经营期间的，计入财务费用。如果长期借款用于购建固定资产，在固定资产达到预定可使用状态前发生的应当资本化的利息支出，计入在建工程成本；固定资产达到预定可使用状态后发生的利息支出，以及按规定不予资本化的利息支出，计入财务费用；属于研发期间并能够资本化的利息支出，计入研发支出。

请注意

实际工作中，如果合同利率和实际利率相差不大，可以按合同利率确定利息费用。

（三）长期借款偿还的核算

企业在长期借款到期偿还借款本金或者偿还到期一次还本付息借款利息时，借记“长期借款——本金”或“长期借款——应计利息”账户，贷记“银行存款”账户。

做一做：任务引例轻松搞定！

扫码看答案

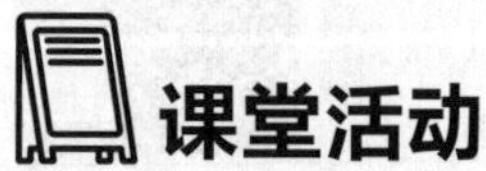

试一试：一起挑战高难度任务！

1. 以游戏形式按照随机组合方式将班级学生分成若干小组（每组 5 ～ 6 人）。

2. 各小组讨论练习，共同完成以下任务。

【业务】2022 年 7 月 1 日，北京君豪实业有限公司借入长期借款 5 000 000 元，年利率 6%，用于建造厂房。该笔借款专款专用，未转作其他用途。7 月 31 日，计提本月借款利息。9 月 30 日，支付第一次季度借款利息。2024 年 6 月 30 日，归还长期借款本金及支付本年第二次季度利息，已知利息支出符合资本化条件。

【任务要求】完成北京君豪实业有限公司银行借款业务的账务处理。

3. 每个小组推荐一位代表汇报本组任务完成情况，说明解决相关问题的思路和方法。

4. 其他小组对其汇报进行评分。

5. 每个小组将汇报情况形成文字资料，由任课教师评阅。

素养提升

完善信用体系建设，助力中小微企业融资

党的二十大报告指出：支持中小微企业发展。中小微企业在增加就业、拉动区域经济增长、服务实体经济等方面发挥着重要作用。

中小微企业发展离不开资金的支持。企业可通过吸收直接投资、发行股票、利用留存收益、借贷融资（如向金融机构借款）、利用商业信用、发行公司债券、融资租赁等方式进行筹资。

其中，借贷融资取得借款所需时间较短，可以较快地满足资金需要；企业可以与金融机构直接接触，协商借款的金额、期限和利率，借款后情况变化还可再次协议，灵活性较大。但借贷融资数额有限，限制条款多，对企业经营状况、财务状况以及信用评级都有要求。这些无疑加大了中小微企业融资难度。

为破解中小微企业融资难题，国务院办公厅印发《加强信用信息共享应用促进中小微企业融资实施方案》，要求进一步发挥信用信息对中小微企业融资的支持作用，推动建立缓解中小微企业融资难、融资贵问题的长效机制。

中小微企业主也可以通过相应的平台，了解最新的扶持政策和银行普惠金融产品，通过获取相应的金融信息，判断适合自身特点的融资方式和信贷产品，从而更好地“对症下药”，有针对性地解决资金问题。

在市场经济中，守法诚信是企业的无形资产，是企业的生产力。只有在经营活动中坚持守法诚信经营理念，企业才能可持续发展。

项目小结

1. 吸收直接投资业务核算

业务内容		会计处理
接受现金资产投资	股份有限公司以外的企业接受现金资产投资	借：银行存款 贷：实收资本 资本公积——资本溢价
	股份有限公司发行股票业务	借：银行存款 贷：股本 资本公积——股本溢价

续

<table>
<tr><th colspan="3">1. 吸收直接投资业务核算</th></tr>
<tr><th colspan="2">业务内容</th><th>会计处理</th></tr>
<tr><td colspan="2">接受非现金资产投资</td><td>借：固定资产 / 无形资产 / 原材料
应交税费——应交增值税（进项税额）
贷：实收资本 / 股本
资本公积——资本溢价 / 股本溢价</td></tr>
<tr><td rowspan="3">实收资本（或股本）增加业务</td><td>接受投资者追加投资</td><td>同一般企业接受资产投资业务</td></tr>
<tr><td>资本公积转增资本</td><td>借：资本公积——资本溢价 / 股本溢价
贷：实收资本 / 股本</td></tr>
<tr><td>盈余公积转增资本</td><td>借：盈余公积
贷：实收资本 / 股本</td></tr>
<tr><td rowspan="2">实收资本（或股本）减少业务</td><td>有限责任公司减资</td><td>借：实收资本
贷：银行存款 / 库存现金等</td></tr>
<tr><td>股份有限公司减资</td><td>1. 以银行存款回购本公司股票
借：库存股
贷：银行存款
2. 注销库存股
借：股本
贷：库存股
资本公积——股本溢价
或者
借：股本
资本公积——股本溢价
盈余公积
利润分配——未分配利润
贷：库存股</td></tr>
<tr><th colspan="3">2. 银行借款业务核算</th></tr>
<tr><th colspan="2">业务内容</th><th>会计处理</th></tr>
<tr><td rowspan="4">短期借款业务</td><td>短期借款取得</td><td>借：银行存款
贷：短期借款</td></tr>
<tr><td>短期借款利息计提</td><td>借：财务费用
贷：应付利息</td></tr>
<tr><td>短期借款利息支付</td><td>借：应付利息
贷：银行存款</td></tr>
<tr><td>短期借款偿还</td><td>借：短期借款
贷：银行存款</td></tr>
</table>

续

<table>
<tr><th colspan="3">2. 银行借款业务核算</th></tr>
<tr><th colspan="2">业务内容</th><th>会计处理</th></tr>
<tr><td rowspan="4">长期借款业务</td><td>长期借款取得</td><td>借：银行存款
　贷：长期借款</td></tr>
<tr><td>长期借款利息计提</td><td>借：财务费用
　贷：长期借款——应计利息 / 应付利息</td></tr>
<tr><td>长期借款利息支付</td><td>借：长期借款——应计利息 / 应付利息
　贷：银行存款</td></tr>
<tr><td>长期借款偿还</td><td>借：长期借款
　贷：银行存款</td></tr>
</table>

即测即评

项目二

投资业务核算

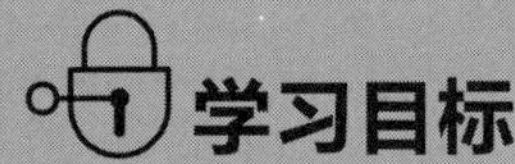

学习目标

知识目标

1. 熟悉固定资产投资、无形资产投资、交易性金融资产业务核算的账户设置

2. 掌握固定资产投资、无形资产投资、交易性金融资产业务的核算方法

技能目标

1. 能正确识别和审核投资业务原始单据

2. 能根据原始凭证准确编制固定资产投资业务的记账凭证

3. 能根据原始凭证准确编制无形资产投资业务的记账凭证

4. 能根据原始凭证准确编制交易性金融资产业务的记账凭证

素养目标

1. 培养分析判断能力和决策能力

2. 培养批判性思维

学习任务

投资是企业为增加财富，或谋求其他利益，将其资产让渡给其他单位从而获得另一项资产的行为。按照投资的方向，企业投资可分为对内投资和对外投资两类。其中，对内投资包括固定资产投资、无形资产投资等，对外投资包括债权性投资、权益性投资等。

任务一 固定资产投资业务核算

任务引例

想一想：该业务如何核算呢?

北京君豪实业有限公司为增值税一般纳税人。2022 年发生如下业务。

1. 6 月 1 日，北京君豪实业有限公司决定建造一座厂房，采用出包工程方式出包给北京全安建筑有限公司，增值税专用发票如图 2-1 所示，银行电子回单如图 2-2 所示。

6 月 29 日，厂房完工，北京君豪实业有限公司补付工程完工款，增值税专用发票如图 2-3 所示，银行电子回单如图 2-4 所示。

6 月 30 日，该工程验收合格并交付使用，固定资产验收单如图 2-5 所示。

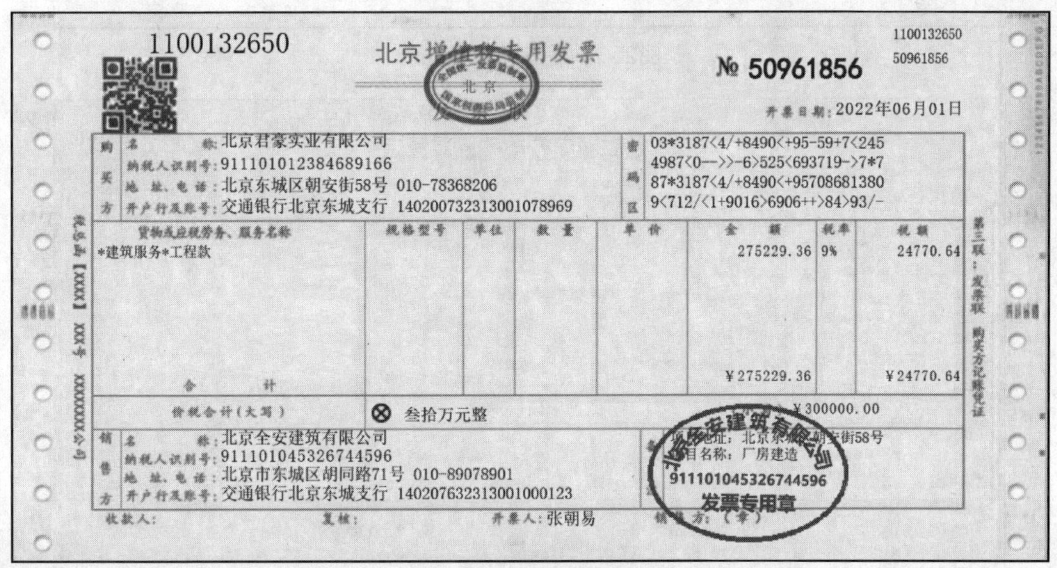

1100132650

北京增值税专用发票

北京

№ 50961856

1100132650
50961856

开票日期：2022年06月01日

购买方	名称：北京君豪实业有限公司 纳税人识别号：911101012384689166 地址、电话：北京东城区朝安街58号 010-78368206 开户行及账号：交通银行北京东城支行 140200732313001078969	密码区	03*3187<4/+8490<+95-59+7<245 4987<0—>>-6>525<693719->7*7 87*3187<4/+8490<+95708681380 9<712/<1+9016>6906++>84>93/-

货物或应税劳务、服务名称	规格型号	单位	数量	单价	金额	税率	税额
*建筑服务*工程款					275229.36	9%	24770.64
合计					¥275229.36		¥24770.64
价税合计（大写）	⊗ 叁拾万元整					（小写）¥300000.00	

销售方	名称：北京全安建筑有限公司 纳税人识别号：911101045326744596 地址、电话：北京市东城区胡同路71号 010-89078901 开户行及账号：交通银行北京东城支行 140207632313001000123	备注	项目地址：北京东城区朝安街58号 项目名称：厂房建造

收款人： 复核： 开票人：张朝易 销售方：（章）

北京全安建筑有限公司
911101045326744596
发票专用章

税总函【XXXX】XXX号 XXXXXXX公司

第三联：发票联 购买方记账凭证

图2-1 增值税专用发票

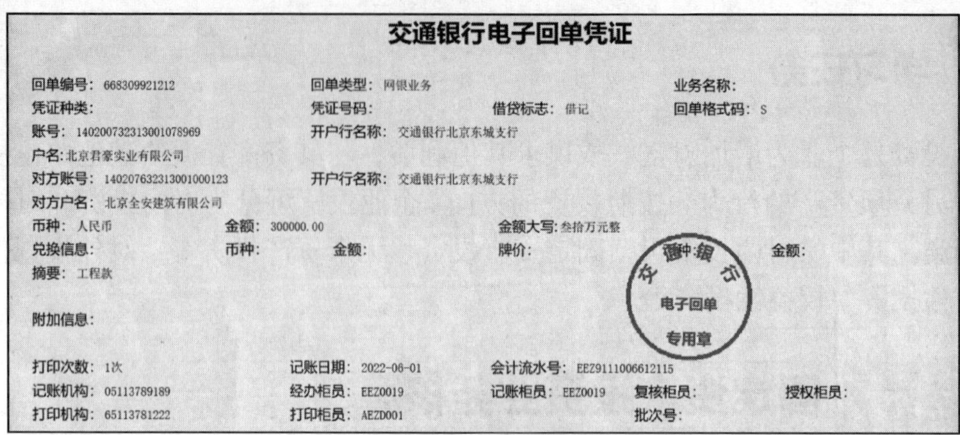

交通银行电子回单凭证

回单编号：668309921212　　回单类型：网银业务　　业务名称：
凭证种类：　　凭证号码：　　借贷标志：借记　　回单格式码：S
账号：140200732313001078969　　开户行名称：交通银行北京东城支行
户名：北京君豪实业有限公司
对方账号：140207632313001000123　　开户行名称：交通银行北京东城支行
对方户名：北京全安建筑有限公司
币种：人民币　　金额：300000.00　　金额大写：叁拾万元整
兑换信息：　　币种：　　金额：　　牌价：　　金额：
摘要：工程款
附加信息：
打印次数：1次　　记账日期：2022-06-01　　会计流水号：EEZ9111006612115
记账机构：05113789189　　经办柜员：EEZ0019　　记账柜员：EEZ0019　　复核柜员：　　授权柜员：
打印机构：65113781222　　打印柜员：AEZD001　　批次号：

交通银行 电子回单 专用章

图2-2　银行电子回单

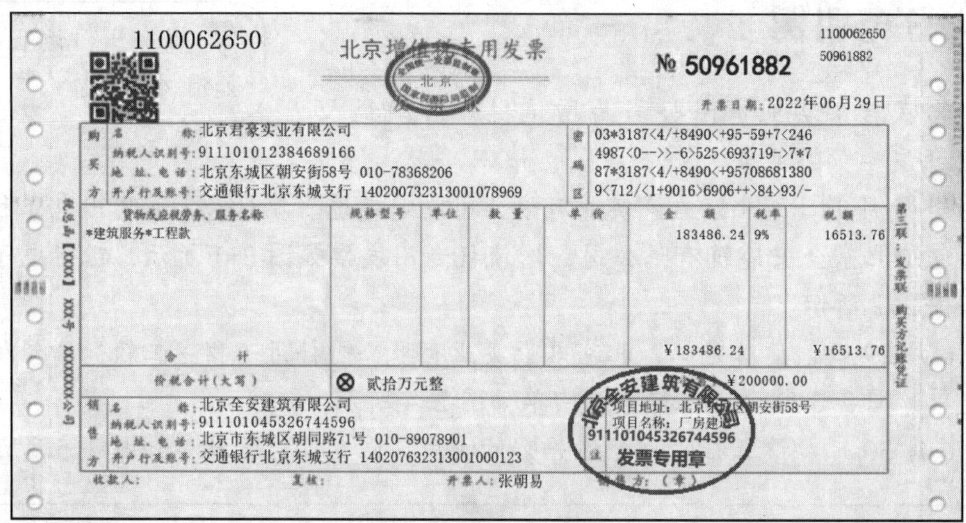

1100062650　　北京增值税专用发票　　№ 50961882　　1100062650　50961882

开票日期：2022年06月29日

购买方	名称：北京君豪实业有限公司 纳税人识别号：911101012384689166 地址、电话：北京东城区朝安街58号 010-78368206 开户行及账号：交通银行北京东城支行 140200732313001078969	密码区	03*3187<4/+8490<+95-59+7<246 4987<0-->>-6>525<693719->7*7 87*3187<4/+8490<+95708681380 9<712/<1+9016>6906++>84>93/-

货物或应税劳务、服务名称	规格型号	单位	数量	单价	金额	税率	税额
*建筑服务*工程款					183486.24	9%	16513.76
合计					¥183486.24		¥16513.76
价税合计（大写）	⊗ 贰拾万元整				（小写）¥200000.00		

销售方	名称：北京全安建筑有限公司 纳税人识别号：911101045326744596 地址、电话：北京市东城区胡同路71号 010-89078901 开户行及账号：交通银行北京东城支行 140207632313001000123	备注	项目地址：北京东城区朝安街58号 项目名称：厂房建造

收款人：　　复核：　　开票人：张朗易　　销售方：（章）

第三联：发票联　购买方记账凭证

北京全安建筑有限公司 911101045326744596 发票专用章

图2-3　增值税专用发票

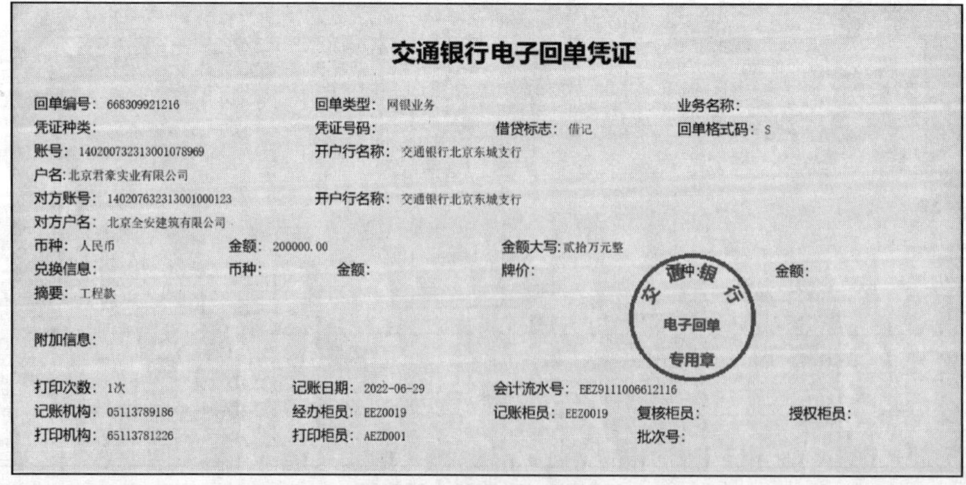

交通银行电子回单凭证

回单编号：668309921216　　回单类型：网银业务　　业务名称：
凭证种类：　　凭证号码：　　借贷标志：借记　　回单格式码：S
账号：140200732313001078969　　开户行名称：交通银行北京东城支行
户名：北京君豪实业有限公司
对方账号：140207632313001000123　　开户行名称：交通银行北京东城支行
对方户名：北京全安建筑有限公司
币种：人民币　　金额：200000.00　　金额大写：贰拾万元整
兑换信息：　　币种：　　金额：　　牌价：　　金额：
摘要：工程款
附加信息：
打印次数：1次　　记账日期：2022-06-29　　会计流水号：EEZ9111006612116
记账机构：05113789186　　经办柜员：EEZ0019　　记账柜员：EEZ0019　　复核柜员：　　授权柜员：
打印机构：65113781226　　打印柜员：AEZD001　　批次号：

交通银行 电子回单 专用章

图2-4　银行电子回单

固定资产验收单

2022 年 06 月 30 日　　　　编号：003978

名称	规格型号		来源	数量	购（造）价	使用年限	预计残值
厂房			发包	1	458715.60	20	18181.82
安装费	月折旧率		建造单位		交工日期	附件	
	4‰		北京全安建筑有限公司		2022 年 06 月 30 日	竣工验收书	
验收部门	工程部	验收人员	连铭	管理部门	生产车间	管理人员	刘洋
备注							

审核：张毅　　制单：李艳

图2–5　固定资产验收单

2. 7月6日，公司购入不需要安装的跑步机为经营管理所用，相关的固定资产增值税专用发票、运输服务增值税专用发票、固定资产验收单、银行电子回单如图 2-6 至图 2-9 所示。

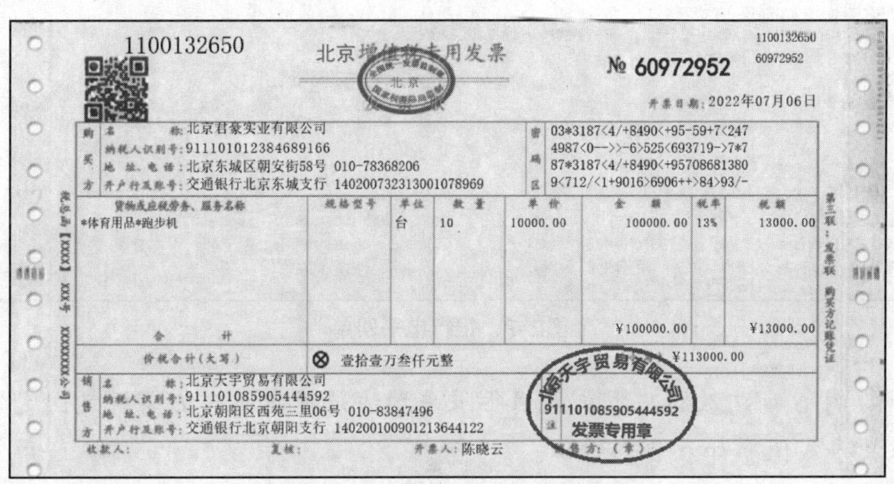

1100132650　北京增值税专用发票　№ 60972952　1100132650 60972952

开票日期：2022年07月06日

购买方　名称：北京君豪实业有限公司
纳税人识别号：911101012384689166
地址、电话：北京东城区朝安街58号 010-78368206
开户行及账号：交通银行北京东城支行 140200732313001078969

密码区　03*3187<4/+8490<+95-59+7<247
4987<0-->>-6>525<693719->7*7
87*3187<4/+8490<+95708681380
9<712/<1+9016>6906++>84>93/-

货物或应税劳务、服务名称	规格型号	单位	数量	单价	金额	税率	税额
*体育用品*跑步机		台	10	10000.00	100000.00	13%	13000.00
合计					¥100000.00		¥13000.00
价税合计（大写）	⊗ 壹拾壹万叁仟元整				（小写）¥113000.00		

销售方　名称：北京天宇贸易有限公司
纳税人识别号：911101085905444592
地址、电话：北京朝阳区西苑三里06号 010-83847496
开户行及账号：交通银行北京朝阳支行 140200100901213644122

备注　北京天宇贸易有限公司 911101085905444592 发票专用章

收款人：　复核：　开票人：陈晓云　销售方：（章）

第三联：发票联　购买方记账凭证

图2–6　固定资产增值税专用发票

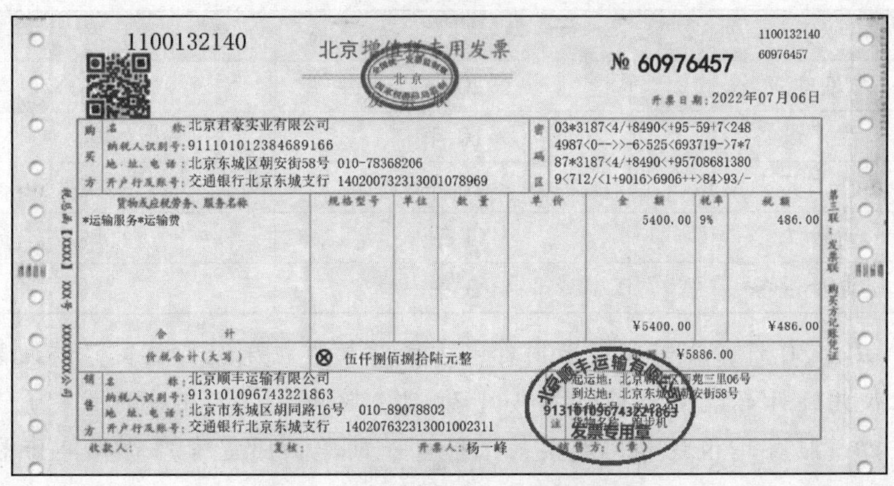

1100132140　北京增值税专用发票　№ 60976457　1100132140 60976457

开票日期：2022年07月06日

购买方　名称：北京君豪实业有限公司
纳税人识别号：911101012384689166
地址、电话：北京东城区朝安街58号 010-78368206
开户行及账号：交通银行北京东城支行 140200732313001078969

密码区　03*3187<4/+8490<+95-59+7<248
4987<0-->>-6>525<693719->7*7
87*3187<4/+8490<+95708681380
9<712/<1+9016>6906++>84>93/-

货物或应税劳务、服务名称	规格型号	单位	数量	单价	金额	税率	税额
*运输服务*运输费					5400.00	9%	486.00
合计					¥5400.00		¥486.00
价税合计（大写）	⊗ 伍仟捌佰捌拾陆元整				（小写）¥5886.00		

销售方　名称：北京顺丰运输有限公司
纳税人识别号：913101096743221863
地址、电话：北京市东城区胡同路16号 010-89078802
开户行及账号：交通银行北京东城支行 140207632313001002311

备注　起运地：北京[illegible]区西苑三里06号
到达地：北京东城[illegible]朝安街58号
[illegible]
货物名称：跑步机
北京顺丰运输有限公司 913101096743221863 发票专用章

收款人：　复核：　开票人：杨一峰　销售方：（章）

第三联：发票联　购买方记账凭证

图2–7　运输服务增值税专用发票

固定资产验收单

2022 年 07 月 06 日　　　　编号：008741

名称	规格型号		来源	数量	购（造）价	使用年限	预计残值
跑步机			购入	10	105400.00	10	5480.80
安装费	月折旧率		建造单位		交工日期	附件	
	0.79%				2022 年 07 月 06 日		
验收部门	仓库	验收人员	王华	管理部门	管理部	管理人员	张强
备注	不需安装						

审核：张毅　　制单：李艳

图2-8　固定资产验收单

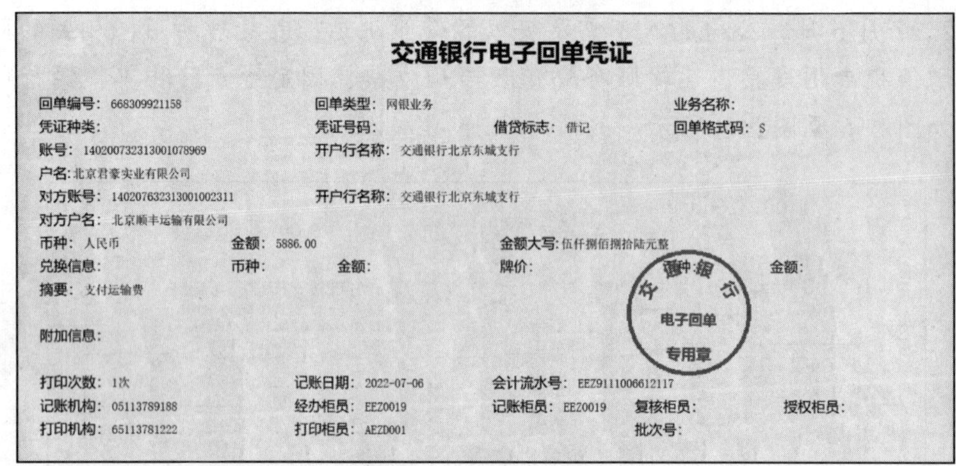

交通银行电子回单凭证

回单编号：668309921158　回单类型：网银业务　业务名称：
凭证种类：　凭证号码：　借贷标志：借记　回单格式码：S
账号：14020073231300l078969　开户行名称：交通银行北京东城支行
户名：北京君豪实业有限公司
对方账号：14020763231300l002311　开户行名称：交通银行北京东城支行
对方户名：北京顺丰运输有限公司
币种：人民币　金额：5886.00　金额大写：伍仟捌佰捌拾陆元整
兑换信息：　币种：　金额：　牌价：　金额：
摘要：支付运输费
附加信息：
打印次数：1次　记账日期：2022-07-06　会计流水号：EEZ9111006612117
记账机构：05113789188　经办柜员：EEZ0019　记账柜员：EEZ0019　复核柜员：　授权柜员：
打印机构：65113781222　打印柜员：AEZD001　批次号：

图2-9　银行电子回单

3. 7 月 6 日购入的跑步机采用年限平均法计提折旧，公司规定固定资产折旧年限及净残值率如表 2-1 所示。

表 2-1　固定资产折旧年限及净残值率

固定资产类别	折旧年限	净残值率
房屋建筑物	20 年	4%
生产设备	10 年	4%
器具、工具、家具	10 年	5%
运输工具	4 年	5%
电子设备	3 年	5%

4. 9 月 30 日，公司决定采用外包方式对数控机床进行改良，该设备于当日停止使用，开始改良，2023 年 3 月 31 日，改良完成。相关的固定资产改良决议、建筑服务增值税专用发票、银行电子回单、固定资产验收单如图 2-10 至图 2-13 所示。

固定资产改良决议

2022年09月30日，因生产经营方向调整，我公司决定采用外包方式对该数控机床进行改良，改良工程验收合格后支付工程款。

该设备的账面价值为人民币肆佰柒拾玖万捌仟元整（￥4798000.00），其中原值为人民币陆佰壹拾万元整（￥6100000.00），累计折旧为人民币玖拾玖万玖仟陆佰元整（￥999600.00），固定资产减值准备为人民币叁拾万零贰仟肆佰元整（￥302400.00），该设备于当日停止使用，开始改良。

图2-10　固定资产改良决议

1100132140　　北京增值税专用发票　　№ 30974920

1100132140
30974920

开票日期：2023年03月31日

购买方	
名称	北京君豪实业有限公司
纳税人识别号	911101012384689166
地址、电话	北京东城区朝安街58号 010-78368206
开户行及账号	交通银行北京东城支行 140200732313001078969

密码区：
03*3187<4/+8490<+95-59+7<249
4987<0-->>-6>525<693719->7*7
87*3187<4/+8490<+95708681380
9<712/<1+9016>6906++>84>93/-

货物或应税劳务、服务名称	规格型号	单位	数量	单价	金额	税率	税额
*建筑服务*改良工程款					1055560.00	9%	95000.40
合计					￥1055560.00		￥95000.40
价税合计（大写）	⊗壹佰壹拾伍万零伍佰陆拾元肆角整				（小写）￥1150560.40		

销售方	
名称	北京天诚设备有限公司
纳税人识别号	911101085287074525
地址、电话	北京市海淀区成功大道114号 010-85053528
开户行及账号	中国工商银行北京海淀支行 6222800355504761374

备注：项目地址：北京[illegible]朝安街58号
项目名称：数控机[illegible]良

收款人：　　复核：　　开票人：张朝易　　销售方：（章）

第三联：发票联　购买方记账凭证

发票专用章 911101085287074525

图2-11　建筑服务增值税专用发票

交通银行电子回单凭证

回单编号：668309921159	回单类型：网银业务		业务名称：
凭证种类：	凭证号码：	借贷标志：借记	回单格式码：S
账号：140200732313001078969	开户行名称：交通银行北京东城支行		
户名：北京君豪实业有限公司			
对方账号：6222800355504761374	开户行名称：中国工商银行北京海淀支行		
对方户名：北京天诚设备有限公司			
币种：人民币	金额：1150560.40	金额大写：壹佰壹拾伍万零伍佰陆拾元肆角整	
兑换信息：	币种：　金额：	牌价：	金额：
摘要：支付改良工程款			
附加信息：			
打印次数：1次	记账日期：2023-03-31	会计流水号：EEZ9111006612118	
记账机构：05113789188	经办柜员：EEZ0019	记账柜员：EEZ0019	复核柜员：　授权柜员：
打印机构：65113781222	打印柜员：AEZD001		批次号：

交通银行 电子回单专用章

图2-12　银行电子回单

固定资产验收单

2023 年 03 月 31 日　　　　编号：009989

名 称	规格型号		来源	数量	购（造）价	使用年限	预计残值
数控机床			改良	1	5853560.00	8	234142.40
安装费	月折旧率		建造单位		交工日期	附件	
	1%				2023 年 03 月 31 日	验收报告	
验收部门	仓库	验收人员	张华	管理部门	生产车间	管理人员	刘欢
备注	采用直线法计提折旧						

审核：张毅　　制单：李艳

图2-13　固定资产验收单

5. 12 月 31 日，公司处置一台数控机床，相关的固定资产处置决议、固定资产折旧明细表、收款收据、建筑服务增值税专用发票、银行电子回单如图 2-14 至图 2-18 所示。

固定资产处置决议

2022年12月31日，因生产技术改进，我公司的数控机床已不适合公司的生产，经董事会商议决定，将该数控机床予以报废。

单位：北京君豪实业有限公司

法定代表人：张君豪

日期：2022年12

图2-14　固定资产处置决议

固定资产折旧明细表

编制单位：北京君豪实业有限公司　　2022年12月31日　　单位：元

类别（资产名称）	购入日期	原值	净残值	折旧年限	年折旧率	月折旧额	累计折旧	期末净值
机器设备（数控机床）	2022-01-20	600000.00	0	10	10%	5000.00	55000.00	545000.00

审核人：郭浩宇　　制单人：李艳

图2-15　固定资产折旧明细表

收 款 收 据

NO.309619

2022 年 12 月 31 日

今 收 到 李晓萍

交来：机床废料销售款　　现金收讫

金额（大写）零佰 零拾 叁万 叁仟 玖佰 零拾 零元 零角 零分

¥ 33900.00　☑ 现金　☐ 转账支票　☐ 其他　　收款单位(盖章)

核准　　会计　　记账　　出纳 陈晓红　　经手人

第三联交财务

图2–16 收款收据

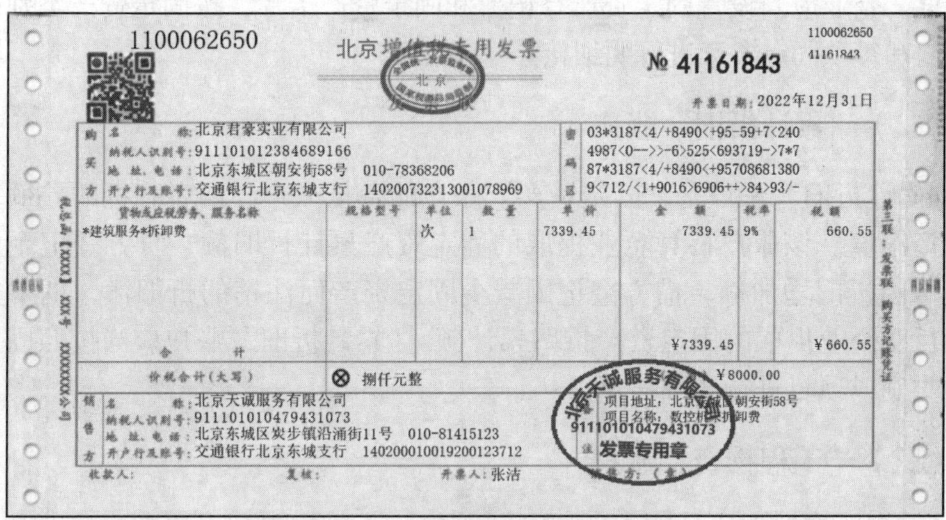

1100062650　　北京增值税专用发票　　№ 41161843　　1100062650 41161843

开票日期：2022年12月31日

购买方	
名称	北京君豪实业有限公司
纳税人识别号	911101012384689166
地址、电话	北京东城区朝安街58号 010-78368206
开户行及账号	交通银行北京东城支行 140200732313001078969

密码区：03*3187<4/+8490<+95-59+7<240 4987<0-->>-6>525<693719->7*7 87*3187<4/+8490<+95708681380 9<712/<1+9016>6906++>84>93/-

货物或应税劳务、服务名称	规格型号	单位	数量	单价	金额	税率	税额
*建筑服务*拆卸费		次	1	7339.45	7339.45	9%	660.55
合计					¥7339.45		¥660.55
价税合计（大写）	⊗ 捌仟元整				（小写）¥8000.00		

销售方	
名称	北京天诚服务有限公司
纳税人识别号	911101010479431073
地址、电话	北京东城区炭步镇沿涌街11号 010-81415123
开户行及账号	交通银行北京东城支行 140200010019200123712

备注：项目地址：北京市东城区朝安街58号 项目名称：数控机床拆卸费

收款人：　　复核：　　开票人：张洁　　销售方：（章）

第三联：发票联 购买方记账凭证

图2–17 建筑服务增值税专用发票

交通银行电子回单凭证

回单编号：668309922143　回单类型：网银业务　业务名称：

凭证种类：　凭证号码：　借贷标志：借记　回单格式码：S

账号：140200732313001078969　开户行名称：交通银行北京东城支行

户名：北京君豪实业有限公司

对方账号：140200010019200123712　开户行名称：交通银行北京东城支行

对方户名：北京天诚服务有限公司

币种：人民币　金额：8000.00　金额大写：捌仟元整

兑换信息：　币种：　金额：　牌价：　金额：

摘要：支付拆卸费

附加信息：

交通银行 电子回单专用章

打印次数：1次　记账日期：2022-12-31　会计流水号：EEZ9111006612119

记账机构：05113739189　经办柜员：EEZ0019　记账柜员：EEZ0019　复核柜员：　授权柜员：

打印机构：65113741222　打印柜员：AEZD001　批次号：

图2–18 银行电子回单

知识学习

一、固定资产核算的账户设置

为了核算固定资产业务，企业应设置如下账户。

（一）“固定资产”账户

“固定资产”账户核算固定资产的原始价值，借方登记企业因购入、接受投资等原因增加的固定资产原始价值，贷方登记因出售、报废、毁损及投资转出等原因减少的固定资产原始价值，期末借方余额反映企业期末固定资产的原始价值。企业应当设置固定资产登记簿和固定资产卡片，按固定资产类别、使用部门和每项固定资产进行明细核算。

（二）“累计折旧”账户

“累计折旧”账户是“固定资产”账户的备抵账户，两者相抵的差额为固定资产净值。该账户核算企业提取的固定资产累计折旧额，贷方登记企业按月提取的折旧增加额，借方登记因减少固定资产而注销的折旧额，期末贷方余额反映企业提取的固定资产折旧累计额。“累计折旧”账户应当按照固定资产的类别或项目进行明细核算。

（三）“工程物资”账户

“工程物资”账户核算企业为基建工程、改建工程和大修理工程准备的各种物资的实际成本。该账户借方登记企业购入工程物资等的实际成本，贷方登记工程领用工程物资的实际成本，期末借方余额反映企业为工程购入但尚未领用的专用物资的实际成本。“工程物资”账户按照“专用材料”“专用设备”“工器具”等进行明细核算。

（四）“在建工程”账户

“在建工程”账户核算企业进行各项工程（固定资产的新建、改造和大修理等工程）所发生的实际支出。该账户借方登记工程建设发生的各项支出，贷方登记工程交付转出的工程实际成本，期末借方余额反映企业尚未完工的工程发生的各项实际支出。“在建工程”账户应分别设置“建筑工程”“安装工程”“在安装设备”“待摊支出”等明细账户进行明细核算。

二、固定资产增加业务核算

（一）外购固定资产业务核算

外购固定资产的成本包括购买价款、相关税费、运输费、装卸费、保险费、安装费等，但不含按照税法规定可以抵扣的增值税进项税额。企业购入的固定资产分为不需要安装的固定资产和需要安装的固定资产两种情形。

1. 购入不需要安装的固定资产

外购的固定资产，应按计入固定资产成本的金额，借记“固定资产”账户；按支付外购机器设备等固定资产的进项税额，借记“应交税费——应交增值税（进项税额）；贷记“银行存款”等账户。

2. 购入需要安装的固定资产

购入需要安装的固定资产，以固定资产取得成本加上安装调试成本等作为固定资产的成本。购入时，先通过“在建工程”账户核算，待安装调试完毕达到预定可使用状态时，再转入“固定资产”账户。

【练一练 2-1】晴天公司为增值税一般纳税人，12 月 2 日购入一台需安装的新仪器，取得的增值税专用发票上注明的价款为 100 000 元，增值税税额为 13 000 元；另支付运杂费 500 元，取得增值税普通发票；购入后进行安装，领用材料 10 000 元，支付安装工人工资 5 000 元，上述款项均以银行存款支付。账务处理如下。

（1）购入设备时：

	借方	贷方
借：在建工程——设备安装工程	100 500	
应交税费——应交增值税（进项税额）	13 000	
贷：银行存款		113 500

（2）安装过程中领用材料、支付安装工人工资时：

	借方	贷方
借：在建工程——设备安装工程	15 000	
贷：原材料		10 000
应付职工薪酬		5 000

（3）固定资产安装完毕，达到预定可使用状态时：

	借方	贷方
借：固定资产	115 500	
贷：在建工程——设备安装工程		115 500

（二）建造固定资产业务核算

企业可根据生产经营的特殊需要利用自有的人力、物力条件自行建造固定资产，包括自己制造生产经营所需的机器设备，自行建造房屋、建筑物、各种设施，以及进行大型机器设备安装工程等。自行建造固定资产的成本，由建造该项资产达到预定可使用状态前所发生的必要支出构成，包括工程用物资成本、人工成本、缴纳的相关税费、应予资本化的借款费用以及应分摊的间接费用等。

企业自行建造固定资产包括自营建造和出包建造两种方式，主要通过“工程物资”和“在建工程”账户进行核算。

1. 自营工程

技能点讲解

自营建造固定资产业务核算

自营方式建造固定资产，包括购入工程物资、投入建设和工程完工转入固定资产三个步骤。

企业为建造固定资产准备的各种物资，应当以实际支付的买价、不能抵扣的增值税税额、运输费、保险费等相关税费作为实际成本，并按照各种专项物资的种类进行明细核算。工程完工后，剩余的工程物资转为本企业存货的，按其实际成本或计划成本进行结转。建设期间发生的工程物资盘亏、报废及毁损，减去残料价值以及保险公司、过失人等赔款后的净损失，计入所建工程项目的成本；盘盈的工程物资或处置净收益，冲减所建工程项目的成本。工程完工后发生的工程物资盘盈、盘亏、报废、毁损，计入营业外收支。

建造固定资产领用工程物资、原材料或库存商品，应按其实际成本转入所建工程成本；自营方式建造固定资产所负担的职工薪酬，辅助生产部门为建造固定资产提供的水、电、运输等劳务支出，以及其他必要支出等也应计入所建工程项目的成本，记入“在建工程”账户的借方。

工程完工达到预定可使用状态时，将相关余额从“在建工程”账户贷方转入“固定资产”账户借方。

【练一练 2-2】晴天公司为增值税一般纳税人，12 月 2 日自行建造车间一幢，建造期间购入工程物资，取得的增值税专用发票上注明的价款 200 000 元，增值税 26 000 元，全部用于工程建设；领用本企业生产的水泥一批，实际成本 60 000 元，税务部门确定的计税价格为 80 000 元，工程人员工资为 30 000 元，领用企业购买的原材料 10 000 元（不含税），以银行存款支付其他费用 12 000 元。次年 4 月工程完工，经验收交付使用。账务处理如下。

（1）购入工程物资时：

借：工程物资——自营工程——车间　　200 000

　　应交税费——应交增值税（进项税额）　　26 000

　　贷：银行存款　　226 000

（2）工程领用物资时：

借：在建工程——自营工程——车间　　200 000

　　贷：工程物资——自营工程——车间　　200 000

（3）工程领用本企业生产的水泥时：

借：在建工程——自营工程——车间　　60 000

　　贷：库存商品　　60 000

（4）分配工程应负担的职工薪酬时：

借：在建工程——自营工程——车间　　30 000

　　贷：应付职工薪酬——短期薪酬——工资　　30 000

（5）工程领用本企业原材料时：

借：在建工程——自营工程——车间　　10 000

　　贷：原材料　　10 000

（6）以银行存款支付其他费用时：

借：在建工程——自营工程——车间　　12 000

　　贷：银行存款　　12 000

（7）工程完工经验收交付使用时：

借：固定资产——房屋建筑物——车间　　312 000

　　贷：在建工程——自营工程——车间　　312 000

2. 出包工程

技能点讲解

出包建造固定资产业务核算

出包工程，是指企业通过招标等方式将工程项目发包给建造承包商，由建造承包商组织施工的建筑工程和安装工程。企业以出包方式建造固定资产，其工程的具体成本与支出由建造承包商核算。企业按合同规定支付给承包商建造价款，并将建造承包商的工程价款作为工程成本。

在出包方式下，“在建工程”账户主要是企业与建造承包商办理工程价款结算的账户，企业支付给建造承包商的工程价款，作为工程成本通过“在建工程”账户核算。企业应按合理估计的工程进度和合同规定结算的进度款，借记“在建工程”账户，贷记“银行存款”“预付账款”等账户。工程完成时，按合同规定补付的工程款，借记“在建工程”账户，贷记“银行存款”等账户。

在建工程达到预定可使用状态时，借记“固定资产”账户，贷记“在建工程”账户。

（三）其他方式取得固定资产业务核算

（1）投资者投入固定资产业务。投资者投入的固定资产，在办理了固定资产移交手续之后，应以投资合同或协议约定的价值加上应支付的相关税费作为固定资产的入账价值，但合同或协议约定价值不公允的除外。借记“固定资产”“应交税费——应交增值税（进项税额）”等账户，贷记“实收资本”“银行存款”等账户。

（2）接受捐赠固定资产业务。企业接受捐赠的固定资产，应按受赠固定资产的公允价值及相关税费，借记“固定资产”“应交税费——应交增值税（进项税额）”等账户，贷记“营业外收入”等账户。

三、固定资产折旧业务核算

（一）固定资产折旧概述

固定资产折旧是固定资产在使用过程中，由于磨损和其他经济原因而逐渐转移的价值。影响固定资产折旧的因素包括固定资产原值、预计净残值、使用年限和折旧方法四个方面。其中，固定资产原值是指固定资产的初始购建成本，是固定资产的入账价值。固定资产原值是计算固定资产折旧的基础。

请注意

企业应当根据固定资产的性质和使用情况，合理确定固定资产的使用寿命、预计净残值，并选择合适的折旧方法，一经确定，不得随意变更。特殊情况需要变更的，应当作为会计估计变更。

预计净残值是指在计算折旧额时，要考虑的固定资产废弃时的残值。固定资产原值减去预计净残值后的差额为固定资产的应计提折旧总额。

（二）固定资产折旧计算方法

企业应当按照年限平均法计提折旧。企业的固定资产由于技术进步等原因，确需加速折旧的，可以采用双倍余额递减法和年数总和法。

1. 年限平均法

年限平均法，又称直线法，是指将固定资产的应计折旧额均衡地分摊到固

定资产预计使用寿命期内的一种方法。采用这种方法计算的每期折旧额均相等。计算公式如下：

年限平均法折旧的计算

年折旧额 =（固定资产原值 – 预计净残值）/ 预计使用年限

实际工作中，固定资产折旧额可以采用下列公式计算：

年折旧率 =（1– 净残值率）/ 预计使用年限

月折旧率 = 年折旧率 /12

月折旧额 = 固定资产原值 × 月折旧率

【练一练 2–3】晴天公司拥有一台机器，其原值 8 800 元，预计使用 5 年，预计净残值 800 元，计算该设备月折旧额。

解：年折旧额 =（8 800–800）÷5=1 600（元）

月折旧额 =1 600÷12=133.33（元）

2. 双倍余额递减法

双倍余额递减法，是指在不考虑固定资产预计净残值的情况下，在固定资产使用年限最后两年的前面各年，根据每期（年）期初固定资产账面余额和双倍直线折旧率计算各期折旧额的一种方法。在固定资产使用年限的最后两年，将固定资产净值扣除预计净残值后的余额平均摊销。计算公式如下：

技能点讲解

双倍余额递减法折旧的计算

年折旧率 = 2÷ 预计使用年限 ×100%

年折旧额 = 期初固定资产账面净值 × 年折旧率

月折旧额 = 年折旧额 ÷12

固定资产账面净值 = 年初固定资产余额 – 已提累计折旧

【练一练 2–4】晴天公司某项设备原价为 20 000 元，预计使用年限为 5 年，预计净残值为 200 元。采用双倍余额递减法计算折旧额。

解：该设备的年折旧率 =2÷5×100%=40%

双倍余额递减法下固定资产折旧计算表，如表 2–2 所示。

表 2–2　固定资产折旧计算表（双倍余额递减法）　　单位：元

年份	年初账面净值	年折旧率	折旧额	累计折旧	年末账面净值
第一年	20 000	40%	8 000（20 000×40%）	8 000	12 000
第二年	12 000	40%	4 800（12 000×40%）	12 800	7 200
第三年	7 200	40%	2 880（72 00×40%）	15 680	4 320
第四年	4 320	—	2 060[（4 320–200）/2]	17 740	2 260
第五年	2 260	—	2 060[（4 320–200）/2]	19 800	200

注意：从第四年起改按年限平均法计提折旧。

3. 年数总和法

年数总和法，又称合计年限法，是指以固定资产的应计折旧额为基数乘以一个逐年递减的分数，来计算各期固定资产折旧额的一种方法。计算公式如下：

年折旧率 = 尚可使用年数 ÷ 预计使用年限的年数总和

尚可使用年数 = 预计使用年限 - 已使用年限

年折旧额 = 固定资产原值 ×（1- 预计净残值率）× 年折旧率

月折旧率 = 年折旧率 ÷12

【练一练 2-5】晴天公司某设备原值为 50 000 元，预计使用年限为 5 年，预计净残值率为 4%。采用年数总和法计算折旧额。

年数总和 =1+2+3+4+5=15

第一年折旧率 =（5-0）÷15=5/15

第一年折旧额 =50 000×（1-4%）×5/15=16 000（元）

年数总和法下固定资产各年折旧额计算，如表 2-3 所示。

表 2-3　固定资产折旧计算表（年数总和法）　单位：元

年　份	应计折旧额	年折旧率	年折旧额	累计折旧额
第一年	48 000	5/15	16 000（48 000×5/15）	16 000
第二年	48 000	4/15	12 800（48 000×4/15）	28 800
第三年	48 000	3/15	9 600（48 000×3/15）	38 400
第四年	48 000	2/15	6 400（48 000×2/15）	44 800
第五年	48 000	1/15	3 200（48 000×1/15）	48 000

（三）固定资产折旧业务具体核算

企业应当按月计提折旧，当月增加的固定资产，当月不计提折旧，从下月起计提折旧；当月减少的固定资产，当月仍计提折旧，从下月起不计提折旧。

企业在计提折旧时，以月初应提折旧的固定资产账面原价为依据。在上月计提折旧的基础上，对上月固定资产的增减情况进行调整后计算当月固定资产应计提的折旧额。计算公式如下：

当月固定资产应计提折旧额 = 上月固定资产计提折旧额 + 上月增加固定资产应计提折旧额 - 上月减少固定资产应计提折旧额

企业基本生产车间所使用的固定资产，其折旧应记入“制造费用”账户；管理部门所使用的固定资产，其折旧应记入“管理费用”账户；销售部门使用的固定资产，其折旧应记入“销售费用”账户；自行建造固定资产过程中使用的固定资产，其折旧应记入“在建工程”账户；经营租出的固定资产，其折旧应记入“其他业务成本”账户；未使用的固定资产，其折旧应记入“管理费用”账户。

计提折旧时一般需要编制“固定资产折旧计算表”，如表 2-4 所示。

【练一练 2-6】晴天公司 2022 年 6 月固定资产折旧计算表如表 2-4 所示。

表 2-4 固定资产折旧计算表

2022 年 6 月 30 日　　　　单位：元

使用单位及固定资产类别	上月折旧额	上月增加固定资产应计提折旧额	上月减少固定资产应计提折旧额	本月应计提折旧额
生产车间：	83 000	7 000		90 000
房屋	35 000			35 000
机器设备	48 000	7 000		55 000
行政管理部门：	104 000	4 000	8 000	100 000
房屋	72 000			72 000
运输工具	32 000	4 000	8 000	28 000
销售部门：	53 000		1 000	52 000
房屋	30 000			30 000
办公设备	23 000		1 000	22 000
合　计	240 000	11 000	9 000	242 000

会计：张科　　　　复核：刘慧　　　　制单：于光

晴天公司账务处理如下。

借：制造费用　　90 000

　　管理费用　　100 000

　　销售费用　　52 000

　贷：累计折旧　　242 000

四、固定资产后续支出业务核算

固定资产的后续支出，是指固定资产在使用过程中发生的更新改造支出、修理费用等。固定资产投入使用后，由于各个组成部分不同或者使用条件不同，可能发生固定资产的局部损坏。为了保持固定资产的正常运转和使用，发挥其效能，必须对其进行必要的维修和维护。

固定资产的更新改造等后续支出，符合固定资产确认条件的（经济利益很可能流入企业、金额能可靠计量），应当计入固定资产成本，即资本化，如有替换部分，应同时将被替换部分的账面价值从该固定资产的原账面价值中扣除；不能满足固定资产确认条件的固定资产修理费用等，应当在发生时计入当期损益，即费用化。

（一）资本化后续支出核算

固定资产改建、扩建或改良，是在原有固定资产规模的基础上，通过追加固定资产投资而改良或扩大固定资产的总体规模。固定资产改建、扩建或改良支出通常会使：①固定资产的使用年限延长；②固定资产的生产能力提高；③产品质量提高；④产品生产成本降低；⑤产品品种、性能、规格等发生良好的变化；⑥企业经营管理环境或条件改善。固定资产改建、扩建或改良支出若符合固定资产的确认条件，则应当将其计入固定资产账面价值，但增记后的固定资产账面价值不能超过固定资产的可收回金额。

企业发生可予以资本化的后续支出，应按下列步骤进行核算。

（1）将固定资产的原价、已提累计折旧和减值准备转销，将固定资产的账面价值转入在建工程，并停止计提折旧；

（2）发生的后续支出，通过“在建工程”账户核算；

（3）工程试运行取得的净收入，冲减工程成本；

（4）固定资产达到预定可使用状态时，改造后的固定资产重新入账，从“在建工程”账户转入“固定资产”账户。

【练一练 2-7】晴天公司为增值税一般纳税人，适用的增值税税率为 13%，7 月对一台生产设备进行改扩建。该生产设备的原价为 2 000 万元，已提折旧 800 万元。改扩建过程中，领用工程物资 300 万元（不含增值税）。发生改扩建工程人员职工薪酬 90 万元。用银行存款支付其他相关费用 167.4 万元（符合资本化条件）。当年 9 月该生产设备达到预定可使用状态。有关账务处理如下。

技能点讲解

固定资产资本化后续支出的核算

（1）将固定资产账面价值转入“在建工程”账户时：

借：在建工程	12 000 000
累计折旧	8 000 000
贷：固定资产	20 000 000

（2）改扩建过程中发生相关支出时：

借：在建工程　　3 000 000

　　贷：工程物资　　3 000 000

借：在建工程　　900 000

　　贷：应付职工薪酬　　900 000

借：在建工程　　1 674 000

　　贷：银行存款　　1 674 000

（3）改扩建完成，生产设备达到预计使用状态时：

借：固定资产　　17 574 000

　　贷：在建工程　　17 574 000

（二）费用化后续支出核算

企业发生的与固定资产有关的修理费用以及固定资产更新改造等后续支出，不符合资本化条件的，应当根据不同情况在发生时直接计入当期损益，计入管理费用或销售费用。

企业生产车间（分厂）和行政管理部门等发生的固定资产修理费等后续支出，包括机器设备的修理费用，发生时记入“管理费用”账户；企业专设销售机构发生的固定资产修理费等后续支出，发生时记入“销售费用”账户。

五、固定资产处置业务核算

技能点讲解

固定资产处置业务核算

固定资产的处置，包括出售、报废、毁损、对外投资、非货币性资产交换、债务重组等。企业的固定资产是用于本企业生产经营活动的，企业对那些不适用或不需用的应出售转让的固定资产，或由于使用而不断磨损直至最终报废的固定资产，或由于技术进步等原因发生提前报废的固定资产，或由于遭受自然灾害等非常损失发生毁损的固定资产等，都要按规定办理转让、报废手续，转入清理。

为了如实反映和严格监督固定资产的清理过程，企业应设置“固定资产清理”账户，用于核算企业因出售、报废或毁损等原因转入清理的固定资产净值和发生的清理费用和清理收入。其会计处理一般经过以下几个步骤。

第一，固定资产转入清理。固定资产转入清理时，按固定资产账面价值，借记“固定资产清理”账户；按已计提的累计折旧，借记“累计折旧”账户；按已计提的减值准备，借记“固定资产减值准备”账户；按固定资产原价，贷记“固定资产”账户。

第二，发生清理费用的处理。固定资产清理过程中发生的有关费用以及应支付的相关税费，借记“固定资产清理”“应交税费——应交增值税（进项税额）”账户，贷记“银行存款”等账户。

第三，出售收入和残料等的处理。企业收回出售固定资产的价款、残料价值和变价收入等，应冲减清理支出。按实际收到的出售价款以及残料变价收入等，借记“银行存款”“原材料”等账户，贷记“固定资产清理”“应交税费——应交增值税（销项税额）”等账户。

第四，保险赔偿的处理。企业计算或收到的应由保险公司或过失人赔偿的损失，应冲减清理支出，借记“其他应收款”“银行存款”等账户，贷记“固定资产清理”账户。

第五，清理净损益的处理。固定资产清理完成后的净损失，属于生产经营期间正常的处置损失，借记“资产处置损益”账户，贷记“固定资产清理”账户；属于自然灾害等非正常原因造成的损失，借记“营业外支出——非常损失”账户，贷记“固定资产清理”账户。固定资产清理完成后的净收益，借记“固定资产清理”账户，贷记“资产处置损益”或“营业外收入——非流动资产处置利得”账户。

【练一练 2-8】12 月 20 日，晴天公司将一台闲置不用的旧设备变卖，该设备账面原价为 86 000 元，已提折旧 28 000 元。双方协商议定不含税售价 63 000 元，增值税税率 13%，晴天公司开具增值税普通发票。设备拆除时，以现金支付拆除费用 500 元，出售设备的价款收存银行。

（1）注销该设备的原价和已提折旧额，转入清理时：

借：固定资产清理	58 000	
累计折旧	28 000	
贷：固定资产		86 000

（2）收回该设备的价款时：

借：银行存款	71 190	
贷：固定资产清理		63 000
应交税费——应交增值税（销项税额）		8 190

（3）支付清理过程中发生的清理费用时：

借：固定资产清理	500	
贷：库存现金		500

（4）结转该设备出售后的净损益时：

借：固定资产清理	4 500	
贷：资产处置损益		4 500

引例分析

做一做：任务引例轻松搞定！

扫码看答案

课堂活动

试一试：一起挑战高难度任务！

1. 以游戏形式按照随机组合方式将班级学生分成若干小组（每组 5 ～ 6 人）。

2. 各小组讨论练习，共同完成以下任务。

【业务 1】4 月 1 日，甲公司为了方便职工停车，同时考虑成本节约，决定自己采购材料，组织公司员工建造一个停车棚。有关业务资料如下。

（1）4 月 8 日，购入工程物资一批，验收入库，取得的增值税专用发票上注明的价款 6 000 元，增值税税额 780 元，款项以银行存款支付。

（2）4 月 10 日，工程领用生产用原材料一批，材料成本为 1 000 元。

（3）4 月 10 日至 5 月 10 日，工程先后领用工程物资 5 000 元。

（4）工程建设期间，辅助生产车间为工程提供有关劳务支出为 1 350 元。

（5）工程建设期间，支付工程人员工资 3 000 元。

（6）5 月 10 日，停车棚建成并使用。

【业务 2】4 月 1 日，甲公司根据生产需要购置需要安装的机床一台，取得的增值税普通发票上注明的价款 240 000 元，增值税税额 31 200 元，款项以银行存款支付。4 月 5 日开出银行转账支票一张，支付设备安装费 2 000 元，增值税 180 元，取得增值税专用发票。4 月 6 日，设备安装完毕，交付使用。

【业务 3】甲公司 2021 年 11 月购入一台入账价值为 100 000 元的设备，采用双倍余额递减法计提折旧，预计使用年限为 5 年，预计净残值率 5%，计算设备每年折旧额以及 2023 年 5 月折旧额。

【业务 4】6 月 1 日，甲公司因现有车库难以满足职工车辆停放需求，决定对现有车库进行改、扩建，以扩大车辆容纳范围。该车库账面原值为 600 000 元，已计提折旧 172 800 元。

（1）改、扩建工程采用出包方式，出包给乙建筑公司承建。按照合同规定，6 月 10 日支付改、扩建工程总价款 500 000 元的 60%，增值税税率 9%，取得增值税专用发票，其余款项待竣工验收合格时付清。

（2）9 月 10 日，车库改、扩建工程竣工，达到预定可使用状态，甲公司支付了剩余工程款，取得增值税专用发票。

（3）新车库预计使用年限20年，净残值率5%。公司采用年限平均法计提折旧。

【任务要求】完成甲公司固定资产投资业务的账务处理。

3．每个小组推荐一位代表汇报本组任务完成情况，说明解决相关问题的思路和方法。

4．其他小组对其汇报进行评分。

5．每个小组将汇报情况形成文字资料，由任课教师评阅。

任务二　无形资产投资业务核算

任务引例

想一想：该业务如何核算呢？

2022年3月1日，北京君豪实业有限公司购入专利权，专利权转让合同、增值税普通发票、银行电子回单如图2-19至图2-21所示。

专利权转让合同

专利权转让方（甲方）：北京华谊制造有限公司

专利权受让方（乙方）：北京君豪实业有限公司

甲、乙双方本着互惠互利的原则，经协商一致，对专利权转让达成如下协议。

一、转让价款

经双方协商一致，此项专利权的转让价为人民币壹拾叁万玖仟零伍拾元整（¥139050.00）。

二、转让方式和试制

转让方确认收到受让方的全部转让费为正式专利技术转让标志。试制期内，转让方收到了：（1）该产品的企业标准或说明书；（2）产品资料、照片。标志试制成功，执行本合同全部条款。试制期内，转让方收到了：（1）企业标准或说明书；（2）试制失败不同产品照片贰张。标志试制失败，受让方不支付转让费，本合同终止。

…

本合同自签约日起生效。本合同一式二份，转让方、受让方各执一份。

甲方：北京华谊制造有限公司　　乙方：北京君豪实业有限公司

法定代表人：陈华谊　　法定代表人：张君豪

日期：2022年03月01日　　日期：2022年03月01日

图2-19　专利权转让合同

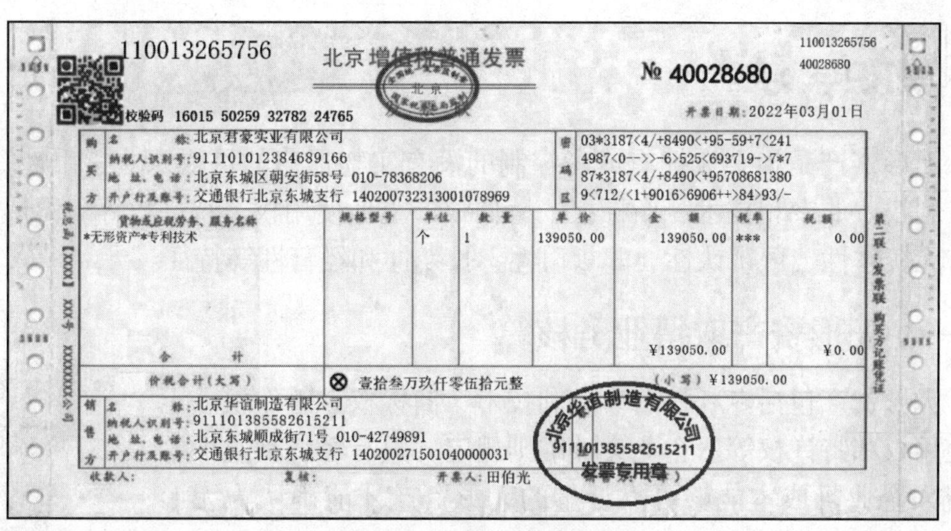

110013265756 北京增值税普通发票 № 40028680

110013265756
40028680

校验码 16015 50259 32782 24765 开票日期：2022年03月01日

购买方	名称：北京君豪实业有限公司 纳税人识别号：911101012384689166 地址、电话：北京东城区朝安街58号 010-78368206 开户行及账号：交通银行北京东城支行 140200732313001078969	密码区	03*3187<4/+8490<+95-59+7<241 4987<0-->>-6>525<693719->7*7 87*3187<4/+8490<+95708681380 9<712/<1+9016>6906++>84>93/-

货物或应税劳务、服务名称	规格型号	单位	数量	单价	金额	税率	税额
*无形资产*专利技术		个	1	139050.00	139050.00	***	0.00
合计					¥139050.00		¥0.00
价税合计（大写）	⊗壹拾叁万玖仟零伍拾元整				（小写）¥139050.00		

销售方	名称：北京华谊制造有限公司 纳税人识别号：911101385582615211 地址、电话：北京东城顺成街71号 010-42749891 开户行及账号：交通银行北京东城支行 140200271501040000031	备注	

收款人： 复核： 开票人：田伯光

北京华谊制造有限公司 911101385582615211 发票专用章

第二联：发票联 购买方记账凭证

图2-20 增值税普通发票

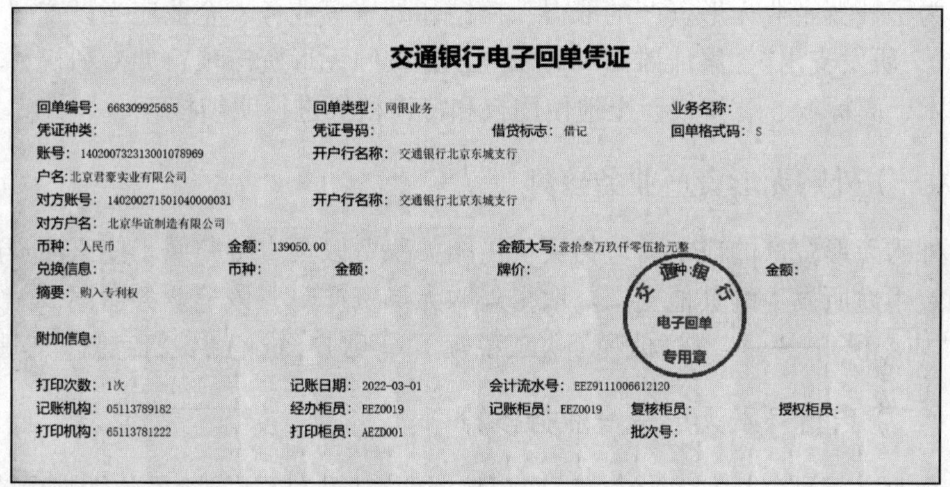

交通银行电子回单凭证

回单编号：668309925685 回单类型：网银业务 业务名称：
凭证种类： 凭证号码： 借贷标志：借记 回单格式码：S
账号：140200732313001078969 开户行名称：交通银行北京东城支行
户名：北京君豪实业有限公司
对方账号：140200271501040000031 开户行名称：交通银行北京东城支行
对方户名：北京华谊制造有限公司
币种：人民币 金额：139050.00 金额大写：壹拾叁万玖仟零伍拾元整
兑换信息： 币种： 金额： 牌价： 金额：
摘要：购入专利权
附加信息：
打印次数：1次 记账日期：2022-03-01 会计流水号：EEZ9111006612120
记账机构：05113789182 经办柜员：EEZ0019 记账柜员：EEZ0019 复核柜员： 授权柜员：
打印机构：65113781222 打印柜员：AEZD001 批次号：

交通银行 电子回单 专用章

图2-21 银行电子回单

2022年5月31日，北京君豪实业有限公司摊销本月无形资产，无形资产摊销表如图2-22所示。

无形资产摊销表

编制单位：北京君豪实业有限公司 2022年05月31日 单位：元

无形资产	使用日期	原值	摊销年限	月摊销额
非专利技术	2022年03月01日	240000.00	10	2000.00

审核人：郭浩宇 制表人：李艳

图2-22 无形资产摊销表

知识学习

无形资产是指企业拥有或者控制的没有实物形态的可辨认非货币性资产，如专利权、非专利技术、商标权、著作权、土地使用权、特许权等。无形资产具有无实体性、可辨认性、非货币性、长期性和经营性等特征。

一、无形资产取得业务核算

技能点讲解

无形资产取得业务核算

无形资产包括专利权、非专利技术、商标权、著作权、土地使用权和特许权等。企业会计准则规定，只有经济利益很可能流入企业且成本能够可靠计量的无形资产才能确认为无形资产。

为了核算企业无形资产的取得、摊销和处置等业务，企业应当设置“无形资产”“研发支出”“累计摊销”等账户，并按照无形资产项目如专利权、非专利技术、商标权、著作权、土地使用权和特许权等进行明细核算。

（一）外购无形资产业务核算

外购无形资产的成本，包括买价、相关税费以及直接归属于使该项资产达到预定用途所发生的其他支出。取得外购无形资产时，该笔业务借记“无形资产”“应交税费——应交增值税（进项税额）”等账户，贷记“银行存款”等账户。

（二）自行开发无形资产业务核算

企业自行研究开发无形资产，应当按照研究阶段与开发阶段分别进行核算。研究阶段的支出在发生时全部计入当期损益，开发阶段的支出满足资本化条件时计入无形资产的成本。无法区分研究阶段和开发阶段的支出，应当在发生时费用化，全部计入当期损益。

请注意

内部开发无形资产的成本仅包括在满足资本化条件后至无形资产达到预定用途前发生的支出总和，对同一项无形资产在开发过程中达到资本化条件之前已经费用化计入当期损益的支出不再进行调整。

企业自行开发无形资产应设置“研发支出”账户，核算企业进行研究与开发无形资产过程中发生的各项支出。该账户应当按照研究开发项目，分别按“费用化支出”与“资本化支出”进行明细核算。

（1）企业自行开发无形资产发生的研发支出，不满足资本化条件的，借记“研发支出——费用化支出”账户；满足资本化条件的，借记“研发支出——资本化支出”账户；贷记“原材料”“银行存款”“应付职工薪酬”等账户。

（2）企业以其他形式取得的正在进行中的研究开发项目，应按确定的金额，借记“研发支出——资本化支出”账户，贷记“银行存款”等账户；以后发生的研发支出，比照上述第（1）条进行处理。

（3）研究开发项目达到预定用途形成无形资产的，应按“研发支出——资本化支出”账户的余额，借记“无形资产”账户，贷记“研发支出——资本化支出”账户。

（4）期末，企业应将“研发支出——费用化支出”账户归集的费用化支出金额转入“管理费用”账户，借记“管理费用”账户，贷记“研发支出——费用化支出”账户。

“研发支出”账户期末借方余额，反映企业正在进行中的研究开发项目中满足资本化条件的支出。

【练一练 2-9】晴天公司自行研究开发一项新产品专利技术，在研究开发过程中发生材料费 4 000 000 元、研发人员薪酬 1 000 000 元，以及其他费用 3 000 000 元，总计 8 000 000 元。其中，符合资本化条件的支出为 5 000 000 元，期末该专利技术达到预定用途。

（1）相关费用发生时：

借：研发支出——费用化支出　　3 000 000
　　　　　　——资本化支出　　5 000 000
　贷：原材料　　4 000 000
　　　应付职工薪酬　　1 000 000
　　　银行存款　　3 000 000

（2）期末：

借：管理费用　　3 000 000
　　无形资产　　5 000 000
　贷：研发支出——费用化支出　　3 000 000
　　　　　　　——资本化支出　　5 000 000

（三）投资者投入无形资产业务核算

投资者投入的无形资产，企业应按投资各方确认的价值（假定该价值公允），借记“无形资产”“应交税费——应交增值税（进项税额）”账户，贷记“实收资本”或“股本”等账户。

技能点讲解

无形资产摊销业务核算

二、无形资产摊销业务核算

无形资产摊销是指无形资产应在使用寿命内系统、合理地摊销。企业会计准则规定，使用寿命有限的无形资产应进行摊销，使用寿命不确定的无形资产不应进行摊销。企业摊销无形资产，应当自无形资产可供使用时起至不再作为无形资产确认时止。

企业应当于取得无形资产时分析判断其使用寿命。无形资产的使用寿命为有限的，应当估计该使用寿命的年限或者构成使用寿命的产量等类似计量单位数量；无法预见无形资产为企业带来经济利益期限的，应当视为使用寿命不确定的无形资产。

企业选择的无形资产摊销方法，应当反映与该项无形资产有关的经济利益的预期实现方式。无法可靠确定预期实现方式的，应当采用直线法摊销。

请注意

税法规定，无形资产按照直线法计算的摊销费用，准予扣除。无形资产的摊销年限不得低于10年。投资或者受让的无形资产，有关法律规定或者合同约定了使用年限的，可以按照规定或者约定的使用年限分期摊销。

企业应当按月对无形资产进行摊销，当月增加当月开始摊销，当月减少当月不摊销。无形资产的摊销额一般应当计入当期损益；企业自用的无形资产，其摊销金额计入管理费用；出租的无形资产，其摊销金额计入其他业务成本；某项无形资产包含的经济利益通过所生产的产品或其他资产实现的，其摊销金额应当计入相关资产成本。

三、无形资产处置业务核算

企业处置无形资产，应当将取得的价款扣除该无形资产账面价值以及相关税费后的差额计入资产处置损益。处置无形资产时，按实际收到的金额，借记“银行存款“等账户；按已计提的累计摊销，借记”累计摊销“账户；已计提减值准备的，借记“无形资产减值准备“账户；按其账面余额，贷记“无形资产”账户；按应支付的相关税费，贷记“应交税费——应交增值税（销项税额）”账户；按其差额记入“资产处置损益”账户。

做一做：任务引例轻松搞定！

扫码看答案

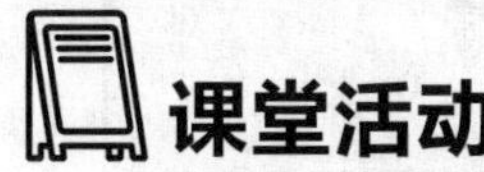

1. 以游戏形式按照随机组合方式将班级学生分成若干小组（每组 5 ～ 6 人）。

试一试：一起挑战高难度任务！

2. 各小组讨论练习，共同完成以下任务。

【业务 1】甲公司 4 月初购买了一项管理部门使用的专利权，初始确认成本为 350 万元，法定年限为 10 年，预计有效使用期限为 8 年，按直线法摊销。

【业务 2】4 月 15 日，甲公司将拥有的一项非专利技术出售，开具的增值税专用发票注明价款 800 万元，增值税税额 48 万，款项已收。该非专利技术的账面余额为 700 万元，累计摊销额 350 万元，已计提减值准备 200 万元。

【任务要求】（1）完成甲公司每月摊销无形资产的账务处理；计算甲公司当年无形资产累计摊销额。

（2）完成甲公司处置无形资产的账务处理。

3. 每个小组推荐一位代表汇报本组任务完成情况，说明解决相关问题的思路和方法。

4. 其他小组对其汇报进行评分。

5. 每个小组将汇报情况形成文字资料，由任课教师评阅。

任务三　交易性金融资产业务核算

任务引例

想一想：该业务如何核算呢？

2022 年 6 月 1 日，北京石科电子股份有限公司从二级市场购入股票，将其作为以公允价值计量且其变动计入当期损益的金融资产核算，相关的股票交易对账单、增值税专用发票如图 2-23、图 2-24 所示。

2022 年 6 月 30 日，公司持有的飞宇新能源汽车股份有限公司股票市价下跌，公允价值变动计算表如图 2-25 所示。

2022 年 12 月 31 日，公司持有的飞宇新能源汽车股份有限公司股票市价上涨，公允价值变动计算表如图 2-26 所示。

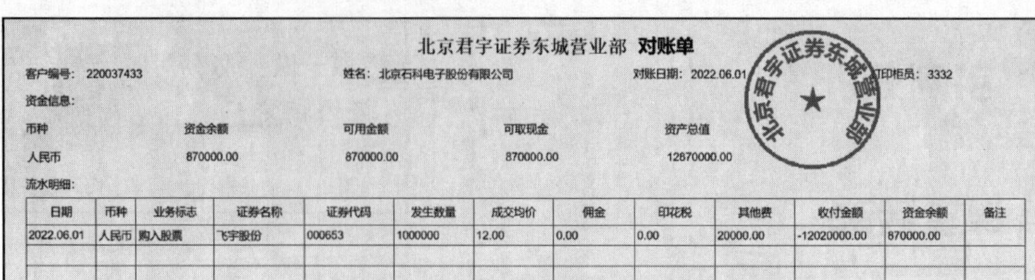

北京君宇证券东城营业部 **对账单**

客户编号：220037433　姓名：北京石科电子股份有限公司　对账日期：2022.06.01　打印柜员：3332

资金信息：

币种	资金余额	可用金额	可取现金	资产总值
人民币	870000.00	870000.00	870000.00	12670000.00

流水明细：

日期	币种	业务标志	证券名称	证券代码	发生数量	成交均价	佣金	印花税	其他费	收付金额	资金余额	备注
2022.06.01	人民币	购入股票	飞宇股份	000653	1000000	12.00	0.00	0.00	20000.00	-12020000.00	870000.00	

图2-23　股票交易对账单

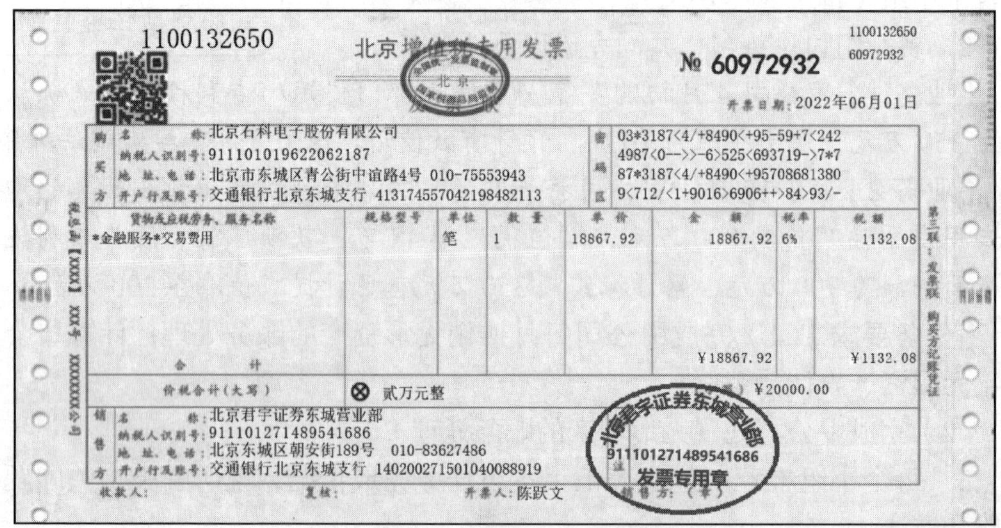

1100132650　北京增值税专用发票　№ 60972932

开票日期：2022年06月01日

购买方　名称：北京石科电子股份有限公司
纳税人识别号：911101019622062187
地址、电话：北京市东城区青公街中谊路4号 010-75553943
开户行及账号：交通银行北京东城支行 413174557042198482113

密码区：03*3187<4/+8490<+95-59+7<242 4987<0-->>-6>525<693719->7*7 87*3187<4/+8490<+95708681380 9<712/<1+9016>6906++>84>93/-

货物或应税劳务、服务名称	规格型号	单位	数量	单价	金额	税率	税额
*金融服务*交易费用		笔	1	18867.92	18867.92	6%	1132.08
合计					¥18867.92		¥1132.08
价税合计（大写）	⊗贰万元整				（小写）¥20000.00		

销售方　名称：北京君宇证券东城营业部
纳税人识别号：911101271489541686
地址、电话：北京东城区朝安街189号 010-83627486
开户行及账号：交通银行北京东城支行 140200271501040088919

收款人：　复核：　开票人：陈跃文　销售方：（章）

第三联：发票联　购买方记账凭证

图2-24　增值税专用发票

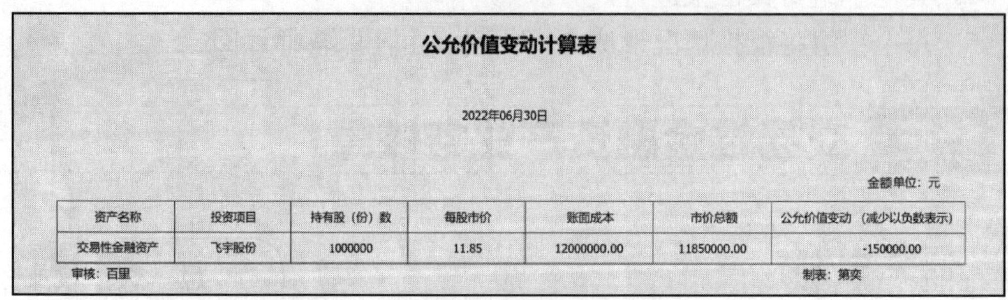

公允价值变动计算表

2022年06月30日

金额单位：元

资产名称	投资项目	持有股（份）数	每股市价	账面成本	市价总额	公允价值变动（减少以负数表示）
交易性金融资产	飞宇股份	1000000	11.85	12000000.00	11850000.00	-150000.00

审核：百里　制表：第奕

图2-25　公允价值变动计算表（6月30日）

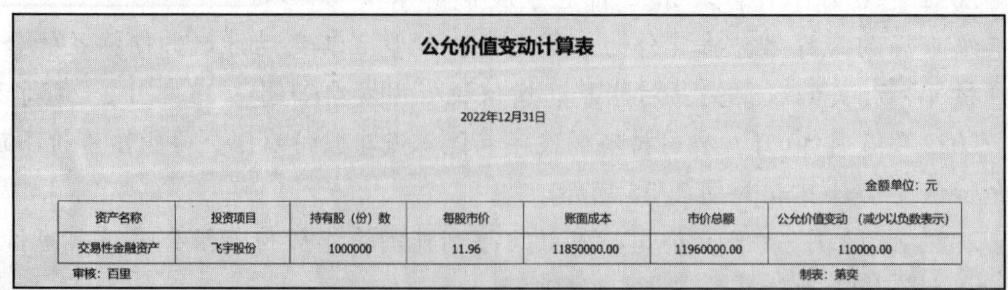

公允价值变动计算表

2022年12月31日

金额单位：元

资产名称	投资项目	持有股（份）数	每股市价	账面成本	市价总额	公允价值变动（减少以负数表示）
交易性金融资产	飞宇股份	1000000	11.96	11850000.00	11960000.00	110000.00

审核：百里　制表：第奕

图2-26　公允价值变动计算表（12月31日）

2023 年 1 月 4 日，公司将其持有的飞宇新能源汽车股份有限公司股票全部出售，股票交易对账单如图 2-27 所示，增值税专用发票如图 2-28 所示。

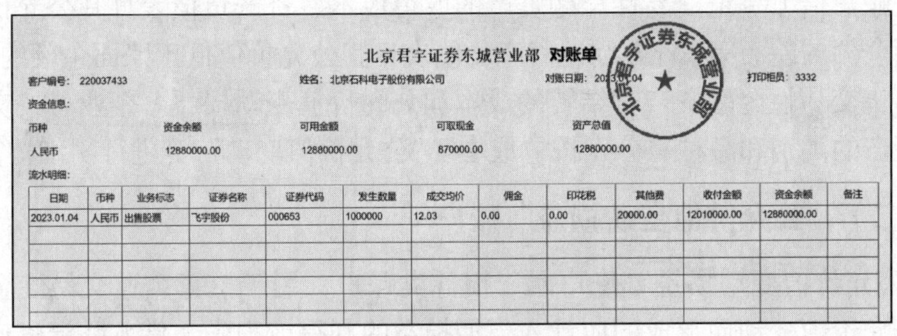

北京君宇证券东城营业部 **对账单**

客户编号：220037433　　姓名：北京石科电子股份有限公司　　对账日期：2023.01.04　　打印柜员：3332

资金信息：

币种	资金余额	可用金额	可取现金	资产总值
人民币	12880000.00	12880000.00	870000.00	12880000.00

流水明细：

日期	币种	业务标志	证券名称	证券代码	发生数量	成交均价	佣金	印花税	其他费	收付金额	资金余额	备注
2023.01.04	人民币	出售股票	飞宇股份	000653	1000000	12.03	0.00	0.00	20000.00	12010000.00	12880000.00	

北京君宇证券东城营业部

图2-27　股票交易对账单

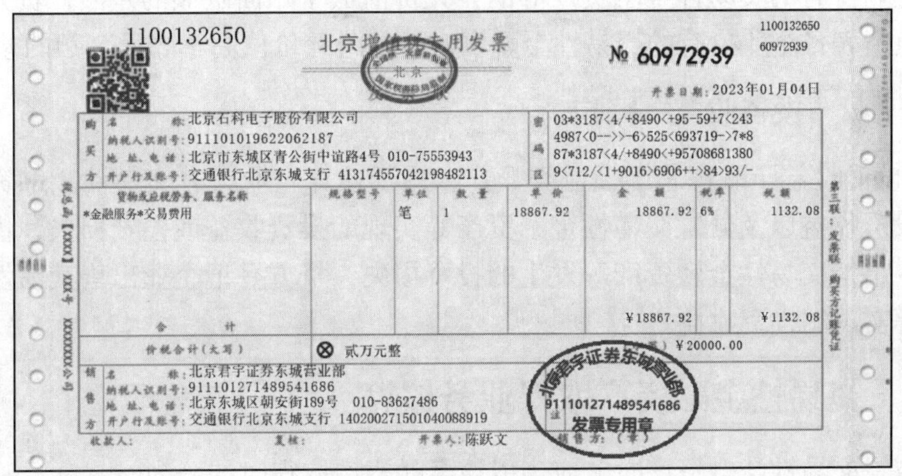

1100132650　　北京增值税专用发票　　№ 60972939　　1100132650　60972939

开票日期：2023年01月04日

购买方	
名　　称	北京石科电子股份有限公司
纳税人识别号	911101019622062187
地 址、电 话	北京市东城区青公街中谊路4号 010-75553943
开户行及账号	交通银行北京东城支行 413174557042198482113

密码区：
03*3187<4/+8490<+95-59+7<243
4987<0-->>-6>525<693719->7*8
87*3187<4/+8490<+95708681380
9<712/<1+9016>6906++>84>93/-

货物或应税劳务、服务名称	规格型号	单位	数量	单价	金额	税率	税额
*金融服务*交易费用		笔	1	18867.92	18867.92	6%	1132.08
合　　计					¥18867.92		¥1132.08
价税合计（大写）	⊗ 贰万元整				（小写）¥20000.00		

销售方	
名　　称	北京君宇证券东城营业部
纳税人识别号	911101271489541686
地 址、电 话	北京东城区朝安街189号　010-83627486
开户行及账号	交通银行北京东城支行 140200271501040088919

北京君宇证券东城营业部 911101271489541686 发票专用章

收款人：　　复核：　　开票人：陈跃文　　销售方：（章）

第三联：发票联　购买方记账凭证

图2-28　增值税专用发票

知识学习

一、交易性金融资产核算的账户设置

交易性金融资产主要是指企业在近期内为出售而持有的金融资产，例如企业以赚取差价为目的从二级市场购入的股票、债券、基金等。为了核算交易性金融资产的取得、收取现金股利或利息、处置等业务，企业应当设置“交易性金融资产”“公允价值变动损益”“投资收益”等账户。

（一）“交易性金融资产”账户

“交易性金融资产”账户属于资产类账户，用于核算企业为交易目的所持有的债券投资、股票投资、基金投资等交易性金融资产的公允价值，企业持有的直接指定为以公允价值计量且其变动计入当期损益的金融资产也在本账户核算。该账户借方登记交易性金融资产的取得成本、资产负债表日其公允价值高于账面余额的差额等；贷方登记资产负债表日其公允价值低于账面余额的差额，以及出售交易性金融资产时结转的成本和公允价值变动损益。企业可按交易性金融资产的类别和品种，分别按“成本”“公允价值变动”等进行明细核算。

（二）“公允价值变动损益”账户

“公允价值变动损益”账户属于损益类账户，用于核算企业交易性金融资产等公允价值变动而形成的应计入当期损益的利得或损失，借方登记资产负债表日企业持有的交易性金融资产等的公允价值低于账面余额的差额，贷方登记资产负债表日企业持有的交易性金融资产等的公允价值高于账面余额的差额。

（三）“投资收益”账户

“投资收益”账户属于损益类账户，用于核算企业持有交易性金融资产期间的投资收益以及处置交易性金融资产等实现的投资收益或投资损失，借方登记企业出售交易性金融资产等发生的投资损失，贷方登记企业出售交易性金融资产等实现的投资收益。

二、交易性金融资产取得业务核算

技能点讲解

交易性金融资产取得业务核算

取得交易性金融资产时，应当以该金融资产取得时的公允价值作为其初始确认金额，借记“交易性金融资产——成本”账户；按照发生的相关交易费用，借记“投资收益”账户；发生交易费用取得增值税专用发票的，按其注明的增值税进项税额，借记“应交税费——应交增值税（进项税额）”账户；按照实际支付的金额，贷记“其他货币资金”等账户。

取得交易性金融资产所支付价款中包含了已宣告但尚未发放的现金股利或已到付息期但尚未领取的债券利息的，现金股利或应收利息应当单独确认为应收项目，记入“应收股利”或“应收利息”账户。

三、交易性金融资产后续计量业务核算

（一）现金股利与利息业务核算

企业持有交易性金融资产期间，被投资单位宣告发放的现金股利，或在资

产负债表日按分期付息、一次还本债券投资的票面利率计算的利息收入，应当确认为应收项目，借记“应收股利”或“应收利息”账户，贷记“投资收益”账户。

（二）持有期间公允价值变动业务核算

资产负债表日，交易性金融资产应当按照公允价值计量，公允价值与账面余额之间的差额计入当期损益。

企业应当在资产负债表日按照交易性金融资产公允价值高于其账面余额的差额，借记“交易性金融资产——公允价值变动”账户，贷记“公允价值变动损益”账户；按公允价值低于其账面余额的差额做相反的会计分录，借记“公允价值变动损益”账户，贷记“交易性金融资产——公允价值变动”账户。

四、交易性金融资产处置业务核算

交易性金融资产
处置业务核算

企业出售交易性金融资产，应当按照实际收到的金额，借记“其他货币资金”等账户；按照交易性金融资产的账面余额的成本部分，贷记“交易性金融资产——成本”账户；按照交易性金融资产的账面余额的公允价值变动部分，贷记或借记“交易性金融资产——公允价值变动”账户；按照其差额，贷记或借记“投资收益”账户。

五、转让金融商品应交增值税的处理

金融商品转让以卖出价扣除买入价（不需要扣除已宣告未发放现金股利和已到付息期未领取的利息）后的余额作为销售额计算增值税，即转让金融商品按盈亏相抵后的余额为销售额。

转让金融资产当月月末，如产生转让收益，则按应纳税额，借记“投资收益”账户，贷记“应交税费——转让金融商品应交增值税”账户；如产生转让损失，则按可结转下月抵扣税额，借记“应交税费——转让金融商品应交增值税”账户，贷记“投资收益”账户。

请注意

税法规定，本年度的金融资产转让损失不可转入下年度继续抵减转让金融资产的收益。

年末，如果“应交税费——转让金融商品应交增值税”账户有借方余额，应借记“投资收益”账户，贷记“应交税费——转让金融商品应交增值税”账户，将“应交税费——转让金融商品应交增值税”账户的借方余额转出。

引例分析

做一做：任务引例轻松搞定！

扫码看答案

课堂活动

试一试：一起挑战高难度任务！

1. 以游戏形式按照随机组合方式将班级学生分成若干小组（每组 5 ～ 6 人）。

2. 各小组讨论练习，共同完成以下任务。

【业务 1】甲公司 5 月 1 日购入乙公司股票 10 万股，划分为交易性金融资产进行核算，每股买价 30 元，另支付交易费用 3 万元，取得的增值税专用发票上注明的增值税税额为 0.18 万元。乙公司已于 4 月 25 日宣告分红，每股红利为 2 元，于 5 月 6 日发放。

【业务 2】6 月 30 日，乙公司股票每股市价为 25 元。

【业务 3】10 月 3 日，乙公司宣告分派现金股利，每股红利为 1.5 元，于 10 月 25 日发放。

【业务 4】12 月 30 日，甲公司抛售所持股份，每股售价为 17 元，转让金融产品适用增值税税率为 6%。

【任务要求】完成甲公司交易性金融资产业务的账务处理。

3. 每个小组推荐一位代表汇报本组任务完成情况，说明解决相关问题的思路和方法。

4. 其他小组对其汇报进行评分。

5. 每个小组将汇报情况形成文字资料，由任课教师评阅。

素养提升

加速折旧添红利　减税降费促发展

固定资产加速折旧政策为推动制造业发展起到了重要作用。固定资产加速折旧政策对企业来说是一项重要的税收优惠政策，国家推出此政策的目的是引导企业加大不动产投资力度，促进固定资产更新换代从而加快产业结构升级。

加速折旧使得前期折旧费用多，成本得到快速补偿，前期纳税少，从而实现企业递延纳税的目的；同时使得企业资本留存、鼓励淘汰落后产能，从而促进企业发展；有利于高端制造业、智能制造业加快固定资产的更新换代，促进产业结构调整升级。

项目小结

<table>
<tr><th colspan="4">1. 固定资产投资业务核算</th></tr>
<tr><th colspan="3">业务内容</th><th>会计处理</th></tr>
<tr><td rowspan="9">固定资产增加业务核算</td><td colspan="2">外购不需要安装的固定资产</td><td>借：固定资产
应交税费——应交增值税（进项税额）
贷：银行存款</td></tr>
<tr><td rowspan="3">外购需要安装的固定资产</td><td>支付购置价款</td><td>借：在建工程
应交税费——应交增值税（进项税额）
贷：银行存款</td></tr>
<tr><td>支付安装费</td><td>借：在建工程
应交税费——应交增值税（进项税额）
贷：银行存款</td></tr>
<tr><td>交付使用</td><td>借：固定资产
贷：在建工程</td></tr>
<tr><td rowspan="5">自营建造工程</td><td>购买工程物资</td><td>借：工程物资
应交税费——应交增值税（进项税额）
贷：银行存款</td></tr>
<tr><td>工程领用生产用原材料</td><td>借：在建工程
贷：原材料</td></tr>
<tr><td>工程领用工程物资</td><td>借：在建工程
贷：工程物资</td></tr>
<tr><td>工程发生职工薪酬</td><td>借：在建工程
贷：应付职工薪酬</td></tr>
<tr><td>工程达到预定可使用状态</td><td>借：固定资产
贷：在建工程</td></tr>
<tr><td rowspan="2">固定资产增加业务核算</td><td rowspan="2">出包建造工程</td><td>支付工程款</td><td>借：在建工程
应交税费——应交增值税（进项税额）
贷：银行存款</td></tr>
<tr><td>工程达到预定可使用状态</td><td>借：固定资产
贷：在建工程</td></tr>
<tr><td colspan="3">固定资产折旧业务核算</td><td>借：制造费用
管理费用
销售费用
在建工程
其他业务成本
贷：累计折旧</td></tr>
</table>

续

<table>
<tr><th colspan="4">1. 固定资产投资业务核算</th></tr>
<tr><th colspan="3">业务内容</th><th>会计处理</th></tr>
<tr><td rowspan="4">固定资产后续支出业务核算</td><td rowspan="3">固定资产改建、扩建支出</td><td>固定资产转入改建、扩建工程</td><td>借：在建工程
累计折旧
贷：固定资产</td></tr>
<tr><td>支付工程价款</td><td>借：在建工程
应交税费——应交增值税（进项税额）
贷：银行存款</td></tr>
<tr><td>工程达到预定可使用状态</td><td>借：固定资产
贷：在建工程</td></tr>
<tr><td colspan="2">固定资产修理支出</td><td>借：管理费用 / 销售费用
应交税费——应交增值税（进项税额）
贷：银行存款
原材料
应付职工薪酬</td></tr>
<tr><td rowspan="5">固定资产处置业务核算</td><td colspan="2">将固定资产转入清理</td><td>借：固定资产清理
累计折旧
固定资产减值准备
贷：固定资产</td></tr>
<tr><td colspan="2">支付固定资产清理费用</td><td>借：固定资产清理
应交税费——应交增值税（进项税额）
贷：银行存款</td></tr>
<tr><td colspan="2">取得固定资产处置收入</td><td>借：银行存款 / 原材料
贷：固定资产清理
应交税费——应交增值税（销项税额）</td></tr>
<tr><td colspan="2">收到保险赔偿</td><td>借：其他应收款 / 银行存款
贷：固定资产清理</td></tr>
<tr><td colspan="2">结转固定资产清理损益</td><td>净收益：
借：固定资产清理
贷：营业外收入——非流动资产处置利得
资产处置损益
净损失：
借：营业外支出——非常损失
资产处置损益
贷：固定资产清理</td></tr>
</table>

<table>
<tr><th colspan="4">2. 无形资产投资业务核算</th></tr>
<tr><th colspan="3">业务内容</th><th>会计处理</th></tr>
<tr><td rowspan="2">无形资产取得业务核算</td><td colspan="2">外购无形资产</td><td>借：无形资产
应交税费——应交增值税（进项税额）
贷：银行存款</td></tr>
<tr><td>自行开发无形资产</td><td>发生研发支出</td><td>借：研发支出——费用化支出
研发支出——资本化支出
应交税费——应交增值税（进项税额）
贷：原材料 / 银行存款 / 应付职工薪酬</td></tr>
</table>

续

<table>
<tr><th colspan="4">2. 无形资产投资业务核算</th></tr>
<tr><th colspan="3">业务内容</th><th>会计处理</th></tr>
<tr><td rowspan="3">无形资产取得业务核算</td><td rowspan="2">自行开发无形资产</td><td>达到预定用途形成无形资产</td><td>借：无形资产
贷：研发支出——资本化支出</td></tr>
<tr><td>期末</td><td>借：管理费用
贷：研发支出——费用化支出</td></tr>
<tr><td colspan="2">投资者投入无形资产</td><td>借：无形资产
应交税费——应交增值税（进项税额）
贷：实收资本 / 股本</td></tr>
<tr><td colspan="3">无形资产摊销业务核算</td><td>借：管理费用
其他业务成本
贷：累计摊销</td></tr>
<tr><td colspan="3">无形资产处置业务核算</td><td>借：银行存款
累计摊销
无形资产减值准备
贷：无形资产
应交税费——应交增值税（销项税额）
资产处置损益（或在借方）</td></tr>
<tr><th colspan="4">3. 交易性金融资产业务核算</th></tr>
<tr><th colspan="3">业务内容</th><th>会计处理</th></tr>
<tr><td colspan="3">交易性金融资产取得业务核算</td><td>借：交易性金融资产——成本
投资收益
应收股利 / 应收利息
应交税费——应交增值税（进项税额）
贷：其他货币资金</td></tr>
<tr><td rowspan="3">交易性金融资产后续计量业务核算</td><td colspan="2">被投资单位宣告发放的现金股利或资产负债表日计算利息收入</td><td>借：应收股利 / 应收利息
贷：投资收益</td></tr>
<tr><td colspan="2">收到股利或利息</td><td>借：其他货币资金
贷：应收股利 / 应收利息</td></tr>
<tr><td colspan="2">公允价值变动</td><td>借或贷：交易性金融资产——公允价值变动
贷或借：公允价值变动损益</td></tr>
<tr><td colspan="3">交易性金融资产处置业务核算</td><td>借：其他货币资金
贷：交易性金融资产——成本
交易性金融资产——公允价值变动（或在借方）
投资收益（或在借方）</td></tr>
</table>

即测即评

项目三

职工薪酬业务核算

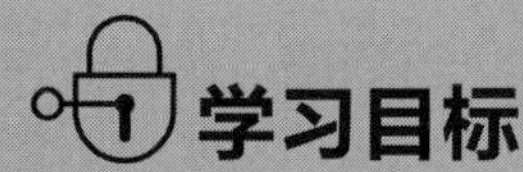

学习目标

知识目标

1. 熟悉职工薪酬的内容
2. 熟悉职工薪酬业务核算的账户设置
3. 掌握职工薪酬业务的核算方法

技能目标

1. 能正确识别和审核职工薪酬业务原始单据
2. 能根据原始凭证准确编制职工薪酬业务的记账凭证

素养目标

1. 培养工匠精神
2. 培养工作认真专注、精益求精的工作态度
3. 培养批判性思维，科学理性地进行问题判断，树立科学的价值观

学习任务

职工薪酬，是指企业为获得职工提供的服务或解除劳动关系而给予的各种形式的报酬或补偿。职工薪酬包括短期薪酬、离职后福利、辞退福利和其他长期职工福利。企业提供给职工配偶、子女、受赡养人、已故员工遗属及其他受益人等的福利，也属于职工薪酬。

这里所称的职工，是指与企业订立劳动合同的所有人员，含全职、兼职和临时职工，也包括虽未与企业订立劳动合同但由企业正式任命的人员。未与企业订立劳动合同或未由其正式任命，但向企业所提供服务与职工所提供服务类似的人员，也属于职工的范畴，包括通过企业与劳务中介公司签订用工合同而向企业提供服务的人员。

任务一　工资及社保公积金业务核算

任务引例

> **想一想**：该业务如何核算呢？

2022 年 6 月 15 日，北京君豪实业有限公司发放 5 月工资，工资表如图 3-1 所示，付款申请书如图 3-2 所示，银行电子回单如图 3-3 所示。

2022 年 6 月 30 日，北京君豪实业有限公司计提 6 月工资及社保公积金，工资汇总表如图 3-4 所示。

姓名	应发工资	养老保险	医疗保险	失业保险	住房公积金	个人所得税	实发工资
张君豪	12680.00	1014.40	253.60	126.80	634.00	139.53	10511.67
陈天	8900.00	712.00	178.00	89.00	445.00	74.28	7401.72
郭浩宇	9828.00	786.24	196.56	98.28	491.40	7.66	8247.86
张潇潇	15670.00	1253.60	313.40	156.70	783.50	184.89	12977.91
李艳	5492.00	439.36	109.84	54.92	274.60		4613.28
苏林峰	6959.00	556.72	139.18	69.59	347.95	10.37	5835.19
沈万安	5500.00	440.00	110.00	55.00	275.00		4620.00
刘彩	26400.00	2112.00	528.00	264.00	1320.00	1356.60	20819.40
陈陆辉	13940.00	1115.20	278.80	139.40	697.00	171.29	11538.31
毕建伟	18939.00	1515.12	378.78	189.39	946.95	252.26	15656.50
合计	124308.00	9944.64	2486.16	1243.08	6215.40	2196.88	102221.84

图3-1　工资表

付款申请书

2022 年 06 月 15 日

用途及情况	金额											收款单位(人): 北京君豪实业有限公司
支付工资	亿	千	百	十	万	千	百	十	元	角	分	账 号: 140200732313001078966
			¥	1	0	2	2	2	1	8	4	开户行: 交通银行北京东城支行
金额（大写）合计:	人民币 壹拾万贰仟贰佰贰拾壹元捌角肆分											结算方式: 转账

总经理	张君豪	财务部门	经　理	郭浩宇	业务部门	经　理	郭浩宇
			会　计	李艳		经 办 人	李艳

图3-2　付款申请书

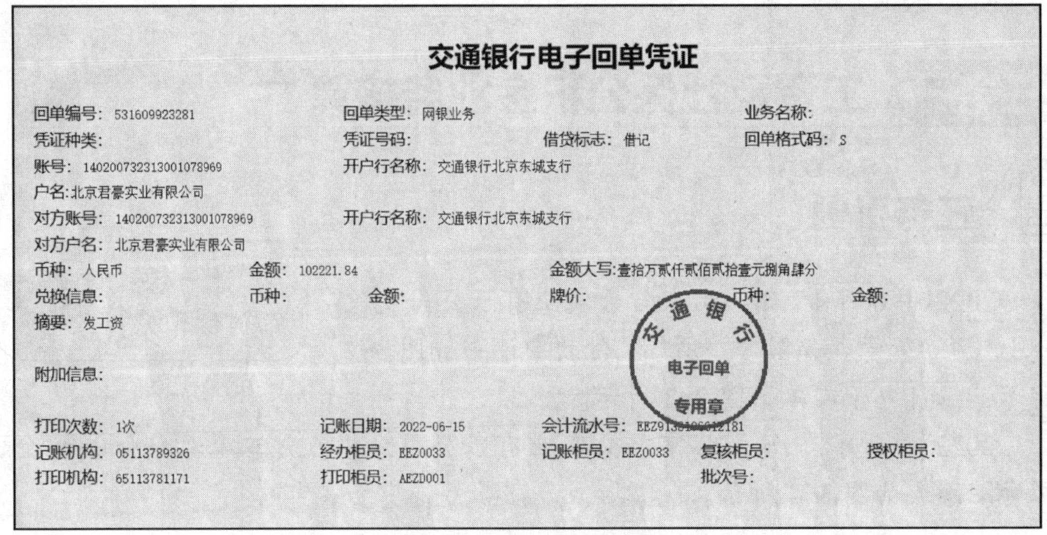

交通银行电子回单凭证

回单编号: 531609923281　回单类型: 网银业务　业务名称:
凭证种类:　凭证号码:　借贷标志: 借记　回单格式码: S
账号: 140200732313001078969　开户行名称: 交通银行北京东城支行
户名:北京君豪实业有限公司
对方账号: 140200732313001078969　开户行名称: 交通银行北京东城支行
对方户名: 北京君豪实业有限公司
币种: 人民币　金额: 102221.84　金额大写:壹拾万贰仟贰佰贰拾壹元捌角肆分
兑换信息:　币种:　金额:　牌价:　币种:　金额:
摘要: 发工资
附加信息:
打印次数: 1次　记账日期: 2022-06-15　会计流水号: EEZ9138106612181
记账机构: 05113789326　经办柜员: EEZ0033　记账柜员: EEZ0033　复核柜员:　授权柜员:
打印机构: 65113781171　打印柜员: AEZD001　批次号:

图3-3　银行电子回单

工资汇总表

2022年06月

编制单位: 北京君豪实业有限公司　　单位: 元

部门	应发工资	养老保险		医疗保险		失业保险		工伤保险		住房公积金		个人所得税	实发工资
		个人	公司	个人	公司	个人	公司	个人	公司	个人	公司		
管理部门	152100	12168	24336	3042	16426.8	304.2	1521	0	760.5	18252	18252	483.33	117850.47
销售部门	74700	5976	11952	1494	8067.6	149.4	747	0	373.5	8964	8964	380.04	57736.56
车间管理人员	53000	4240	8480	1060	5724	106	530	0	265	6360	6360	185.9	41048.1
生产部	79800	6384	12768	1596	8618.4	159.6	798	0	399	9576	9576	435.8	61648.6
合计	359600	28768	57536	7192	38836.8	719.2	3596	0	1798	43152	43152	1485.07	278283.73

审核人: 郭浩宇　　制单人: 李艳

图3-4　工资汇总表

知识学习

一、职工薪酬的内容

职工薪酬包括企业提供给职工、职工配偶、子女、受赡养人、已故员工遗属及其他受益人的各种形式的报酬、补偿或福利，主要包括短期薪酬、离职后福利、辞退福利和其他长期职工福利。

（一）短期薪酬

短期薪酬是指企业在职工提供相关服务的年度报告期间结束后十二个月内需要全部予以支付的职工薪酬，因解除与职工的劳动关系给予的补偿除外。短期薪酬具体包括职工工资、奖金、津贴和补贴，职工福利费，医疗保险费、工伤保险费等社会保险费，住房公积金，工会经费和职工教育经费，短期带薪缺勤，短期利润分享计划，非货币性福利，以及其他短期薪酬。

你知道吗

社会保险是指国家通过立法，多渠道筹集资金，对劳动者在因年老、失业、工伤、生育而减少劳动收入时给予经济补偿，使他们能够享有基本生活保障的一项社会保障制度，是社会保障体系的核心部分。社会保险主要包括养老保险、失业保险、医疗保险、工伤保险。

住房公积金包括职工个人缴存和职工所在单位为职工缴存两部分，各占50%，全部属职工个人所有。住房公积金制度实际上是一种住房保障制度，是住房分配货币化的一种形式。

（二）离职后福利

离职后福利是指企业为获得职工提供的服务而在职工退休或与企业解除劳动关系后，提供的各种形式的报酬和福利，包括养老保险费、失业保险费等。

（三）辞退福利

辞退福利是指企业在职工劳动合同到期之前解除与职工的劳动关系，或者为鼓励职工自愿接受裁减而给予职工的补偿。

（四）其他长期职工福利

其他长期职工福利是指除短期薪酬、离职后福利、辞退福利之外所有的职工薪酬，包括长期带薪缺勤、长期残疾福利、长期利润分享计划等。

二、职工薪酬业务核算的账户设置

为了核算和监督企业应付职工薪酬的提取、结算、使用等业务，企业应设置“应付职工薪酬”账户。该账户贷方登记已分配计入有关成本费用项目的职工薪酬数额；借方登记实际发放职工薪酬的数额；该账户期末贷方余额，反映企业应付未付的职工薪酬。

“应付职工薪酬”账户应当按照“工资”“社会保险费”“住房公积金”“职工福利费”“工会经费”“职工教育经费”“非货币性福利”“离职后福利”“辞退福利”“其他长期职工福利”等职工薪酬项目设置明细账户，进行明细核算。

三、工资及社保公积金业务核算

技能点讲解

工资及社保公积金业务核算

（一）工资及社保公积金计提

企业应当在职工为其提供服务的会计期间，将应支付的职工薪酬确认为负债，并根据职工提供服务的受益对象，分别按下列情况处理。

（1）应由生产产品、提供劳务负担的职工薪酬，计入产品成本或劳务成本。生产产品、提供劳务中的直接生产人员和直接提供劳务人员发生的职工薪酬，根据有关的规定，计入存货成本，但非正常消耗的直接生产人员和直接提供劳务人员的职工薪酬，应当在发生时确认为当期损益。

（2）应由在建工程、无形资产负担的职工薪酬，计入建造固定资产或无形资产成本。如自行建造固定资产和自行研究开发无形资产过程中发生的职工薪酬，符合规定的，可将其计入固定资产或无形资产的成本。

（3）上述两项之外的其他职工薪酬，计入当期损益。如公司总部管理人员、董事会成员、监事会成员等的职工薪酬，因难以确定直接对应的受益对象，均应当在发生时计入当期损益。

根据职工提供服务的受益对象，将应确认的职工薪酬计入相关资产成本或当期损益:生产部门人员的职工薪酬,记入“生产成本”“制造费用”等账户借方；管理部门人员的职工薪酬，记入“管理费用”账户借方；销售人员的职工薪酬，记入“销售费用”账户借方；应由在建工程、研发支出负担的职工薪酬，记入“在建工程”“研发支出”等账户借方；同时贷记“应付职工薪酬——工资”“应付职工薪酬——社会保险费”“应付职工薪酬——住房公积金”账户。

（二）工资及社保公积金发放缴纳

企业按照有关规定向职工支付工资、奖金、津贴等，借记“应付职工薪酬——工资”账户，贷记“银行存款”“库存现金”等账户；企业从应付职工薪酬中扣缴的由职工个人缴纳的三险一金，借记“应付职工薪酬——工资”账户，贷记“其他应付款——社会保险费”“其他应付款——住房公积金”账户；企业从应付职工薪酬中扣缴的各种款项（代垫的家属药费、个人所得税等），借记“应付职工薪酬——工资”账户，贷记“银行存款”“库存现金”“其他应收款”“应交税费——应交个人所得税”等账户。

企业按照国家有关规定缴纳社会保险费或住房公积金时，借记“应付职工薪酬——社会保险费”“应付职工薪酬——住房公积金”“其他应付款——社会保险费”“其他应付款——住房公积金”账户，贷记“银行存款”账户。

做一做：任务引例轻松搞定！

扫码看答案

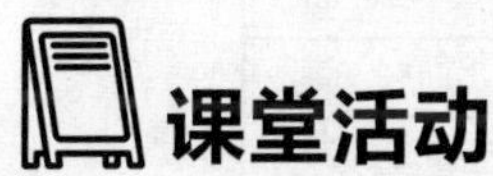

1. 以游戏形式按照随机组合方式将班级学生分成若干小组（每组 5 ～ 6 人）。

试一试：一起挑战高难度任务！

2. 各小组讨论练习，共同完成以下任务。

【业务 1】2022 年 12 月 10 日，北京吸多多饮品有限公司发放 11 月职工工资，工资结算汇总表如图 3-5 所示。

工资结算汇总表

编制单位：北京吸多多饮品有限公司　　2022年12月10日　　单位：元

部门		短期薪酬	代扣工资							实发金额
		应付工资	三险一金基数	养老保险 8%	失业保险 0.50%	医疗保险 2%	住房公积金 12%	个人所得税	小计	
生产车间	生产工人	253828.50	214400.00	17152.00	1072.00	4408.00	25728.00	786.87	49146.87	204681.63
	管理人员	20356.48	10720.00	857.60	53.60	220.40	1286.40	238.16	2656.16	17700.32
管理部门		79615.92	42880.00	3430.40	214.40	881.60	5145.60	1068.65	10740.65	68875.27
销售部门		52591.20	26800.00	2144.00	134.00	551.00	3216.00	518.77	6563.77	46027.43
合计		406392.10	294800.00	23584.00	1474.00	6061.00	35376.00	2612.45	69107.45	337284.65

审核：杨娜　　制单：郭丽欣

图3–5　工资结算汇总表

【业务 2】2022 年 12 月 15 日，北京吸多多饮品有限公司缴纳社会保险费和住房公积金，社会保险费计算表如图 3-6 所示，住房公积金计算表如图 3-7 所示。

社会保险费计算表

编制单位：北京吸多多饮品有限公司　　2022年12月15日　　单位：元

部门		缴费基数	短期薪酬			离职后福利				小计
			医疗保险		工伤保险	养老保险		失业保险		
			企业承担部分	个人承担部分	全部企业承担	企业承担部分	个人承担部分	企业承担部分	个人承担部分	
			9.80%	2%	0.20%	16%	8%	0.50%	0.50%	
生产车间	生产工人	214400.00	21011.20	4408.00	428.80	34304.00	17152.00	1072.00	1072.00	79448.00
	管理人员	10720.00	1050.56	220.40	21.44	1715.20	857.60	53.60	53.60	3972.40
管理部门		42880.00	4202.24	881.60	85.76	6860.80	3430.40	214.40	214.40	15889.60
销售部门		26800.00	2626.40	551.00	53.60	4288.00	2144.00	134.00	134.00	9931.00
合计		294800.00	28890.40	6061.00	589.60	47168.00	23584.00	1474.00	1474.00	109241.00

审核：杨娜　　制单：郭丽欣

图3-6　社会保险费计算表

住房公积金计算表

编制单位：北京吸多多饮品有限公司　　2022年12月15日　　金额单位：元

部门		缴费基数	短期薪酬（住房公积金）		小计
			企业承担部分	个人承担部分	
			12%	12%	
生产车间	生产工人	214400.00	25728.00	25728.00	51456.00
	管理人员	10720.00	1286.40	1286.40	2572.80
管理部门		42880.00	5145.60	5145.60	10291.20
销售部门		26800.00	3216.00	3216.00	6432.00
合计		294800.00	35376.00	35376.00	70752.00

审核：杨娜　　制单：郭丽欣

图3-7　住房公积金计算表

【任务要求】完成北京吸多多饮品有限公司工资及社保公积金业务的账务处理。

3．每个小组推荐一位代表汇报本组任务完成情况，说明解决相关问题的思路和方法。

4．其他小组对其汇报进行评分。

5．每个小组将汇报情况形成文字资料，由任课教师评阅。

任务二　职工三项经费业务核算

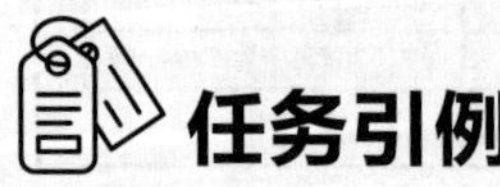

任务引例

> **想一想：**该业务如何核算呢？

2022 年 12 月 28 日，北京君豪实业有限公司在岗职工共计 200 人，其中生产车间 170 人，生产工人 168 人，车间管理人员 2 人；

管理部门20人；销售部门10人。公司下设一所职工食堂，每个职工每月食堂补贴100元。

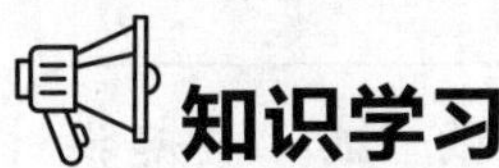

知识学习

一、三项经费的内容

三项经费包括职工福利费、工会经费及职工教育经费。

职工福利费是企业为职工提供的除职工工资、津贴、奖金、纳入工资总额管理的补贴、社会保险费、职工教育经费、补充养老保险费、补充医疗保险费及住房公积金以外的福利待遇支出。

工会经费是工会组织开展各项活动所需要的费用。

职工教育经费指企业按工资总额的一定比例提取用于职工教育事业的费用，是企业为职工学习先进技术和提高文化水平所支付的费用。

你知道吗

《中华人民共和国企业所得税法》规定，企业发生的职工福利费支出，不超过工资薪金总额14%的部分，准予扣除。企业拨缴的工会经费，不超过工资薪金总额2%的部分，准予扣除。除国务院财政、税务主管部门另有规定外，企业发生的职工教育经费支出，不超过工资薪金总额8%的部分，准予扣除；超过部分，准予在以后纳税年度结转扣除。

二、三项经费核算

技能点讲解

三项经费核算

三项经费实际发生时，借记“应付职工薪酬——职工福利费”“应付职工薪酬——工会经费”“应付职工薪酬——职工教育经费”账户，贷记“银行存款”“库存商品”等账户。

期末按比例计提职工福利费、工会经费和职工教育经费时，借记“管理费用”“制造费用”“生产成本”等账户，贷记“应付职工薪酬——职工福利费”“应付职工薪酬——工会经费”“应付职工薪酬——职工教育经费”账户。

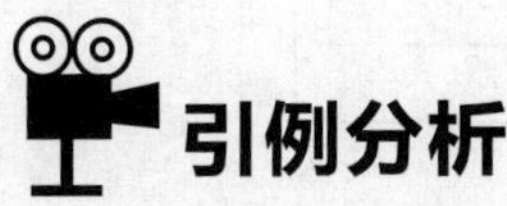

引例分析

做一做：任务引例轻松搞定！

扫码看答案

课堂活动

1．以游戏形式按照随机组合方式将班级学生分成若干小组（每组 5 ～ 6 人）。

> 试一试：一起挑战高难度任务！

2．各小组讨论练习，共同完成以下任务。

【业务 1】2022 年 6 月 30 日，北京君豪实业有限公司分别按照职工工资总额的 2% 和 8% 的计提标准，确认应付工会经费和职工教育经费。工资汇总表见图 3-1。

【业务 2】2022 年 12 月 31 日，北京君豪实业有限公司以现金支付生产工人李某的生活困难补助 800 元。

【任务要求】完成北京君豪实业有限公司职工三项经费业务的账务处理。

3．每个小组推荐一位代表汇报本组任务完成情况，说明解决相关问题的思路和方法。

4．其他小组对其汇报进行评分。

5．每个小组将汇报情况形成文字资料，由任课教师评阅。

任务三 非货币性职工薪酬业务核算

任务引例

> 想一想：该业务如何核算呢？

2022 年 12 月 31 日，北京吸多多饮品有限公司以自产产品作为元旦福利发放给职工，职工福利费分配表如图 3-8 所示。

职工福利费分配表

2022年12月31日　　　　金额单位：元

部　　门		本月发生福利费支出
生产车间	生产工人	19888
	管理人员	994.4
管理部门		3977.6
销售部门		2486
合　　计		27346

审核：　杨娜　　　　制单：郭丽欣

（a）

图3-8　职工福利费分配表

职工福利费分配表

2022年12月31日　　金额单位：元

受益对象		分配标准（人数）	分配率	分配金额
生产车间：生产工人	花生奶	10	497.2	4972
	香蕉奶	9	497.2	4474.8
	核桃奶	11	497.2	5469.2
	椰香奶	10	497.2	4972
小计		40	—	19888
生产车间管理人员		—	—	994.4
管理部门		—	—	3977.6
销售部门		—	—	2486
合计		—	—	27346

审核：杨娜　　制单：郭丽欣

（b）

图3-8（续）

知识学习

一、自产产品作为非货币性福利业务核算

企业以其自产产品作为非货币性福利发放给职工的，应当根据受益对象，按照该产品的含税公允价值计入相关资产成本或当期损益，同时确认应付职工薪酬，借记“管理费用”“生产成本”“制造费用”等账户，贷记“应付职工薪酬——非货币性福利”账户。

企业以自产产品作为职工薪酬发放给职工时，应确认主营业务收入，借记“应付职工薪酬——非货币性福利”账户，贷记“主营业务收入”账户，涉及增值税销项税额的，贷记“应交税费——应交增值税（销项税额）”账户。同时，结转相关成本，借记“主营业务成本”账户，贷记“库存商品”账户。

二、自有房屋等资产无偿提供给职工业务核算

企业将拥有的房屋等资产无偿提供给职工使用的，应当根据受益对象，将该住房每期应计提的折旧计入相关资产成本或当期损益，同时确认应付职工薪酬，借记“管理费用”“生产成本”“制造费用”等账户，贷记“应付职工薪酬——非货币性福利”账户；并且同时借记“应付职工薪酬——非货币性福利”账户，贷记“累计折旧”账户。

三、租赁房屋等资产无偿提供给职工业务核算

租赁住房等资产供职工无偿使用的，应当根据受益对象，将每期应付的租金计入相关资产成本或当期损益，并确认应付职工薪酬，借记“管理费用”“生产成本”“制造费用”等账户，贷记“应付职工薪酬——非货币性福利”账户。

企业支付租赁住房等资产供职工无偿使用所发生的租金，借记“应付职工薪酬——非货币性福利”账户；按照可以抵扣的增值税进项税额，借记“应交税费——应交增值税（进项税额）”账户；贷记“银行存款”等账户。

【练一练 3–1】 晴天公司为总部各部门经理级别以上职工提供汽车免费使用，同时为副总裁以上高级管理人员每人租赁一套住房。公司总部共有部门经理级别以上职工 20 名，每人提供一辆汽车免费使用，假定每辆汽车每月计提折旧 1 000 元；该公司共有副总裁以上高级管理人员 5 名，公司为其每人租赁一套面积为 200 平方米的公寓，月租金为每套 8 000 元（含税），月末支付租金，收到税率为 9% 的增值税专用发票。账务处理如下。

（1）确认提供汽车的非货币性福利 =20×1 000=20 000（元）。

借：管理费用　　20 000

　　贷：应付职工薪酬——非货币性福利　　20 000

借：应付职工薪酬——非货币性福利　　20 000

　　贷：累计折旧　　20 000

（2）确认为职工租赁住房的非货币性福利 =5×8 000÷（1+9%）=36 697.25（元）。

借：管理费用　　36 697.25

　　贷：应付职工薪酬——非货币性福利　　36 697.25

借：应付职工薪酬——非货币性福利　　36 697.25

　　应交税费——应交增值税（进项税额）　　3 302.75

　　贷：银行存款　　40 000

引例分析

做一做：任务引例轻松搞定！

扫码看答案

课堂活动

试一试：一起挑战高难度任务！

1. 以游戏形式按照随机组合方式将班级学生分成若干小组（每组 5 ～ 6 人）。

2. 各小组讨论练习，共同完成以下任务。

【业务】 9 月 28 日，北京君豪实业有限公司以本公司的产品吸尘器作为福利发放给公司每名职工，吸尘器不含税售价每台 14 000 元，成本为每台 10 000 元。公司共有职工 200 名，其中 160 名为生产职工，10 名为车间管理人员，30 名为公司行政管理人员。

【任务要求】完成北京君豪实业有限公司非货币性福利业务的账务处理。

3. 每个小组推荐一位代表汇报本组任务完成情况，说明解决相关问题的思路和方法。

4. 其他小组对其汇报进行评分。

5. 每个小组将汇报情况形成文字资料，由任课教师评阅。

素养提升

社会保障　民之所依　民之所向

社会保障是群众生活的“安全网”，它能确保人民群众在年老、失业、患病、受工伤、生育时的基本医疗保障不受影响。社会保障也是收入分配的“平衡器”，它能够充分发挥收入再分配的功能，调节中高收入人群的部分收入，提高低收入群体的保障标准，适当缩小不同社会成员之间的收入差距，实现社会公平。社会保障还是国民福利的“助推器”，它能够为广大群众提供更完善的基础设施和公共服务，从而使人民尽可能充分地享受经济和社会发展成果，不断提高物质生活和精神生活的质量。

一、养老保险为养老提供保障

基本养老保险不同于自愿选择的商业养老保险，它是按国家法律规定强制实施的一项保险制度，凡在实施范围内的单位和个人都必须参加。根本目的是保障劳动者在年老时退出劳动岗位后的基本生活，使之老有所养。

二、医疗保险为疾病提供保障

医疗保险是补偿疾病所带来的医疗费用的一种保险，是在职工患疾病、负伤、生育时，由社会或企业提供必要的医疗服务或物质帮助的社会保险。因此，医疗保险制度通常由国家立法，强制实施，国家建立基金制度，费用由用人单位和个人共同缴纳，医疗保险金由医疗保险机构支付，以补偿劳动者因患病或受伤害带来的医疗费用。

三、工伤保险关键时刻显作用

工伤保险是通过社会统筹的办法，集中用人单位缴纳的工伤保险费，建立工伤保险基金，对劳动者在生产经营活动中遭受意外伤害或职业病，并由此造成死亡、暂时或永久丧失劳动能力时，给予劳动者或其遗属实用性法定的医疗救治以及必要的经济补偿的一种社会保障制度。

四、失业保险的重要性

建立失业保险基金是失业保险制度的重要内容，失业保险费是失业保险基金的主要来源。因此，只有城镇企事业单位及其职工按照规定，及时、足额缴纳失业保险费，才能保证失业保险基金的支付能力，切实保障失业人员基本生活和促进再就业所需资金支出。

项目小结

1. 工资及社保公积金业务核算	
业务内容	会计处理
工资及社保公积金计提业务核算	借：销售费用 管理费用 制造费用 生产成本 研发支出 在建工程 贷：应付职工薪酬——工资 应付职工薪酬——社会保险费 应付职工薪酬——住房公积金
工资及社保公积金发放缴纳业务核算	借：应付职工薪酬——工资 贷：银行存款 其他应付款——社会保险费 其他应付款——住房公积金 应交税费——应交个人所得税 借：应付职工薪酬——社会保险费 应付职工薪酬——住房公积金 其他应付款——社会保险费 其他应付款——住房公积金 贷：银行存款
2. 职工三项经费业务核算	
业务内容	会计处理
三项经费计提业务核算	借：销售费用 管理费用 制造费用 生产成本 研发支出 在建工程 贷：应付职工薪酬——职工福利费 应付职工薪酬——工会经费 应付职工薪酬——职工教育经费
三项经费发生业务核算	借：应付职工薪酬——职工福利费 应付职工薪酬——工会经费 应付职工薪酬——职工教育经费 贷：银行存款/库存商品等

续

<table>
<tr><th colspan="3">3. 非货币性职工薪酬业务核算</th></tr>
<tr><th colspan="2">业务内容</th><th>会计处理</th></tr>
<tr><td rowspan="2">自产产品作为非货币性福利业务核算</td><td>计提</td><td>借：销售费用
　　管理费用
　　制造费用
　　生产成本
　　研发支出
　　在建工程
　　贷：应付职工薪酬——非货币性福利</td></tr>
<tr><td>发放</td><td>借：应付职工薪酬——非货币性福利
　　贷：主营业务收入
　　　　应交税费——应交增值税（销项税额）
借：主营业务成本
　　贷：库存商品</td></tr>
<tr><td colspan="2">自有房屋等资产无偿提供给职工业务核算</td><td>借：销售费用
　　管理费用
　　制造费用
　　生产成本
　　研发支出
　　在建工程
　　贷：应付职工薪酬——非货币性福利
借：应付职工薪酬——非货币性福利
　　贷：累计折旧</td></tr>
<tr><td colspan="2">租赁房屋等资产无偿提供给职工业务核算</td><td>借：销售费用
　　管理费用
　　制造费用
　　生产成本
　　研发支出
　　在建工程
　　贷：应付职工薪酬——非货币性福利
借：应付职工薪酬——非货币性福利
　　应交税费——应交增值税（进项税额）
　　贷：银行存款</td></tr>
</table>

即测即评

项目四

采购与付款业务核算

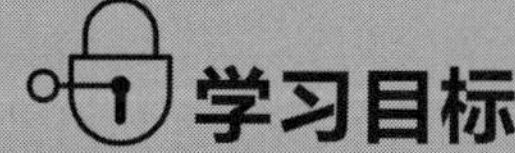

学习目标

知识目标

1．熟悉采购与付款业务核算的账户设置

2．掌握采购与付款业务的核算方法

3．掌握期末存货减值业务的核算方法

技能目标

1．能正确识别和审核采购与付款业务原始单据

2．能根据原始凭证准确编制采购与付款业务的记账凭证

3．能根据原始凭证准确编制期末存货减值业务的记账凭证

素养目标

1．培养知法、懂法、守法的职业观

2．培养诚信做人、公正做事的职业素养

3．培养谨慎、保持职业怀疑的基本素养和职业态度

学习任务

供应阶段是工业企业的生产准备阶段。在该阶段，企业以货币资金购买各种原材料、周转材料等，并支付货款、采购费用、税金等，这样就形成了供应阶段的采购业务；企业在购入各种原材料和支付各项费用时要和供应单位发生货款结算关系，这样又形成供应阶段的结算业务。

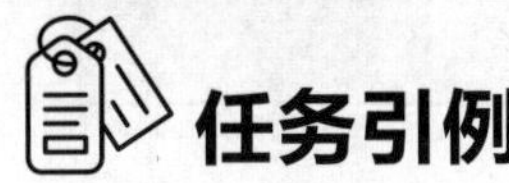

任务一　外购材料与付款业务核算

任务引例

想一想：该业务如何核算呢？

北京君豪实业有限公司采用实际成本法核算外购材料。

2022 年 8 月 16 日，公司采购原材料一批，增值税专用发票如图 4-1 所示、银行电子回单如图 4-2 所示、收料单如图 4-3 所示。

2022 年 9 月 9 日，公司购入原材料一批，材料尚未收到，增值税专用发票如图 4-4 所示，银行电子回单如图 4-5 所示。

2022 年 9 月 30 日，公司采购一批原材料，已验收入库，发票未到（暂估单位成本为 150 元 / 千克），收料单如图 4-6 所示。

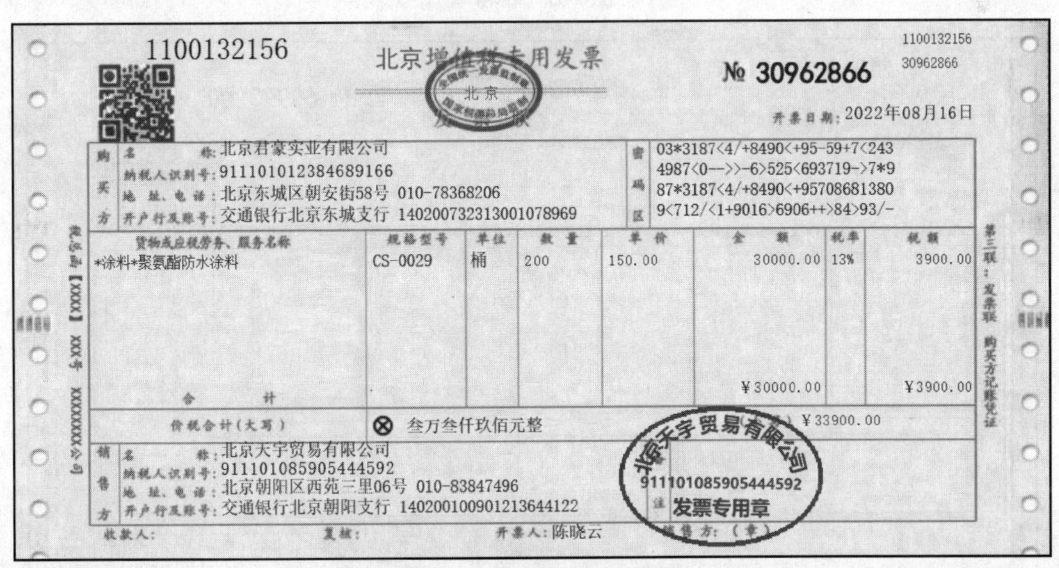

1100132156　　北京增值税专用发票　　№ 30962866

1100132156
30962866

开票日期：2022年08月16日

购买方	名　　称：北京君豪实业有限公司 纳税人识别号：911101012384689166 地 址、电 话：北京东城区朝安街58号 010-78368206 开户行及账号：交通银行北京东城支行 140200732313001078969
密码区	03*3187<4/+8490<+95-59+7<243 4987<0-->>-6>525<693719->7*9 87*3187<4/+8490<+95708681380 9<712/<1+9016>6906++>84>93/-

货物或应税劳务、服务名称	规格型号	单位	数量	单价	金额	税率	税额
*涂料*聚氨酯防水涂料	CS-0029	桶	200	150.00	30000.00	13%	3900.00
合　　计					￥30000.00		￥3900.00
价税合计（大写）	⊗ 叁万叁仟玖佰元整				（小写）￥33900.00		

销售方	名　　称：北京天宇贸易有限公司 纳税人识别号：911101085905444592 地 址、电 话：北京朝阳区西苑三里06号 010-83847496 开户行及账号：交通银行北京朝阳支行 140200100901213644122
备注	

收款人：　　复核：　　开票人：陈晓云　　销售方：（章）

第三联：发票联　购买方记账凭证

北京天宇贸易有限公司　911101085905444592　发票专用章

图4-1　增值税专用发票

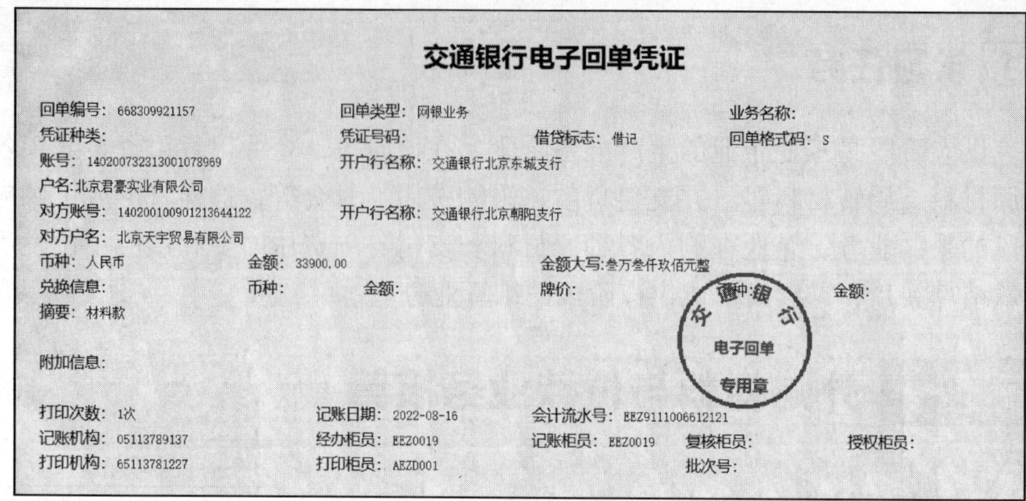

交通银行电子回单凭证

回单编号：668309921157　回单类型：网银业务　业务名称：
凭证种类：　凭证号码：　借贷标志：借记　回单格式码：S
账号：140200732313001078969　开户行名称：交通银行北京东城支行
户名：北京君豪实业有限公司
对方账号：140200100901213644122　开户行名称：交通银行北京朝阳支行
对方户名：北京天宇贸易有限公司
币种：人民币　金额：33900.00　金额大写：叁万叁仟玖佰元整
兑换信息：　币种：　金额：　牌价：　金额：
摘要：材料款
附加信息：
打印次数：1次　记账日期：2022-08-16　会计流水号：EEZ9111006612121
记账机构：05113789137　经办柜员：EEZ0019　记账柜员：EEZ0019　复核柜员：　授权柜员：
打印机构：65113781227　打印柜员：AEZD001　批次号：

交通银行 电子回单 专用章

图4-2　银行电子回单

收 料 单

供应单位：**北京天宇贸易有限公司**　　编号：***0110***
材料类别：**原材料**　　***2022*** 年 ***08*** 月 ***16*** 日　　收料仓库：**第一仓库**

材料编号	材料名称	规 格	计量单位	数量		实际价格				计划价格	
				应 收	实 收	单 价	材料金额	运杂费	合 计	单 价	金 额
01	**聚氨酯防水涂料**	***CS-0029***	**桶**	***200***	***200***						

备注：

会计联

部门经理：**吴玉刚**　质量检验员：**张华阳**　仓库：**李新建**　经办人：**王明安**

图4-3　收料单

1100132144　**北京增值税专用发票**　1100132144 60973200

北京　发票联

№ 60973200

开票日期：2022年09月09日

购买方　名　称：北京君豪实业有限公司
纳税人识别号：911101012384689166
地 址、电 话：北京东城区朝安街58号 010-78368206
开户行及账号：交通银行北京东城支行 140200732313001078969

密码区：
03*3187<4/+8490<+95-59+7<243
4987<0-->>-6>525<693719->7*0
87*3187<4/+8490<+95708681380
9<712/<1+9016>6906++>84>93/-

货物或应税劳务、服务名称	规格型号	单位	数量	单价	金额	税率	税额
*涂料*BY-1001		件	400	50.00	20000.00	13%	2600.00
合　计					¥20000.00		¥2600.00

价税合计（大写）　⊗ 贰万贰仟陆佰元整　（小写）¥22600.00

销售方　名　称：北京天宇贸易有限公司
纳税人识别号：911101085905444592
地 址、电 话：北京朝阳区西苑三里06号 010-83847496
开户行及账号：交通银行北京朝阳支行 140200100901213644122

备注

收款人：　复核：　开票人：陈晓云　销售方：（章）

北京天宇贸易有限公司 911101085905444592 发票专用章

税总函【XXXX】XXX号 XXXXXXXX公司

第三联：发票联　购买方记账凭证

图4-4　增值税专用发票

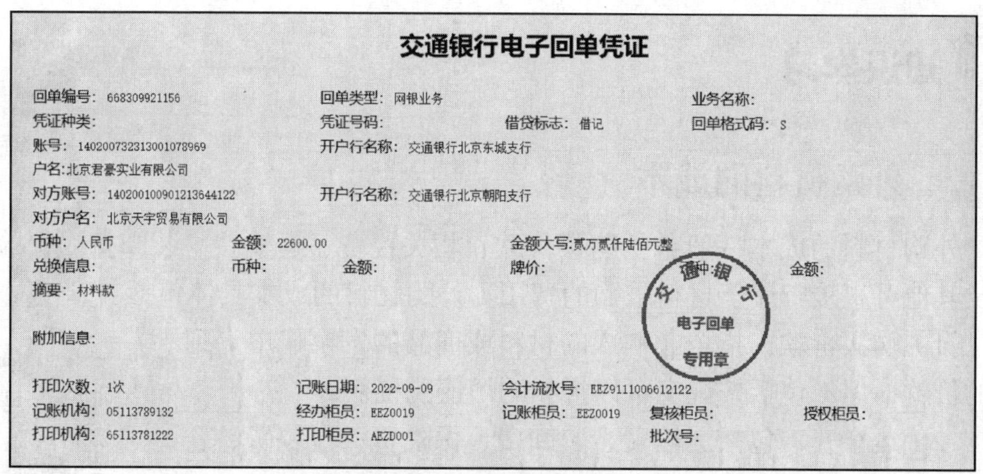

交通银行电子回单凭证

回单编号：668309921156　回单类型：网银业务　业务名称：
凭证种类：　凭证号码：　借贷标志：借记　回单格式码：S
账号：14020073231300l078969　开户行名称：交通银行北京东城支行
户名：北京君豪实业有限公司
对方账号：14020010090l213644122　开户行名称：交通银行北京朝阳支行
对方户名：北京天宇贸易有限公司
币种：人民币　金额：22600.00　金额大写：贰万贰仟陆佰元整
兑换信息：　币种：　金额：　牌价：　金额：
摘要：材料款
附加信息：
打印次数：1次　记账日期：2022-09-09　会计流水号：EEZ9111006612122
记账机构：05113789132　经办柜员：EEZ0019　记账柜员：EEZ0019　复核柜员：　授权柜员：
打印机构：65113781222　打印柜员：AEZD001　批次号：

图4-5　银行电子回单

收　料　单

供应单位：北京天宇贸易有限公司　　编号：0140
材料类别：原材料　　2022 年 09 月 30 日　　收料仓库：第一仓库

材料编号	材料名称	规格	计量单位	数量		实际价格				计划价格	
				应收	实收	单价	材料金额	运杂费	合计	单价	金额
03	AY-101		千克	200.00	200.00						

备注：货到票未到，暂估入账

部门经理：吴玉刚　质量检验员：张华阳　仓库：李新建　经办人：王明安

会计联

图4-6　收料单

2022 年 10 月 2 日，公司收到发票，增值税专用发票如图 4-7 所示。

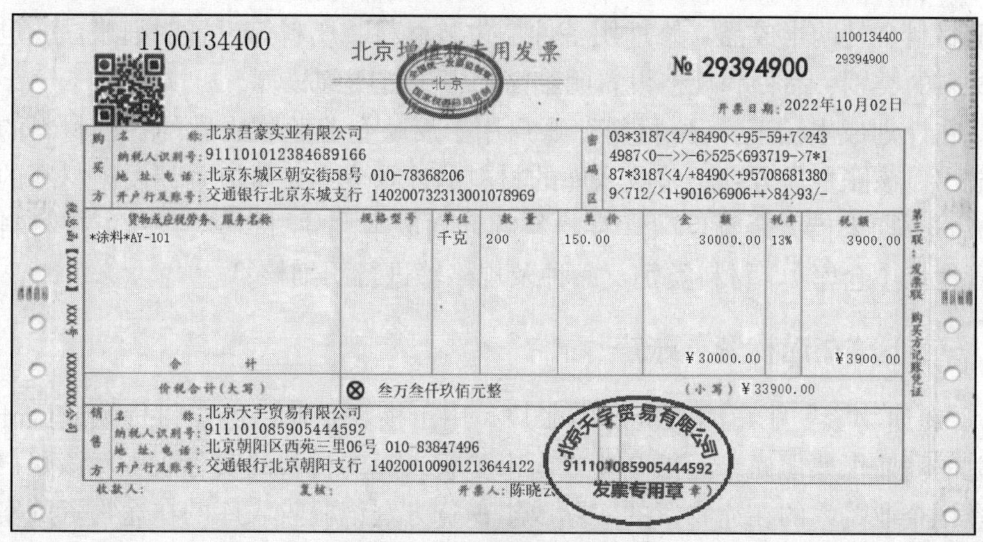

1100134400　　**北京增值税专用发票**　　1100134400　29394900
№ 29394900
发　票　联　　开票日期：2022年10月02日

购买方　名　　称：北京君豪实业有限公司
纳税人识别号：911101012384689166
地 址、电 话：北京东城区朝安街58号 010-78368206
开户行及账号：交通银行北京东城支行 14020073231300l078969

密码区：
03*3187<4/+8490<+95-59+7<243
4987<0-->>-6>525<693719->7*1
87*3187<4/+8490<+95708681380
9<712/<1+9016>6906++>84>93/-

货物或应税劳务、服务名称	规格型号	单位	数量	单价	金额	税率	税额
*涂料*AY-101		千克	200	150.00	30000.00	13%	3900.00
合　计					¥30000.00		¥3900.00

价税合计（大写）⊗ 叁万叁仟玖佰元整　　（小写）¥33900.00

销售方　名　　称：北京天宇贸易有限公司
纳税人识别号：911101085905444592
地 址、电 话：北京朝阳区西苑三里06号 010-83847496
开户行及账号：交通银行北京朝阳支行 14020010090l213644122

收款人：　复核：　开票人：陈晓云　销售方：（章）

第三联：发票联　购买方记账凭证

图4-7　增值税专用发票

知识学习

一、外购材料的成本

外购材料的成本一般包括购买价款、相关税费、运输费、装卸费、保险费以及其他可直接归属于材料采购的费用。外购材料的成本具体包括：

（1）购买价款，指企业购入的材料或商品的发票账单上列明的价款，但不包括按规定可以抵扣的增值税税额；

技能点讲解

外购材料成本构成

（2）运杂费，包括运输费、装卸费、保险费、包装费、仓储费等，不包括增值税专用发票上可抵扣的增值税税额；

（3）运输途中的合理损耗；

（4）入库前的挑选整理费用；

（5）其他税金，是指关税、消费税、资源税和不能从增值税销项税额中抵扣的增值税进项税额等。

二、外购材料核算的账户设置

（一）“原材料”账户

“原材料”账户用于核算企业库存材料的收发与结存情况。在实际成本法下，该账户借方登记入库材料的实际成本，贷方登记发出材料的实际成本，余额在借方，表示月末库存材料的实际成本。“原材料”账户可按照原料及主要材料、辅助材料、外购半成品、修理用备件、包装材料、燃料等设置明细账户，也可按材料的类别、品种和规格设置明细账户，进行明细核算。

在计划成本法下，“原材料”账户用于反映企业验收入库的各种材料的计划成本。该账户借方登记验收入库的材料的计划成本，贷方登记发出材料的计划成本，期末借方余额反映库存材料的计划成本。“原材料”账户可按材料的保管地点（仓库）、材料类别、品种及规格等进行明细核算。

（二）“在途物资”账户

“在途物资”账户属于资产类账户，用于核算企业已经支付货款或已开出承兑的商业汇票但尚未运抵企业或尚未验收入库的材料的实际成本。该账户借方登记企业购入的在途物资的实际成本，贷方登记验收入库的在途物资的实际成本，期末借方余额反映尚未验收入库的在途物资的实际成本。“在途物资”

账户应按供货单位与物资品种进行明细分类核算。

（三）“材料采购”账户

“材料采购”账户属于资产类账户，用于总括反映企业购入各种材料的采购成本。该账户借方登记外购材料的实际成本，贷方登记验收入库材料的计划成本。实际成本大于计划成本的超支差异，从“材料采购”账户贷方结转到“材料成本差异”账户的借方；实际成本小于计划成本的节约差异，从“材料采购”账户借方结转到“材料成本差异”账户的贷方。“材料采购”账户期末余额在借方，表示已取得但尚未运达企业或尚未验收入库的在途物资的实际采购成本。该账户可按材料的供应单位、材料类别、品种进行明细核算。

（四）“材料成本差异”账户

“材料成本差异”账户属于资产类账户，实质上是“原材料”账户的备抵附加调整账户，用来核算企业各种材料的实际成本与计划成本之间的差异。该账户借方登记材料采购业务中发生的超支差异及发出材料应负担的节约差异，贷方登记节约差异及发出材料负担的超支差异；期末余额表示各类材料实际成本与计划成本的差异，借方余额表示超支差异，贷方余额表示节约差异。“材料成本差异”账户应分别按“原材料”“周转材料”“委托加工物资”等设置明细账户，进行明细核算。

（五）“应付票据”账户

“应付票据”账户属于负债类账户，贷方登记开出承兑汇票时的票面金额，借方登记到期承兑支付的票款或转出的金额，期末余额在贷方，表示尚未到期的应付票据金额。

（六）“应付账款”账户

“应付账款”账户属于负债类账户，贷方登记企业购买材料、商品和接受劳务供应等发生的应付账款；借方登记偿还的应付账款，或开出商业汇票抵付应付账款的款项，或已冲销的无法支付的应付账款；期末余额一般在贷方，表示企业尚未支付的应付账款的余额。该账户一般按照债权人设置明细账户进行明细核算。

三、外购原材料业务核算

原材料是指企业在生产过程中经过加工改变其形态或性质并构成产品主要实

体的各种原料、主要材料和外购半成品，以及供生产耗用但不构成产品实体的辅助材料。原材料日常核算分为按实际成本计价的核算和按计划成本计价的核算。

（一）按实际成本计价的核算

按实际成本计价是指每种存货的日常收、发、存核算均按实际成本计价，其特点是从收、发凭证到明细分类核算和总分类核算，全部按实际成本计价，它适用于规模较小、存货品种较少、采购业务不多的企业。

企业外购的材料，由于结算方式和采购地点的不同，材料入库、取得购货发票以及货款的支付在时间上不一定完全同步。实际中往往出现以下三种情况：一是银行的结算账单、购货发票和运输部门运送的材料同时到达（单料同到）；二是银行结算账单、购货发票先到，而材料后到（单先到，料后到）；三是材料先到，银行结算账单、购货发票后到（料先到，单后到）。相应的账务处理也不相同。

技能点讲解

外购原材料按实际成本计价业务核算

1. 单料同到

银行结算账单、购货发票与原材料同时到达的购进业务，企业在支付货款、材料验收入库后，财务部门应根据结算凭证、发票账单和收料单等确定的材料成本，借记“原材料”账户；根据取得的增值税专用发票上注明（不计入材料成本）的增值税进项税额及运费中可以抵扣的进项税额，借记“应交税费——应交增值税（进项税额）”账户；按照实际支付的款项，贷记“银行存款”等账户。

2. 单先到，料后到

先付款或开出并承兑商业汇票、收到购货发票，材料以后到达或验收入库的业务，企业应根据结算凭证、发票账单等，按购进材料的实际成本借记“在途物资”账户；按可以抵扣的增值税进项税额，借记“应交税费——应交增值税（进项税额）”账户；按实际支付的或应支付的货款，贷记“银行存款”“其他货币资金”或“应付票据”等账户。待材料到达验收入库后，再根据收料单，借记“原材料”账户，贷记“在途物资”账户。

3. 料先到，单后到

材料先到达并已验收入库，发票账单等结算凭证以后到达再付款的采购业务，平时到货入库时，可暂不做账务处理，等到发票账单到达并付款后，再视同“单料同到”方式进行账务处理。如果已入库材料月末仍未收到发票账单，则应按材料的暂估价值，借记“原材料”账户，贷记“应付账款——暂估应付账款”账户，以便正确反映存货及负债情况。下月月初用红字做同样的记账凭证（或用蓝字做相反的记账凭证）冲回，等到实际付款时再按“料已到款已付”处理。

说　明

外购材料损耗与短缺属于途中的合理损耗，如由于自然损耗等原因而发生的定额内损耗，应将损耗材料的成本计入入库材料的采购成本；属于由供应单位、外部运输部门造成的损失，应按损失材料的实际成本和已支付的增值税借记“应付账款”或“其他应收款”账户，按损失材料的实际成本贷记“在途物资”账户，按已支付的增值税贷记“应交税费——应交增值税（进项税额转出）”账户。

外购材料损耗与短缺属于遭受意外灾害等非常原因造成的损失，应按损失材料的实际成本和已支付的增值税借记“营业外支出”账户，贷记“在途物资”“应交税费——应交增值税（进项税额转出）”账户。

外购材料损耗与短缺属于其他损失，报经批准后，借记“管理费用”账户。

【练一练 4-1】晴天公司为增值税一般纳税人，12 月 2 日从北方公司购入 D 材料 1 000 千克，取得的增值税专用发票上注明的价款为 50 000 元，增值税税额为 6 500 元，款项通过银行支付，收到银行结算凭证；另支付运杂费 500 元，取得增值税普通发票；材料尚未运到。账务处理如下。

借：在途物资——D 材料	50 500	
应交税费——应交增值税（进项税额）	6 500	
贷：银行存款		57 000

上述材料运达企业时，经验收发现短缺 200 千克，企业按实际数量验收入库，短缺的 200 千克材料中，应由运输部门赔偿 100 千克，其余 100 千克由保险公司赔偿其中的 50%，净损失经批准作为“营业外支出”处理。账务处理如下。

借：原材料——D 材料	40 400	
贷：在途物资——D 材料		40 400
借：其他应收款——运输部门	5 700	
——保险公司	2 850	
营业外支出	2 850	
贷：在途物资——D 材料		10 100
应交税费——应交增值税（进项税额转出）		1 300

（二）按计划成本计价的核算

按计划成本计价是指每种存货的日常收、发、存核算都按预先确定的计划成本计价。按计划成本计价的特点是预先确定每种存货的计划成本，平时所有收发凭证、总账和明细账按存货的计划成本计价，存货的实际成本与计划成本的差异，通过“材料成本差异”账户进行核算。月度终了，通过分配材料成本差异，将发出存货的计划成本调整为实际成本。计划成本计价法通常适用于存货品种较多、收发业务频繁的企业。

技能点讲解

外购原材料按计划成本计价业务核算

采用计划成本计价法，企业购入原材料，必须通过“材料采购”账户，以确定材料成本差异。

1. 单料同到

企业支付货款，同时材料验收入库。财会部门应根据银行结算凭证、发票账单等，按材料的实际采购成本，借记“材料采购”账户；按可抵扣的增值税，借记“应交税费——应交增值税（进项税额）”账户；按两者合计金额，贷记“银行存款”“应付票据”或“其他货币资金”等账户。同时，材料验收入库，按计划成本，借记“原材料”账户，贷记“材料采购”账户，并结转材料采购成本差异。超支差异，借记“材料成本差异”账户，贷记“材料采购”账户；节约差异，借记“材料采购”账户，贷记“材料成本差异”账户。

2. 单先到，料后到

企业在支付货款或签发商业汇票时，应根据有关发票账单等，按原材料的实际采购成本，借记“材料采购”账户；按可抵扣的增值税，借记“应交税费——应交增值税（进项税额）”账户；按两者合计金额，贷记“银行存款”“应付票据”或“其他货币资金”等账户。

原材料验收入库时，按计划成本，借记“原材料”账户，贷记“材料采购”账户。结转材料成本差异时，超支差异，借记“材料成本差异”账户，贷记“材料采购”账户；节约差异，借记“材料采购”账户，贷记“材料成本差异”账户。

【练一练 4-2】晴天公司为增值税一般纳税人，12 月 4 日从乙公司购入 A 材料 9 吨，单价 1 900 元/吨，取得的增值税专用发票上注明的价款为 17 100 元，增值税税额为 2 223 元，运杂费 300 元。公司开出并承兑商业汇票支付货款，运杂费以银行存款支付，材料尚未运到。12 月 10 日材料运到并验收入库。计划单位成本 2 000 元。账务处理如下。

（1）12 月 4 日，发票账单到达企业，支付货款时，进行账务处理。

借：材料采购　　17 400

　　应交税费——应交增值税（进项税额）　　2 223

　　贷：应付票据　　19 323

　　　　银行存款　　300

（2）12 月 10 日，材料运到，验收入库时，进行账务处理。

借：原材料——A 材料　　18 000

　　贷：材料采购　　18 000

同时，结转材料成本差异 600 元。

借：材料采购　　600

　　贷：材料成本差异　　600

请注意

在实际工作中，材料入库及差异结转的账务处理，也可集中在月末进行，以简化账务处理工作。

3．料先到，单后到

业务发生后，月内暂不进行账务处理，等到发票账单到达后，再按“单料同到”处理；若月末仍未收到发票账单，则应按原材料的计划成本暂估入账，借记“原材料”账户，贷记“应付账款——暂估应付账款”账户。下月月初，用红字做相同的会计分录（或用蓝色做相反的会计分录）将暂估价冲销，待发票账单到达付款时再做账务处理。

四、外购周转材料业务核算

（一）周转材料的内容

周转材料，是指企业能够多次使用，逐渐转移其价值但仍保持原有形态，不确认为固定资产的材料。周转材料按其用途分为包装物和低值易耗品。

1．包装物

包装物是指用于包装本企业商品并随商品出售、出租、出借给购买单位而储存的各种包装容器，如桶、箱、瓶、坛、袋等。包括：

（1）生产过程中用于包装商品，作为商品组成部分的包装物；

（2）随同商品出售而不单独计价的包装物；

（3）随同商品出售单独计价的包装物；

（4）出租或出借给购买单位使用的包装物。

2. 低值易耗品

低值易耗品是指不能作为固定资产的各种用具物品，一般划分为一般工具、专用工具、替换设备、管理用具、劳动保护用品、其他用具等。

（二）外购周转材料业务具体核算

为了反映和监督周转材料的增减变动及其价值损耗、结存等情况，企业应当设置“周转材料”账户进行核算。该账户借方登记周转材料的增加，贷方登记周转材料的减少，期末余额在借方，反映企业期末结存周转材料的金额。该账户按周转材料的种类设置“包装物”“低值易耗品”等明细账户进行明细核算。

周转材料可以采用实际成本核算，也可以采用计划成本核算，其核算方法与原材料相同。

【练一练 4-3】晴天公司为增值税一般纳税人，12 月 4 日从外部购入一批包装箱，取得增值税专用发票，买价 3 600 元，增值税 468 元，款项签发转账支票支付。账务处理如下。

借：周转材料——包装物　　3 600

　　应交税费——应交增值税（进项税额）　　468

　　贷：银行存款　　4 068

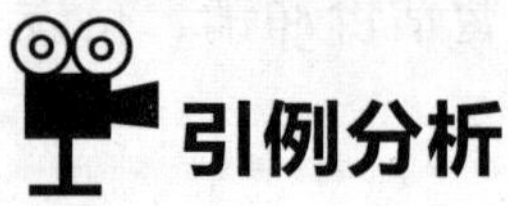

引例分析

做一做：任务引例轻松搞定！

扫码看答案

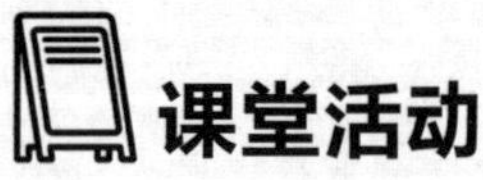

课堂活动

1．以游戏形式按照随机组合方式将班级学生分成若干小组（每组 5 ～ 6 人）。

试一试：一起挑战高难度任务！

2．各小组讨论练习，共同完成以下任务。

【业务】假设任务引例中，北京君豪实业有限公司采用计划成本法核算外购材料。

【任务要求】完成北京君豪实业有限公司材料采购业务的账务处理。

3．每个小组推荐一位代表汇报本组任务完成情况，说明解决相关问题的思路和方法。

4．其他小组对其汇报进行评分。

5．每个小组将汇报情况形成文字资料，由任课教师评阅。

任务二　委托加工材料业务核算

任务引例

想一想：该业务如何核算呢？

2022 年 5 月 2 日，北京君豪实业有限公司委托北京锦兴加工有限公司加工实木地板，北京君豪实业有限公司提供原材料原木，出库单如图 4-8 所示，委托加工采购成本汇总表如图 4-9 所示。

出库单

出货单位：北京君豪实业有限公司　　2022 年 05 月 02 日　　单号：002838

提货单位或领货部门	北京锦兴加工有限公司	销售单号		发出仓库	第一仓库	出库日期	2022. 05. 02

编号	名称及规格	单位	数量 应发	数量 实发	单价	金额
129	原木	kg	4000	4000		
合计		—	—	—	—	

会计联

部门经理：吴玉刚　　会计：李艳　　仓库：李新建　　经办人：王明安

图4-8　出库单

委托加工采购成本汇总表

编制单位：北京君豪实业有限公司　　2022年05月02日　　金额单位：元

名称	规格	单价	数量	总价
原木	kg	15.00	4000	60000.00
合计	—	—	—	60000.00

审核：张毅　　制表：李艳

图4-9　委托加工采购成本汇总表

2022年5月8日，北京君豪实业有限公司向受托方支付加工费，付款申请书如图4-10所示，增值税专用发票如图4-11所示，银行电子回单如图4-12所示。

2022年5月8日，北京君豪实业有限公司支付受托方代收代缴的消费税，相关的代收代缴消费税计算表、代扣代收税款凭证、付款申请书、银行电子回单如图4-13至图4-16所示。

2022年5月8日，北京君豪实业有限公司收回委托加工物资入库，收回实木地板直接对外销售，入库单如图4-17所示，委托加工采购成本汇总表如图4-18所示。

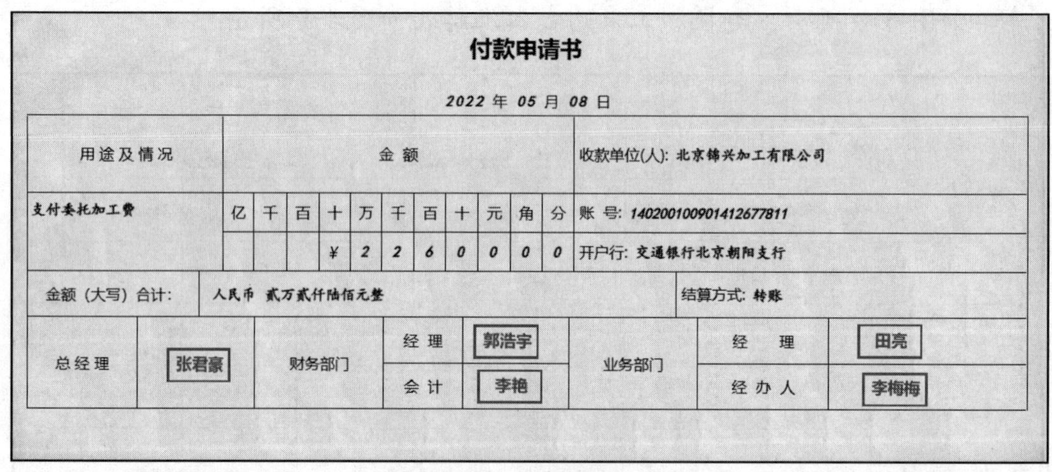

付款申请书

2022年05月08日

用途及情况	金额											收款单位(人): 北京锦兴加工有限公司
支付委托加工费	亿	千	百	十	万	千	百	十	元	角	分	账号: 140200100901412677811
				¥	2	2	6	0	0	0	0	开户行: 交通银行北京朝阳支行
金额（大写）合计:	人民币 贰万贰仟陆佰元整											结算方式: 转账

总经理	张君豪	财务部门	经理	郭浩宇	业务部门	经理	田亮
			会计	李艳		经办人	李梅梅

图4-10 付款申请书

1100132156　北京增值税专用发票　№ 30962038

1100132156
30962038

北京
发票联

开票日期: 2022年05月08日

购买方	名称: 北京君豪实业有限公司 纳税人识别号: 911101012384689166 地址、电话: 北京东城区朝安街58号 010-78368206 开户行及账号: 交通银行北京东城支行 140200732313001078969	密码区	03*3187<4/+8490<+95-59+7<243 4987<0—>>-6>525<693719->7*2 87*3187<4/+8490<+95708681380 9<712/<1+9016>6906++>84>93/-

货物或应税劳务、服务名称	规格型号	单位	数量	单价	金额	税率	税额
*劳务*加工费					20000.00	13%	2600.00
合计					¥20000.00		¥2600.00
价税合计（大写）	⊗ 贰万贰仟陆佰元整				（小写）¥22600.00		

销售方	名称: 北京锦兴加工有限公司 纳税人识别号: 911101088022121751 地址、电话: 北京朝阳区南塘路188号 010-85103146 开户行及账号: 交通银行北京朝阳支行 140200100901412677811	备注	

收款人: 　复核: 　开票人: 林杰辉 　销售方:（章）

第三联：发票联 购买方记账凭证

北京锦兴加工有限公司 911101088022121751 发票专用章

图4-11 增值税专用发票

交通银行电子回单凭证

回单编号：668309921422　　回单类型：网银业务　　业务名称：

凭证种类：　　凭证号码：　　借贷标志：借记　　回单格式码：S

账号：140200732313001078969　　开户行名称：交通银行北京东城支行

户名：北京君豪实业有限公司

对方账号：140200100901412677811　　开户行名称：交通银行北京朝阳支行

对方户名：北京锦兴加工有限公司

币种：人民币　　金额：22600.00　　金额大写：贰万贰仟陆佰元整

兑换信息：　　币种：　　金额：　　牌价：　　币种：　　金额：

摘要：支付加工费

附加信息：

交通银行 电子回单 专用章

打印次数：1次　　记账日期：2022-05-08　　会计流水号：EEZ9111006612123

记账机构：05113789182　　经办柜员：EEZ0019　　记账柜员：EEZ0019　　复核柜员：　　授权柜员：

打印机构：65113781228　　打印柜员：AEZD001　　批次号：

图4-12　银行电子回单

代收代缴消费税计算表

编制单位：北京君豪实业有限公司　　2022年05月08日　　金额单位：元

项目	金额
组成计税价格	114285.71
税率	30%
代收代缴消费税	34285.71

审核：张毅　　制表：李艳

图4-13　代收代缴消费税计算表

中华人民共和国代扣代收税款凭证

主管税务机关：国家税务总局北京市朝阳区税务局　　填发日期：2022年05月08日　　字号:00478285

纳税人	名称	北京君豪实业有限公司		扣缴义务人	北京锦兴加工有限公司	
	经济类型	私营经济		税款所属时间	2022年05月01日—2022年05月31日	
税种	纳税项目	课税数量	计税金额	税率或单位税额	扣除额	实缴税额
消费税	实木地板	3500kg	114285.71	30%		34285.71
金额合计	（大写）	叁万肆仟贰佰捌拾伍元柒角壹分				¥34285.71
主管税务机关 （盖章）	扣缴义务人 （盖章）		填票人（章） 李叶	备注		

第二联　收据联（即纳税人作完税凭证）

国家税务总局北京市朝阳区税务局 征税专用章

北京锦兴加工有限公司 财务专用章

图4-14　代扣代收税款凭证

付款申请书

2022 年 05 月 08 日

用途及情况	金额											收款单位(人): 北京锦兴加工有限公司
支付代收代缴消费税	亿	千	百	十	万	千	百	十	元	角	分	账 号: 140200100901412677811
				¥	3	4	2	8	5	7	1	开户行: 交通银行北京朝阳支行
金额（大写）合计:	人民币 叁万肆仟贰佰捌拾伍元柒角壹分											结算方式: 转账
总经理	张君豪	财务部门	经 理	郭浩宇				业务部门	经 理	田亮		
			会 计	李艳					经 办 人	李梅梅		

图4-15 付款申请书

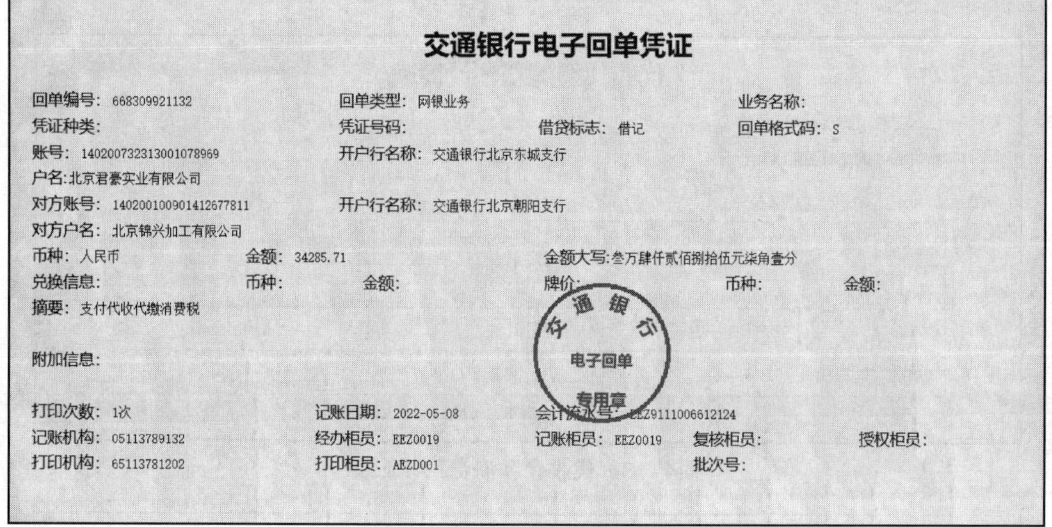

交通银行电子回单凭证

回单编号: 668309921132　　回单类型: 网银业务　　业务名称:

凭证种类:　　凭证号码:　　借贷标志: 借记　　回单格式码: S

账号: 140200732313001078969　　开户行名称: 交通银行北京东城支行

户名:北京君豪实业有限公司

对方账号: 140200100901412677811　　开户行名称: 交通银行北京朝阳支行

对方户名: 北京锦兴加工有限公司

币种: 人民币　　金额: 34285.71　　金额大写:叁万肆仟贰佰捌拾伍元柒角壹分

兑换信息:　　币种:　　金额:　　牌价:　　币种:　　金额:

摘要: 支付代收代缴消费税

附加信息:

交通银行 电子回单 专用章

打印次数: 1次　　记账日期: 2022-05-08　　会计流水号: EEZ9111006612124

记账机构: 05113789132　　经办柜员: EEZ0019　　记账柜员: EEZ0019　　复核柜员:　　授权柜员:

打印机构: 65113781202　　打印柜员: AEZD001　　批次号:

图4-16 银行电子回单

入 库 单

2022 年 05 月 08 日　　单号: 346800

交来单位及部门	北京锦兴加工有限公司	发票号码或生产单号码		验收仓库	第二仓库	入库日期	2022. 05. 08

编号	名称规格	单位	数量		实际价格		计划价格		价格差异
			交库	实收	单价	金额	单价	金额	
193	原木	kg	3500	3500					
合计		—	—	—	—		—		

会计联

部门经理: 吴玉刚　　会计: 李艳　　仓库: 李新建　　经办人: 王明安

图4-17 入库单

委托加工采购成本汇总表

编制单位：北京君豪实业有限公司　　2022年05月08日　　单位：元

名称	进价	加工费	消费税	总价
原木	60000.00	20000.00	34285.71	114285.71
合计	—	—	—	114285.71

审核：张毅　　制表：李艳

图4-18　委托加工采购成本汇总表

知识学习

委托加工物资，是企业向受托加工企业提供原材料，并向受托加工企业支付一定的加工费用，待加工完成后由企业收回的制成品。

企业委托外单位加工物资的成本，包括加工中实际耗用物资的成本、支付的加工费用、应负担的运杂费、支付的税金（包括委托加工物资所应负担的消费税）等。

企业应设置“委托加工物资”账户。该账户属于资产类账户，借方登记委托加工物资的实际成本，贷方登记加工完成验收入库物资的实际成本和剩余物资的实际成本，期末余额在借方，反映企业尚未完工的委托加工物资的实际成本。该账户可按加工合同、受托加工单位等进行明细核算。

一、发出委托加工材料核算

技能点讲解

委托加工材料业务核算

企业发给外单位加工物资时，应按物资的实际成本借记“委托加工物资”账户，贷记“原材料”账户（也可在月末汇总后一次性处理）。

二、支付加工费用、运杂费核算

若委托方为一般纳税人，在支付加工费和往返运杂费时，应借记“委托加工物资”和“应交税费——应交增值税（进项税额）”账户，贷记“银行存款”

等账户。如果委托方支付加工费和往返运杂费不能取得增值税专用发票，或者是小规模纳税人，则应将相关的增值税计入加工物资成本。

三、支付相关税金核算

若该委托加工物资需要缴纳消费税，应由受托方在向委托方交货时代收代缴消费税。委托方对支付的消费税，应区别不同情况处理：如果委托加工的应税消费品收回后直接用于销售，将支付的消费税计入应税消费品的成本，借记“委托加工物资”账户，贷记“银行存款”等账户；如果委托加工的应税消费品收回后用于继续加工应税消费品，支付的消费税可以抵扣销售环节应缴纳的消费税，借记“应交税费——应交消费税”账户，贷记“银行存款”等账户。

四、收回委托加工物资核算

企业收回的委托加工物资实际成本包括拨付加工的原材料成本、支付的加工费、加工物资的往返运杂费、应负担的相关税金和合理损耗等。加工收回并验收入库的物资及剩余材料，应按加工收回物资及剩余材料的实际成本，借记“原材料”“周转材料”等账户，贷记“委托加工物资”账户。

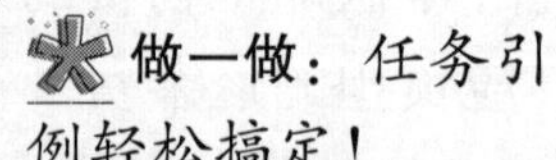

扫码看答案

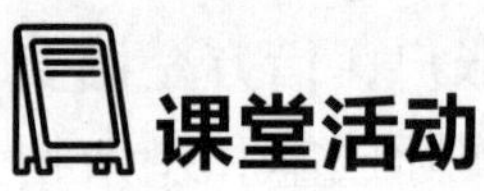

试一试：一起挑战高难度任务！

1. 以游戏形式按照随机组合方式将班级学生分成若干小组（每组5～6人）。

2. 各小组讨论练习，共同完成以下任务。

【业务1】6月14日，北京君豪实业有限公司委托北京锦兴加工有限公司加工实木地板，提供原材料原木200立方米，成本200 000元。

【业务2】6月22日，支付不含税加工费47 000元，增值税6 110元，取得增值税专用发票。

【业务3】6月22日，支付受托方代收代缴的消费税13 000元（该批实木地板收回后用于连续生产高档实木地板）。

【业务4】6月23日，收回委托加工物资并入库。

【任务要求】完成北京君豪实业有限公司委托加工材料业务的账务处理。

3．每个小组推荐一位代表汇报本组任务完成情况，说明解决相关问题的思路和方法。

4．其他小组对其汇报进行评分。

5．每个小组将汇报情况形成文字资料，由任课教师评阅。

任务三 期末存货减值业务核算

任务引例

> 想一想：该业务如何核算呢？

2022 年 12 月 31 日，北京君豪实业有限公司一批钢板（2mm）账面价值为 8 000 元（钢板已提存货跌价准备 2 000 元）。钢板专门用于生产螺丝机，螺丝机市场售价为 13 000 元，将钢板加工成螺丝机尚需投入成本 1 800 元，估计销售费用及税金为 340 元。

一、存货期末计价方法

存货的期末计价，是指资产负债表日存货的价值确定。存货应当按照成本与可变现净值孰低计量。其中，成本是指期末存货的实际成本。可变现净值是指在日常活动中，存货的估计售价减去至完工时估计将要发生的成本、估计的销售费用及相关税费后的金额。可变现净值的特征表现为存货的预计未来净现金流量，而不是存货的售价或合同价。

当存货成本低于其可变现净值时，不需做账务处理，资产负债表中的存货按期末账面价值列示。存货成本高于其可变现净值的，应当计提存货跌价准备，计入当期损益。以前减记存货价值的影响因素已经消失的，减记的金额应当予以恢复，并在原已计提的存货跌价准备金额内转回，转回的金额计入当期损益。

请注意

如企业在存货成本的日常核算中采用计划成本法、售价金额核算法等简化核算方法，则成本为经调整后的实际成本。

二、存货减值业务核算

技能点讲解
存货减值业务核算

企业应当设置“存货跌价准备”账户，核算存货跌价准备。该账户贷方登记计提的存货跌价准备金额，借方登记实际发生的存货跌价损失金额和冲减的存货跌价准备金额，期末余额一般在贷方，反映企业已计提但尚未转销的存货跌价准备。

计提存货跌价准备时，按当年实际应提取的存货跌价准备金额，借记“资产减值损失——计提的存货跌价准备”账户，贷记“存货跌价准备”账户；转回已计提的存货跌价准备金额时，按恢复增加的金额，借记“存货跌价准备”账户，贷记“资产减值损失——计提的存货跌价准备”账户；企业结转存货销售成本时，对于已计提存货跌价准备的，借记“存货跌价准备”账户，贷记“主营业务成本”“其他业务成本”等账户。

当年实际应提取的存货跌价准备 = 存货跌价准备应保持的贷方余额 - 提取准备前已有的贷方余额

当存货的可变现净值低于成本时，

存货跌价准备应保持的贷方余额 = 存货的实际成本 - 可变现净值

（1）当年实际应提取的存货跌价准备为正时，即为当年实际应提取数。

借：资产减值损失——计提的存货跌价准备

　　贷：存货跌价准备

（2）当年实际应提取的存货跌价准备为负时，即为当年应冲减数。

借：存货跌价准备

　　贷：资产减值损失——计提的存货跌价准备

（3）当存货的市价上升，存货的可变现净值恢复至成本或以上时，应将已有的存货跌价准备全额冲减。

【练一练 4-4】晴天公司为增值税一般纳税人，采用成本与可变现净值孰低法进行期末存货计价。公司有关年度某类存货的资料如表 4-1 所示。

表 4-1　存货资料　　单位：元

日期	实际成本	可变现净值
2020 年 12 月 31 日	18 600	17 520
2021 年 12 月 31 日	23 500	21 000
2022 年 12 月 31 日	20 500	20 000
2023 年 12 月 31 日	24 200	25 000

2020 年年末，应计提的存货跌价准备为 1 080 元（18 600-17 520）。

借：资产减值损失——计提的存货跌价准备　　1 080
　　贷：存货跌价准备　　1 080

2021 年年末，当年末应保持的存货跌价准备为 2 500 元（23 500−21 000），当年应补提的存货跌价准备为 1 420 元（2 500−1 080）。

借：资产减值损失——计提的存货跌价准备　　1 420
　　贷：存货跌价准备　　1 420

2022 年年末，当年末应保持的存货跌价准备为 500 元（20 500−20 000），当年应冲减的存货跌价准备为 2 000 元（2 500−500）。

借：存货跌价准备　　2 000
　　贷：资产减值损失——计提的存货跌价准备　　2 000

2023 年年末，可变现净值高于成本，应将已有的存货跌价准备全额冲回。

借：存货跌价准备　　500
　　贷：资产减值损失——计提的存货跌价准备　　500

当存在下列一项或若干项情况时，应将存货账面价值全部转入当期损益：

（1）已霉烂变质的存货；

（2）已过期且无转让价值的存货；

（3）生产中已不再需要，并且已无转让价值和使用价值的存货；

（4）其他足以证明已无转让价值和使用价值的存货。

【练一练 4-5】晴天公司期末 A 材料账面成本为 10 000 元，为该材料计提的存货跌价准备为 6 000 元，现该材料全发霉，账务处理如下。

借：存货跌价准备　　6 000
　　资产减值损失　　4 000
　　贷：原材料　　10 000

引例分析

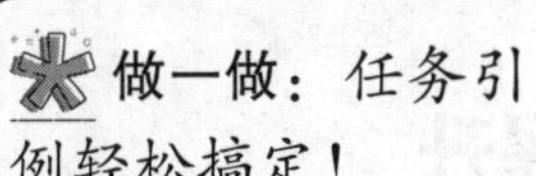

做一做：任务引例轻松搞定！

扫码看答案

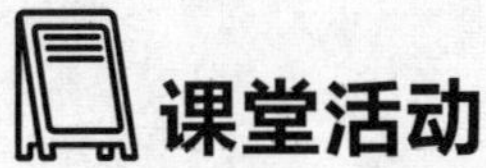

课堂活动

试一试：一起挑战高难度任务！

1. 以游戏形式按照随机组合方式将班级学生分成若干小组（每组 5 ～ 6 人）。

2. 各小组讨论练习，共同完成以下任务。

【业务】12 月 31 日，北京君豪实业有限公司专为生产产品而持有的 TAM-

21材料的实际成本为70万元，现市场购买价格为66万元，按原有的计划将不发生其他购买费用。由于该材料的市场价格下降，市场上用该材料生产的产成品的销售价格由115万元降为100万元，但生产成本不变，将该材料加工成产品预计所需费用为24万元，销售费用及税金为18万元。该公司期末对存货采用成本与可变现净值孰低计价，"存货跌价准备——TAM-21材料"账户无期初余额。

【任务要求】请根据图4-19计算该项存货应计提的存货跌价准备并完成账务处理。

TAM-21材料存货跌价准备计算表

编制单位：北京君豪实业有限公司　　2022年12月31日　　单位：万元

项目	金额
产成品预计售价	
减:预计销售费用及税金	
产成品可变现净值	
减:加工费	
TAM-21材料可变现净值	
TAM-21材料实际成本	
应计提的存货跌价准备	

审核：张毅　　制表：李艳

图4–19　材料存货跌价准备计算表

3．每个小组推荐一位代表汇报本组任务完成情况，说明解决相关问题的思路和方法。

4．其他小组对其汇报进行评分。

5．每个小组将汇报情况形成文字资料，由任课教师评阅。

素养提升

持谨慎之心　做稳健之事

企业会计准则规定，资产负债表日存货应当按照成本与可变现净值孰低计量，这充分体现了会计的谨慎性原则。

谨慎性原则又称稳健性原则，它是针对经济活动中的不确定性因素要求人们在会计处理上保持谨慎小心的态度，要充分估计到未来可能发生的风险和损失，尽量少计或不计可能发生的收益，使会计报表使用者、企业决策者提高警惕，以应对纷繁复杂的外部经济环境的变化，把风险损失限制在极小的范围内。

谨慎性原则是确保会计信息质量的重要原则。在风云变幻的市场大潮中，竞争和风险无时不在，无处不在。而企业既面临机遇，又要经受考验。风险越大收益越大，对企业而言是动力；收益越大，随之而至的风险也就越大，对企业而言是压力。而会计的谨慎性原则正是解决这对矛盾的良药。不稳定的企业环境使会计人员时刻感受到危机感，从而时刻遵守谨慎性原则。

作为企业的“领航人”，会计人员应承担起“驯服”风险这个“恶魔”的使命，而会计人员的法宝正是谨慎性原则。会计人员的决策将关系到整个企业的生存与发展，所以会计人员首先应该在思想上重视谨慎性原则，正确认识和使用谨慎性原则。

项目小结

1. 外购材料与付款业务核算

业务内容		会计处理
按实际成本计价的核算	单料同到	借：原材料 / 周转材料 　应交税费——应交增值税（进项税额） 　贷：银行存款 / 应付票据 / 其他货币资金
	单先到，料后到	借：在途物资 　应交税费——应交增值税（进项税额） 　贷：银行存款 / 其他货币资金 / 应付票据 借：原材料 / 周转材料 　贷：在途物资
	料先到，单后到	月末仍未收到发票账单： 借：原材料 / 周转材料 　贷：应付账款——暂估应付账款 下月月初冲回： 借：应付账款——暂估应付账款 　贷：原材料 / 周转材料 单到后按照“单料同到”处理
	外购材料损耗与短缺	途中的合理损耗： 借：原材料 / 周转材料 / 应付账款 / 其他应收款 　贷：在途物资 　　应交税费——应交增值税（进项税额转出） 属于遭受意外灾害等非常原因造成的损失或其他损失： 借：营业外支出 / 管理费用 　贷：在途物资 　　应交税费——应交增值税（进项税额转出）

续

<table>
<tr><th colspan="3">1. 外购材料与付款业务核算</th></tr>
<tr><th colspan="2">业务内容</th><th>会计处理</th></tr>
<tr><td rowspan="3">按计划成本计价的核算</td><td>单料同到</td><td>借：材料采购
　　应交税费——应交增值税（进项税额）
　　贷：银行存款 / 应付票据 / 其他货币资金
借：原材料 / 周转材料
　　贷：材料采购
借或贷：材料成本差异
　　　　贷或借：材料采购</td></tr>
<tr><td>单先到，料后到</td><td>借：材料采购
　　应交税费——应交增值税（进项税额）
　　贷：银行存款 / 应付票据 / 其他货币资金
原材料验收入库时：
借：原材料 / 周转材料
　　贷：材料采购
结转材料采购成本差异：
借或贷：材料成本差异
　　　　贷或借：材料采购</td></tr>
<tr><td>料先到，单后到</td><td>月末仍未收到发票账单：
借：原材料 / 周转材料
　　贷：应付账款——暂估应付账款
下月月初冲回：
借：应付账款——暂估应付账款
　　贷：原材料 / 周转材料
单到后按照“单料同到”处理</td></tr>
<tr><th colspan="3">2. 委托加工材料业务核算</th></tr>
<tr><th colspan="2">业务内容</th><th>会计处理</th></tr>
<tr><td colspan="2">发出委托加工材料核算</td><td>借：委托加工物资
　　贷：原材料</td></tr>
<tr><td colspan="2">支付加工费用、运杂费核算</td><td>借：委托加工物资
　　应交税费——应交增值税（进项税额）
　　贷：银行存款</td></tr>
<tr><td rowspan="2">支付相关税金核算</td><td>委托加工的应税消费品收回后直接用于销售</td><td>借：委托加工物资
　　贷：银行存款</td></tr>
<tr><td>委托加工的应税消费品收回后用于继续加工应税消费品</td><td>借：应交税费——应交消费税
　　贷：银行存款</td></tr>
<tr><td colspan="2">收回委托加工物资核算</td><td>借：原材料 / 周转材料
　　贷：委托加工物资</td></tr>
</table>

续

3. 期末存货减值业务核算	
业务内容	会计处理
存货跌价准备计提	借：资产减值损失——计提的存货跌价准备 　　贷：存货跌价准备
存货跌价准备转回	借：存货跌价准备 　　贷：资产减值损失——计提的存货跌价准备
结转存货销售成本	借：存货跌价准备 　　贷：主营业务成本 / 其他业务成本

即测即评

项目五

销售与收款业务核算

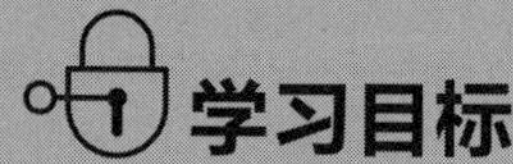

学习目标

知识目标

1．熟悉销售与收款业务核算的账户设置

2．掌握商品销售与收款业务、劳务销售与收款业务、销售材料等业务的核算方法

3．掌握期末应收款项减值业务的核算方法

技能目标

1．能正确识别和审核销售与收款业务原始单据

2．能根据原始凭证准确编制商品、劳务、材料销售与收款业务的记账凭证

3．能根据原始凭证准确编制期末应收款项减值业务的记账凭证

素养目标

1．培养良好的沟通能力、协调能力

2．培养契约意识，具有契约精神

学习任务

销售与收款过程是指制造业企业将从生产与加工过程中制造完成的产成品验收入库开始起，到销售给购买方并收回货款为止的过程。销售过程是企业生产经营活动的最终阶段。制造业企业通过产品销售，收回货币资金，以保证企业再生产的顺利进行。

任务一　商品销售与收款业务核算

任务引例

> **想一想：**该业务如何核算呢？

1. 2022年5月26日，北京君豪实业有限公司销售商品，控制权已转移，同时结转销售商品成本（每台LG电器的成本为50元）。销售单如图5-1所示，增值税专用发票如图5-2所示，出库单如图5-3所示。

销售单

购货单位：北京华宇股份有限公司　　地址和电话：北京东城区炭步镇沿涌街66号　010-82315891　　单据编号：34567765

纳税识别号：911101068039054656　　开户行及账号：交通银行北京东城支行　140200847929489284231　　制单日期：2022年05月26日

编码	产品名称	规格	单位	单价	数量	金额	备注
02	LG电器		台	100.00	800	80000.00	不含税
合计	人民币（大写）：捌万元整				—	¥80000.00	

会计联

销售经理：田亮　　经手人：李一飞　　会计：李艳　　签收人：陈霞

图5-1　销售单

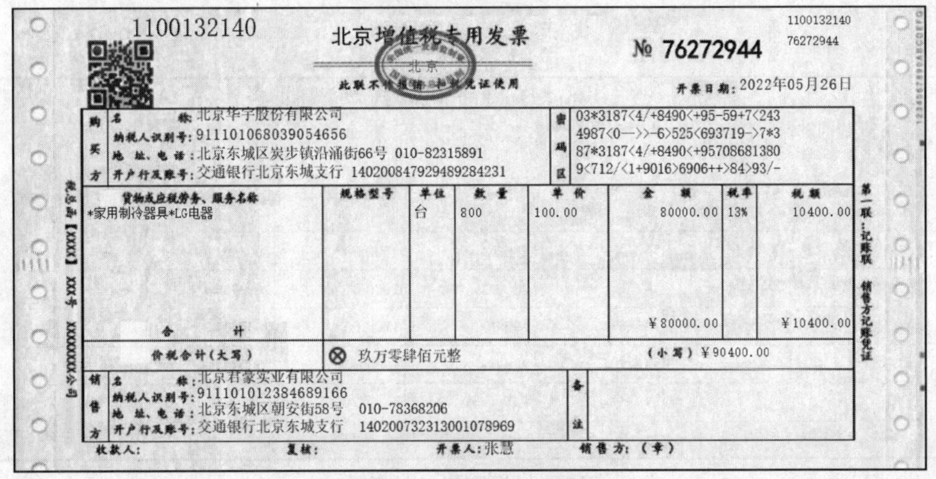

1100132140

北京增值税专用发票

№ 76272944　　1100132140　76272944

此联不作报销、扣税凭证使用

开票日期：2022年05月26日

购买方	名　　称：北京华宇股份有限公司 纳税人识别号：911101068039054656 地 址、电 话：北京东城区炭步镇沿涌街66号 010-82315891 开户行及账号：交通银行北京东城支行 140200847929489284231	密码区	03*3187<4/+8490<+95-59+7<243 4987<0—>>-6>525<693719->7*3 87*3187<4/+8490<+95708681380 9<712/<1+9016>6906++>84>93/-

货物或应税劳务、服务名称	规格型号	单位	数量	单价	金额	税率	税额
*家用制冷器具*LG电器		台	800	100.00	80000.00	13%	10400.00
合计					¥80000.00		¥10400.00
价税合计（大写）	⊗ 玖万零肆佰元整				（小写）¥90400.00		

销售方	名　　称：北京君豪实业有限公司 纳税人识别号：911101012384689166 地 址、电 话：北京东城区朝安街58号 010-78368206 开户行及账号：交通银行北京东城支行 140200732313001078969	备注	

收款人：　　复核：　　开票人：张慧　　销售方：（章）

第一联：记账联　销售方记账凭证

税总函【XXXX】XXX号 XXXXXXXX公司

图5-2　增值税专用发票

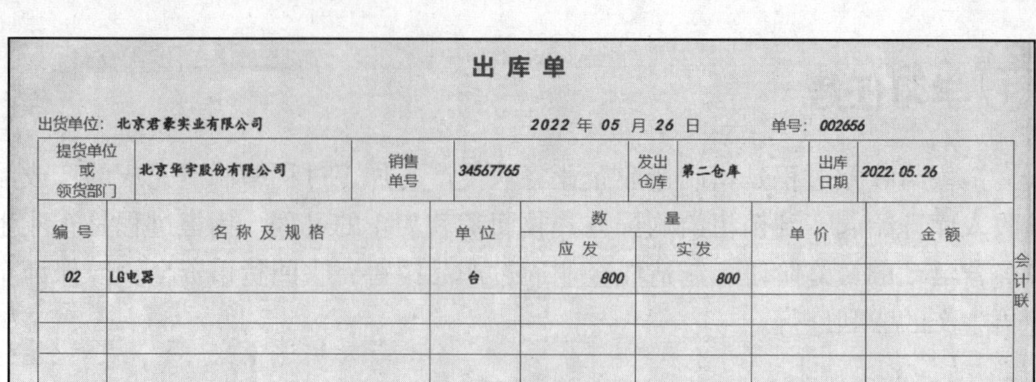

出 库 单

出货单位：北京君豪实业有限公司　　2022 年 05 月 26 日　　单号：002656

提货单位或领货部门	北京华宇股份有限公司	销售单号	34567765	发出仓库	第二仓库	出库日期	2022. 05. 26

编 号	名称及规格	单 位	数量 应发	数量 实发	单 价	金 额
02	LG电器	台	800	800		
合 计		--	--	--	--	

部门经理：林伟　　会计：李艳　　仓库：林杰辉　　经办人：王异

会计联

图5-3　出库单

2. 2022 年 9 月 5 日，公司将生产的应交消费税产品作为福利发放给员工，实物已发放完毕，成本为 500 元 / 平方米。消费税税率为 5%，增值税税率为 13%。出库单如图 5-4 所示，福利发放计算表如图 5-5 所示。

出 库 单

出货单位：北京君豪实业有限公司　　2022 年 09 月 05 日　　单号：002872

提货单位或领货部门	行政部	销售单号		发出仓库	第三仓库	出库日期	2022. 09. 05

编 号	名称及规格	单 位	数量 应发	数量 实发	单 价	金 额
04	实木地板	平方米	800.00	800.00		
合 计		--	--	--	--	

部门经理：吴玉刚　　会计：李艳　　仓库：李新建　　经办人：王明安

会计联

图5-4　出库单

福利发放计算表

编制单位：北京君豪实业有限公司　　2022年09月05日　　金额单位：元

部门	产品名称	单位	数量	单价	金额	备注
车间生产工人	实木地板	平方米	200.00	1000.00	200000.00	均为不含税价
车间管理人员	实木地板	平方米	200.00	1000.00	200000.00	
管理部门	实木地板	平方米	200.00	1000.00	200000.00	
销售部门	实木地板	平方米	200.00	1000.00	200000.00	
合计	--	--	--	--	800000.00	

审核：张毅　　制表：李艳

图5-5　福利发放计算表

3. 2022 年 5 月 27 日，北京华宇股份有限公司在验收本月采购的 LG 电器时，发现外观上有瑕疵，要求在不含税价格上给予 5% 的折让。北京君豪实业有限公司开具红字增值税专用发票，如图 5-6 所示。

1100132140　北京增值税专用发票　№ 76272961　1100132140　76272961

销项负数　北京　此联不作报销、扣税凭证使用　开票日期：2022年05月29日

购买方	名　　称：北京华宇股份有限公司 纳税人识别号：911101068039054656 地 址、电 话：北京东城区炭步镇沿涌街66号 010-82315891 开户行及账号：交通银行北京东城支行 140200847929489284231	密码区	03*3187<4/+8490<+95-59+7<243 4987<0-->>-6>525<693719->7*4 87*3187<4/+8490<+95708681380 9<712/<1+9016>6906++>84>93/-

货物或应税劳务、服务名称	规格型号	单位	数量	单价	金额	税率	税额
*家用制冷器具*LG电器		台	800	-5.00	-4000.00	13%	-520.00
合　　计					¥-4000.00		¥-520.00
价税合计（大写）	⊗（负数）肆仟伍佰贰拾元整				（小写）¥-4520.00		

销售方	名　　称：北京君豪实业有限公司 纳税人识别号：911101012384689166 地 址、电 话：北京东城区朝安街58号 010-78368206 开户行及账号：交通银行北京东城支行 140200732313001078969	备注	开具红字增值税专用发票信息表 110100330812

收款人：　复核：　开票人：张慧　销售方：（章）

第一联：记账联　销售方记账凭证

图5-6　增值税专用发票

4. 2022 年 5 月 16 日，公司销售一批商品，该批商品的控制权已转移。相关的销售单、增值税专用发票、银行电子回单如图 5-7 至图 5-9 所示。

5. 2022 年 6 月 8 日，公司销售一批商品，该批商品的控制权已转移。现金折扣条件为“2/10，1/20，*N*/30”，公司在 10 天内收回货款，现金折扣不含增值税。相关的销售单、增值税专用发票、银行电子回单如图 5-10 至图 5-12 所示。

销售单

购货单位：北京华宇股份有限公司　地址和电话：北京东城区炭步镇沿涌街66号　010-82315891　单据编号：34567801

纳税识别号：911101068039054656　开户行及账号：交通银行北京东城支行　140200847929489284231　制单日期：2022年05月16日

编码	产品名称	规格	单位	单价	数量	金额	备注
1118	吸尘器	RM200	个	1200.00	10.00	12000.00	不含税
	10%折让					-1200.00	
合计	人民币（大写）：壹万零捌佰元整				—	¥10800.00	

销售经理：田亮　经手人：李一飞　会计：李艳　签收人：陈霞

会计联

图5-7　销售单

1100132140

北京增值税专用发票

此联不作报销、扣税凭证使用

№ 76272945

1100132140
76272945

开票日期：2022年05月16日

购买方	
名称	北京华宇股份有限公司
纳税人识别号	911101068039054656
地址、电话	北京东城区炭步镇沿涌街66号 010-82315891
开户行及账号	交通银行北京东城支行 140200847929489284231

密码区：
03*3187<4/+8490<+95-59+7<243
4987<0-->>-6>525<693719->7*5
87*3187<4/+8490<+95708681380
9<712/<1+9016>6906++>84>91/-

货物或应税劳务、服务名称	规格型号	单位	数量	单价	金额	税率	税额
*家用清洁电器具*吸尘器	RM200	个	10	1200.00	12000.00	13%	1560.00
*家用清洁电器具*吸尘器					-1200.00	13%	-156.00
合计					¥10800.00		¥1404.00
价税合计（大写）	⊗壹万贰仟贰佰零肆元整				（小写）¥12204.00		

销售方	
名称	北京君豪实业有限公司
纳税人识别号	911101012384689166
地址、电话	北京东城区朝安街58号 010-78368206
开户行及账号	交通银行北京东城支行 140200732313001078969

备注：

收款人：　　复核：　　开票人：张慧　　销售方：（章）

第一联：记账联 销售方记账凭证

图5-8　增值税专用发票

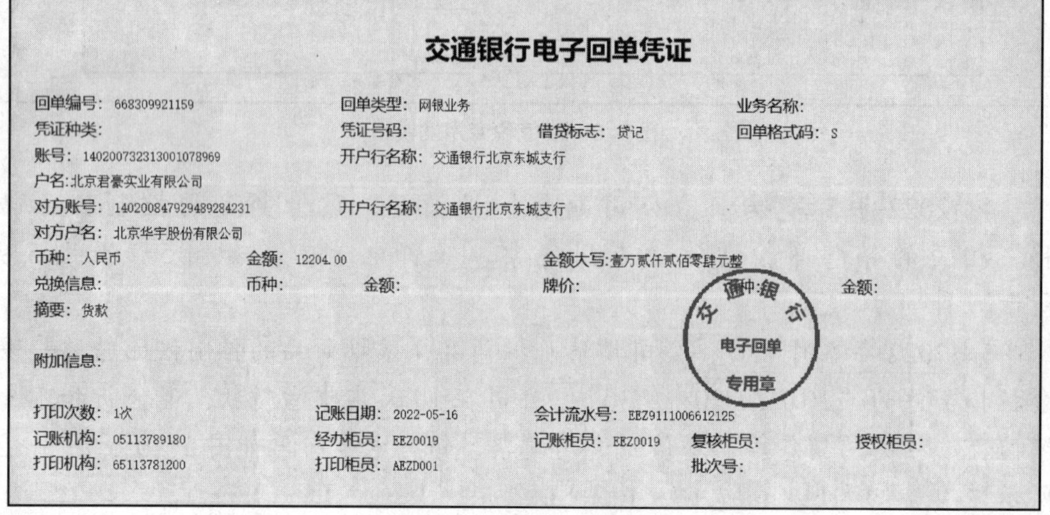

交通银行电子回单凭证

回单编号：668309921159　回单类型：网银业务　业务名称：
凭证种类：　凭证号码：　借贷标志：贷记　回单格式码：S
账号：140200732313001078969　开户行名称：交通银行北京东城支行
户名：北京君豪实业有限公司
对方账号：140200847929489284231　开户行名称：交通银行北京东城支行
对方户名：北京华宇股份有限公司
币种：人民币　金额：12204.00　金额大写：壹万贰仟贰佰零肆元整
兑换信息：　币种：　金额：　牌价：　金额：
摘要：货款
附加信息：
打印次数：1次　记账日期：2022-05-16　会计流水号：EEZ9111006612125
记账机构：05113789180　经办柜员：EEZ0019　记账柜员：EEZ0019　复核柜员：　授权柜员：
打印机构：65113781200　打印柜员：AEZD001　批次号：

交通银行 电子回单专用章

图5-9　银行电子回单

销售单

购货单位：北京华宇股份有限公司　地址和电话：北京东城区炭步镇沿涌街66号　010-82315891　单据编号：34567979
纳税识别号：911101068039054656　开户行及账号：交通银行北京东城支行　140200847929489284231　制单日期：2022年06月08日

编码	产品名称	规格	单位	单价	数量	金额	备注
1117	涤纶布	1.2M	米	36.00	10000.00	360000.00	不含税
合计	人民币（大写）：叁拾陆万元整				—	¥360000.00	

销售经理：田亮　经手人：李一飞　会计：李艳　签收人：陈霞

会计联

图5-10　销售单

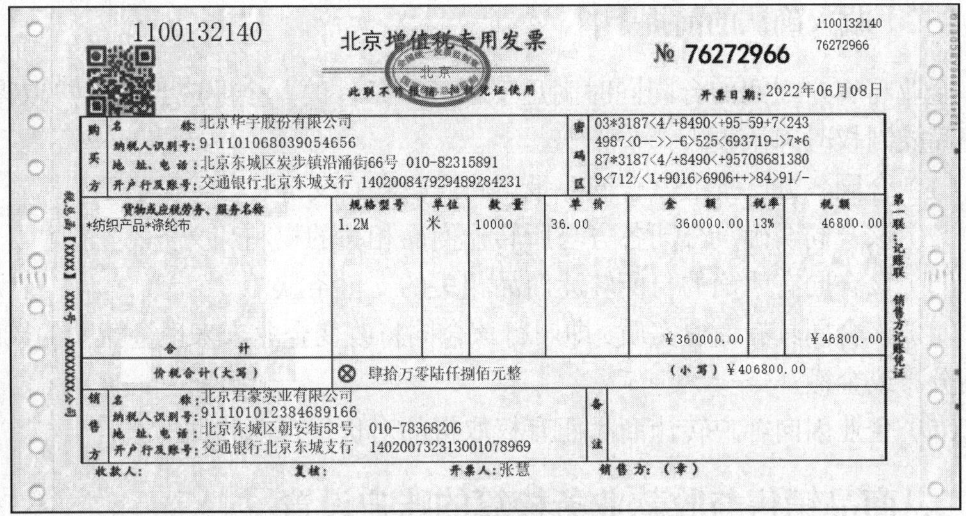

1100132140　　北京增值税专用发票　　№ 76272966　1100132140 76272966

北京

此联不作报销、扣税凭证使用　　开票日期：2022年06月08日

购买方	名　　称：北京华宇股份有限公司 纳税人识别号：911101068039054656 地 址、电 话：北京东城区炭步镇沿涌街66号 010-82315891 开户行及账号：交通银行北京东城支行 140200847929489284231	密码区	03*3187<4/+8490<+95-59+7<243 4987<0-->>-6>525<693719->7*6 87*3187<4/+8490<+95708681380 9<712/<1+9016>6906++>84>91/-

货物或应税劳务、服务名称	规格型号	单位	数量	单价	金额	税率	税额
*纺织产品*涤纶布	1.2M	米	10000	36.00	360000.00	13%	46800.00
合　计					¥360000.00		¥46800.00
价税合计（大写）	⊗ 肆拾万零陆仟捌佰元整				（小写）¥406800.00		

销售方	名　　称：北京君豪实业有限公司 纳税人识别号：911101012384689166 地 址、电 话：北京东城区朝安街58号 010-78368206 开户行及账号：交通银行北京东城支行 140200732313001078969	备注	

收款人：　　复核：　　开票人：张慧　　销售方：（章）

第一联：记账联　销售方记账凭证

图5-11　增值税专用发票

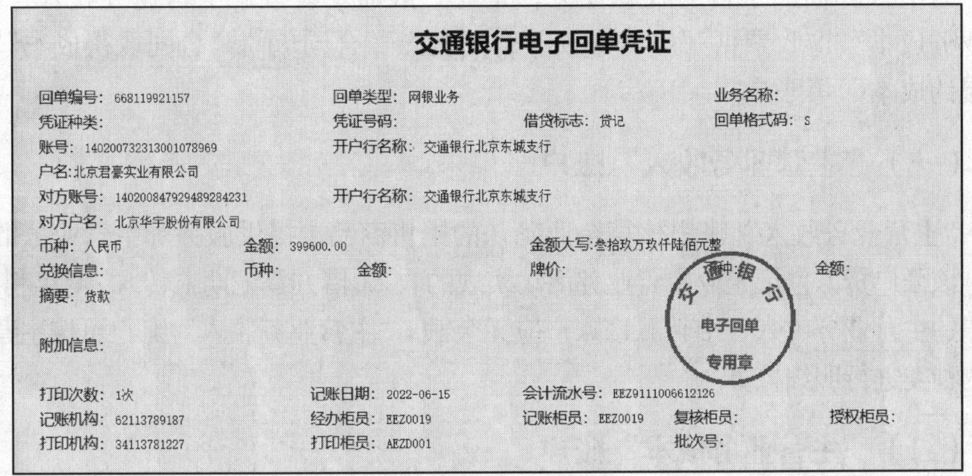

交通银行电子回单凭证

回单编号：668119921157　回单类型：网银业务　业务名称：

凭证种类：　凭证号码：　借贷标志：贷记　回单格式码：S

账号：140200732313001078969　开户行名称：交通银行北京东城支行

户名：北京君豪实业有限公司

对方账号：140200847929489284231　开户行名称：交通银行北京东城支行

对方户名：北京华宇股份有限公司

币种：人民币　金额：399600.00　金额大写：叁拾玖万玖仟陆佰元整

兑换信息：　币种：　金额：　牌价：　金额：

摘要：货款

附加信息：

交通银行 电子回单 专用章

打印次数：1次　记账日期：2022-06-15　会计流水号：EEZ9111006612126

记账机构：62113789187　经办柜员：EEZ0019　记账柜员：EEZ0019　复核柜员：　授权柜员：

打印机构：34113781227　打印柜员：AEZD001　批次号：

图5-12　银行电子回单

知识学习

一、收入的确认

（一）收入确认的原则

企业应当在履行了合同中的履约义务，即在客户取得相关商品控制权时确认收入。客户是指与企业订立合同以向该企业购买其日常活动产出的商品并支付对价的一方；商品包括商品和服务。

（二）收入确认的前提条件

企业与客户之间的合同同时满足下列五项条件的，企业应当在客户取得相关商品控制权时确认收入：

（1）合同各方已批准该合同并承诺将履行各自义务；

（2）该合同明确了合同各方与所转让商品相关的权利和义务；

（3）该合同有明确的与所转让商品相关的支付条款；

（4）该合同具有商业实质，即履行该合同将改变企业未来现金流量的风险、时间分布或金额；

（5）企业因向客户转让商品而有权取得的对价很可能收回。

二、商品销售与收款业务核算的账户设置

为了核算商品销售与收款业务，企业一般需要设置“主营业务收入”“主营业务成本”“应收票据”“应收账款”“合同资产”“合同负债”“合同取得成本”“合同履约成本”等账户。

（一）“主营业务收入”账户

“主营业务收入”账户核算企业确认的销售商品、提供服务等主营业务的收入。该账户贷方登记企业主营业务活动实现的收入，借方登记期末转入“本年利润”账户的主营业务收入，结转后该账户应无余额。“主营业务收入”账户可按主营业务的种类进行明细核算。

（二）“主营业务成本”账户

“主营业务成本”账户核算企业确认销售商品、提供服务等主营业务收入时应结转的成本。该账户借方登记企业应结转的主营业务成本，贷方登记期末转入“本年利润”账户的主营业务成本，结转后该账户应无余额。“主营业务成本”账户可按主营业务的种类进行明细核算。

（三）“应收票据”账户

“应收票据”账户核算应收票据的取得、票款收回等情况。该账户借方登记取得的应收票据的面值，贷方登记到期收回票款或到期前向银行贴现的应收票据的票面金额，期末余额在借方，反映企业持有的商业汇票的票面金额。“应收票据”账户可按照开出、承兑商业汇票的单位进行明细核算，并设置“应收票据备查簿”，逐笔登记商业汇票的种类、号数、出票日、票面金额、交易合

同号，付款人、承兑人、背书人的姓名或单位名称，到期日、背书转让日、贴现日、贴现率和贴现净额，以及收款日、收回金额、退票情况等资料。商业汇票到期结清票款或退票后，在备查簿中应予注销。

（四）“应收账款”账户

“应收账款”账户核算应收账款的增减变动及其结存情况。该账户借方登记应收账款的增加，贷方登记应收账款的收回及确认的坏账损失。期末余额一般在借方，反映企业尚未收回的应收账款；如果期末余额在贷方，一般为企业预收的账款。

（五）“合同资产”账户

“合同资产”账户核算企业已向客户转让商品而有权收取对价的权利，且该权利取决于时间流逝之外的其他因素（如履行合同中的其他履约义务）。该账户借方登记因已转让商品而有权收取的对价金额，贷方登记取得无条件收款权的金额，期末借方余额反映企业已向客户转让商品而有权收取的对价金额。“合同资产”账户按合同进行明细核算。

（六）“合同负债”账户

“合同负债”账户核算企业已收或应收客户对价而应向客户转让商品的义务。该账户贷方登记企业在向客户转让商品之前，已经收到合同对价或已经取得无条件收取合同对价权利的金额；借方登记企业向客户转让商品时冲销的金额；期末贷方余额反映企业在向客户转让商品之前，已经收到的合同对价或已经取得的无条件收取合同对价权利的金额。“合同负债”账户按合同进行明细核算。

（七）“合同取得成本”账户

“合同取得成本”账户核算企业取得合同发生的、预计能够收回的增量成本。该账户借方登记发生的合同取得成本，贷方登记摊销的合同取得成本，期末借方余额反映企业尚未结转的合同取得成本。“合同取得成本”账户可按合同进行明细核算。

（八）“合同履约成本”账户

“合同履约成本”账户核算企业为履行当前或预期取得的合同所发生的、不属于其他企业会计准则规范范围且按照收入准则应当确认为一项资产的成本。该账户借方登记发生的合同履约成本，贷方登记摊销的合同履约成本，期末借方余额反映企业尚未结转的合同履约成本。“合同履约成本”账户可根据合同分别按照“服务成本”“工程施工”等进行明细核算。

三、商品销售与收款业务核算

（一）一般商品销售与收款业务核算

技能点讲解

一般商品销售与收款业务核算

企业在销售商品并满足收入确认条件时，借记“银行存款”“应收账款”“应收票据”账户，贷记“主营业务收入”“应交税费——应交增值税（销项税额）”账户；同时结转已销商品成本，借记“主营业务成本”账户，贷记“库存商品”账户。

【练一练 5–1】晴天公司向乙公司销售商品一批，开具的增值税专用发票上注明售价为 400 000 元，增值税税额为 52 000 元。晴天公司收到乙公司开出的不带息银行承兑汇票一张，票面金额为 452 000 元，期限为 2 个月。晴天公司以银行存款支付代垫运费，增值税专用发票上注明运输费 2 000 元，增值税税额为 180 元，所垫运费尚未收到。该批商品成本为 320 000 元。乙公司收到商品并验收入库。

本例中晴天公司已经收到乙公司开出的不带息银行承兑汇票，客户乙公司收到商品并验收入库，因此，销售商品为单项履约义务且属于在某一时点履行的履约义务。账务处理如下。

（1）确认收入时：

借：应收票据　　452 000

　　贷：主营业务收入　　400 000

　　　　应交税费——应交增值税（销项税额）　　52 000

借：主营业务成本　　320 000

　　贷：库存商品　　320 000

（2）代垫运费时：

借：应收账款　　2 180

　　贷：银行存款　　2 180

（二）发出商品但不能确认收入业务核算

企业按合同发出商品，合同约定客户只有在商品售出取得价款后才支付货款。企业向客户转让商品的对价未达到“很可能收回”收入确认条件。在发出商品时，企业不应确认收入，将发出商品的成本记入“发出商品”账户，

借记“发出商品”账户，贷记“库存商品”账户。如已发出的商品被客户退回，应编制相反的会计分录。“发出商品”账户核算企业商品已发出但客户没有取得商品的控制权的商品成本。当收到货款或取得收取货款权利时，确认收入，借记“银行存款”“应收账款”“应收票据”账户，贷记“主营业务收入”“应交税费——应交增值税（销项税额）”账户；同时结转已销商品成本，借记“主营业务成本”账户，贷记“发出商品”账户。

【练一练 5–2】晴天公司与乙公司均为增值税一般纳税人。6 月 3 日，晴天公司与乙公司签订委托代销合同，晴天公司委托乙公司销售 W 商品 1 000 件，W 商品已经发出，每件商品成本为 70 元。合同约定乙公司应按每件 100 元对外销售，晴天公司按不含增值税的销售价格的 10% 向乙公司支付手续费。除非这些商品在乙公司存放期间内由于乙公司的责任发生毁损或丢失，否则在 W 商品对外销售之前，乙公司没有义务向晴天公司支付货款。乙公司不承担包销责任，没有售出的 W 商品须退回晴天公司，同时，晴天公司也有权要求收回 W 商品或将其销售给其他的客户。至 6 月 30 日，乙公司实际对外销售 1 000 件，开出的增值税专用发票上注明的销售价款为 100 000 元，增值税税额为 13 000 元。

本例中，晴天公司将 W 商品发送至乙公司后，乙公司虽然已经承担 W 商品的实物保管责任，但仅为接受晴天公司的委托销售 W 商品，并根据实际销售的数量赚取一定比例的手续费。晴天公司有权要求收回 W 商品或将其销售给其他的客户，乙公司并不能主导这些商品的销售，这些商品对外销售与否、是否获利以及获利多少等不由乙公司控制，乙公司没有取得这些商品的控制权。

因此，晴天公司将 W 商品发送至乙公司时，不应确认收入，而应当在乙公司将 W 商品销售给最终客户时确认收入。

（1）6 月 3 日，晴天公司按合同约定发出商品时，账务处理如下：

借：发出商品——乙公司　　70 000

　　贷：库存商品——W 商品　　70 000

（2）6 月 30 日，晴天公司收到乙公司开具的代销清单时，账务处理如下：

借：应收账款　　113 000

　　贷：主营业务收入　　100 000

　　　　应交税费——应交增值税（销项税额）　　13 000

借：主营业务成本　　70 000

　　贷：发出商品——乙公司　　70 000

借：销售费用　　10 000
　　应交税费——应交增值税（进项税额）　　600
　　贷：应收账款　　10 600

（3）收到乙公司支付的货款时：

借：银行存款　　102 400
　　贷：应收账款　　102 400

（三）商业折扣、现金折扣和销售退回业务核算

技能点讲解

商业折扣、现金折扣和销售退回业务核算

1. 商业折扣销售与收款业务

商业折扣是指企业为促进商品销售而给予的价格扣除。例如，企业为鼓励客户多买商品，可能规定购买100件以上商品给予客户10%的折扣。此外，企业为了尽快出售一些残次、陈旧、冷背的商品，也可能降价（即打折）销售。商业折扣在销售前即已发生，并不构成最终成交价格的一部分，企业应当按照扣除商业折扣后的金额确定商品销售价格和销售商品收入金额。

2. 现金折扣销售与收款业务

现金折扣是指债权人为鼓励债务人在规定的期限内付款而向债务人提供的债务扣除。现金折扣一般用符号"折扣率 / 付款期限"表示，例如，"2/10，1/20，*N*/30"表示：销货方允许客户最长的付款期限为30天，如果客户在10天内付款，销货方可按商品售价给予客户2%的折扣；如果客户在第11～20天付款，销货方可按商品售价给予客户1%的折扣；如果客户在第21～30天付款，将不能享受现金折扣。

现金折扣发生在商品销售之后，是否发生以及发生多少要视客户的付款情况而定，企业在确认销售商品收入时不能确定现金折扣金额。因此，企业销售商品涉及现金折扣的，应当按照扣除现金折扣前的金额贷记"主营业务收入"账户，在实际发生时计入当期财务费用。

请注意

在计算现金折扣时，还应注意是按不含增值税的价款计算确定，还是按含增值税的价款计算确定，两种情况下客户享有的折扣金额不同。例如，销售价格为1 000元的商品，增值税税额为130元，如计算现金折扣不考虑增值税，按1%折扣率计算，客户享有的现金折扣金额为10元；如果企业与客户约定计算现金折扣时一并考虑增值税，则客户享有的现金折扣金额为11.3元。

【练一练 5-3】甲公司为增值税一般纳税人，9 月 1 日销售 A 商品 5 000 件并开具增值税专用发票，每件商品的标价为 200 元（不含增值税），A 商品适用的增值税税率为 13%。每件商品的实际成本为 120 元。由于是成批销售，甲公司给予客户 10% 的商业折扣，并在销售合同中规定现金折扣条件为“2/10,1/20, *N*/30”。A 商品于 9 月 1 日发出，客户于 9 月 9 日付款。该项销售业务属于在某一时点履行的履约义务。假定计算现金折扣不考虑增值税。

本例涉及商业折扣和现金折扣问题，销售商品收入的金额应是未扣除现金折扣但扣除商业折扣后的金额，现金折扣应在实际发生时计入当期财务费用。因此，甲公司应确认的销售商品收入的金额为 900 000 元(200×5 000−200×5 000×10%)，增值税销项税额为 117 000 元（900 000×13%）。客户在 10 日内付款，享有的现金折扣为 18 000 元（900 000×2%）。甲公司应编制如下会计分录。

（1）9 月 1 日确认收入时：

借：应收账款　　1 017 000

　　贷：主营业务收入　　900 000

　　　　应交税费——应交增值税（销项税额）　　117 000

借：主营业务成本　　600 000

　　贷：库存商品　　600 000

（2）9 月 9 日收到货款时：

借：银行存款　　999 000

　　财务费用　　18 000

　　贷：应收账款　　1 017 000

本例中，若客户于 9 月 19 日付款，则享受的现金折扣为 9 000 元（900 000×1%），收到货款时，甲公司应编制如下会计分录。

借：银行存款　　1 008 000

　　财务费用　　9 000

　　贷：应收账款　　1 017 000

若客户于 9 月底付款，则应按全额付款，收到货款时，甲公司应编制如下会计分录。

借：银行存款　　1 017 000

　　贷：应收账款　　1 017 000

3. 销售退回业务

销售退回是指企业因售出商品在质量、规格等方面不符合销售合同规定条款的要求，客户要求企业予以退货。企业销售商品发生退货，表明企业履约义务的减少和客户商品控制权及其相关经济利益的丧失。已确认销售商品收入的售出商品发生销售退回的，除属于资产负债表日后事项的外，企业收到退回的商品时，应退回货款或冲减应收账款，并冲减主营业务收入和增值税销项税额，借记“主营业务收入”“应交税费——应交增值税（销项税额）”等账户，贷记“银行存款”“应收票据”“应收账款”等账户。收到退回商品验收入库，按照商品成本，借记“库存商品”账户，贷记“主营业务成本”账户。如该项销售退回已发生现金折扣，应同时调整相关财务费用的金额。

【练一练 5-4】甲公司 5 月 20 日销售 A 商品一批，增值税专用发票上注明售价为 350 000 元，增值税税额为 45 500 元，该批商品成本为 182 000 元。A 商品于 5 月 20 日发出，客户于 5 月 27 日付款。该项业务属于在某一时点履行的履约义务并确认销售收入。9 月 16 日，该商品质量出现严重问题，客户将该批商品全部退回给甲公司。甲公司同意退货，于退货当日支付了退货款，并按规定向客户开具了增值税专用发票（红字）。假定不考虑其他因素，甲公司应编制如下会计分录。

（1）5 月 20 日确认收入时：

借：应收账款　　395 500

　　贷：主营业务收入　　350 000

　　　　应交税费——应交增值税（销项税额）　　45 500

借：主营业务成本　　182 000

　　贷：库存商品　　182 000

（2）5 月 27 日收到货款时：

借：银行存款　　395 500

　　贷：应收账款　　395 500

（3）9 月 16 日销售退回时：

借：主营业务收入　　350 000

　　应交税费——应交增值税（销项税额）　　45 500

　　贷：银行存款　　395 500

借：库存商品　　182 000

　　贷：主营业务成本　　182 000

四、商品销售中合同资产与合同负债业务核算

（一）合同负债业务核算

企业在向客户转让商品之前，如果客户已经支付了合同对价或企业已经取

得了无条件收取合同对价的权利，则企业应当在客户实际支付款项与到期应支付款项孰早时点，按照该已收或者应收的金额，借记"银行存款""应收账款""应收票据"等账户，贷记"合同负债"账户。

企业向客户转让相关商品时，借记"合同负债"账户，贷记"主营业务收入""其他业务收入"等账户。涉及增值税的，还应进行相应处理，计入"应交税费——应交增值税（销项税额）"等账户。

（二）合同资产业务核算

合同资产同应收款项一样，都是企业拥有的有权收取合同对价的权利。合同资产并不是一项无条件收款权，该权利除了时间流逝之外，还取决于其他条件才能收取相应的合同对价。企业在客户实际支付合同对价或在该对价到期应付之前，已经向客户转让了商品的，应当按照因已转让商品而有权收取的对价金额，借记"合同资产"账户，贷记"主营业务收入""其他业务收入"等账户；企业取得无条件收款权时，借记"应收账款"账户，贷记"合同资产"账户。涉及增值税的，还应进行相应处理。

合同资产和合同负债应当在资产负债表中单独列示，并按流动性分别列示为"合同资产"或"其他非流动资产"以及"合同负债"或"其他非流动负债"。同一合同下的合同资产和合同负债应当以净额列示，不同合同下的合同资产和合同负债不能相互抵销。

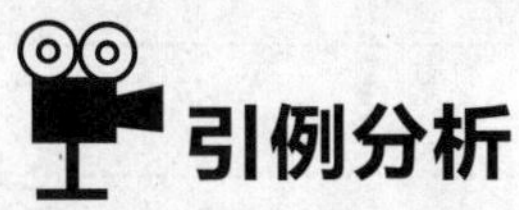

做一做：任务引例轻松搞定！

扫码看答案

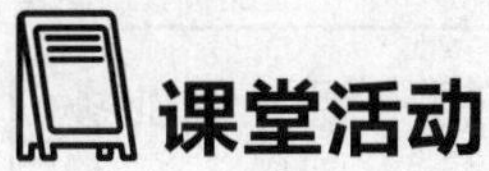

试一试：一起挑战高难度任务！

1．以游戏形式按照随机组合方式将班级学生分成若干小组（每组 5 ～ 6 人）。

2．各小组讨论练习，共同完成以下任务。

【业务 1】10 月 12 日，北京福瑞制药有限公司与燕来医药连锁股份有限公司签订销售合同，向其销售中药饮片。当日，北京福瑞制药有限公司收到预付款 109 000 元。

10 月 31 日，北京福瑞制药有限公司按合同约定交付中药饮片 500 箱，不含税销售额 250 000 元，增值税 22 500 元，产品控制权已转移。同时结转所销售中药饮片成本，单位成本380元/箱。

11月12日，北京福瑞制药有限公司收到燕来医药连锁股份有限公司的余款163 500元。

【业务2】9月2日，海盛真空设备有限公司与北京鼎元光学眼镜有限公司签订销售合同，销售真空光学镀膜机一台，不含税单价600 000元，增值税78 000元；另外收取安装费不含税金额20 000元，增值税600元（销售设备和安装服务为两项履约义务）。

9月8日，海盛真空设备有限公司发出真空光学镀膜机，当日到达，设备控制权已转移。同时结转真空光学镀膜机成本，真空光学镀膜机成本480 000元/台。

9月10日，海盛真空设备有限公司安排工程师到北京鼎元光学眼镜有限公司工厂安装调试设备，设备已可正常运行。设备安装服务是海盛真空设备有限公司的主营业务，采用简易计税方法计税。

9月17日，海盛真空设备有限公司收到货款698 600元。

【任务要求】完成两家公司商品销售与收款业务的账务处理。

3. 每个小组推荐一位代表汇报本组任务完成情况，说明解决相关问题的思路和方法。

4. 其他小组对其汇报进行评分。

5. 每个小组将汇报情况形成文字资料，由任课教师评阅。

任务二 劳务销售与收款业务核算

任务引例

想一想：该业务如何核算呢？

2022年12月1日，鸿蒙软件股份有限公司接受一项产品安装任务，安装期6个月，合同总收入30万元，12月1日预收款项4万元，余款在安装完成时收回。当年实际发生成本2万元，预计还将发生成本22万元。该安装劳务属于在某一时段内履行的履约义务，且根据累计发生的合同成本占合同预计总成本的比例确认履约进度，不考虑增值税。

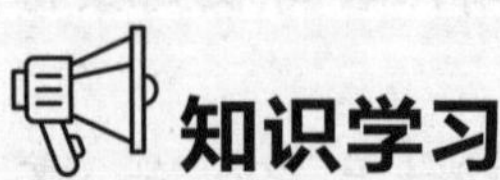

知识学习

提供劳务收入是指企业通过提供劳务实现的收入。对于一次就能完成的劳务，或在同一会计期间内开始并完成的劳务，应在提供劳务交易完成时确认收入。

技能点讲解

劳务销售与收款业务核算

对于在某一时段内履行的履约义务，企业应当在该段时间内按照履约进度确认收入，履约进度不能合理确定的除外。资产负债表日，企业按照合同的交易价格总额乘以履约进度扣除以前会计期间累计已确认的收入后的金额，确认当期收入。

【练一练 5-5】甲公司为增值税一般纳税人，装修服务适用增值税税率为9%。2022 年 12 月 1 日，甲公司与乙公司签订一项为期 3 个月的装修合同，合同约定装修价款为 500 000 元，增值税税额为 45 000 元，装修费用每月末按完工进度支付。12 月 31 日，经专业测量师测量后，确定该项劳务的完工程度为25%。乙公司按完工进度支付价款及相应的增值税税款。截至 2022 年 12 月 31 日，甲公司为完成该合同累计发生劳务成本 100 000 元（假定均为装修人员薪酬），估计还将发生劳务成本 300 000 元。

假定该业务属于甲公司的主营业务，全部由其自行完成。甲公司按照实际测量的完工进度确定履约进度。

甲公司应编制如下会计分录。

（1）实际发生劳务成本 100 000 元：

借：合同履约成本　　100 000

　贷：应付职工薪酬　　100 000

（2）2022 年 12 月 31 日确认劳务收入并结转劳务成本：

2022 年 12 月 31 日确认的劳务收入 =500 000×25%-0=125 000（元）

借：银行存款　　136 250

　贷：主营业务收入　　125 000

　　应交税费——应交增值税（销项税额）　　11 250

借：主营业务成本　　100 000

　贷：合同履约成本　　100 000

2023 年 1 月 31 日，经专业测量师测量后，确定该项劳务的完工程度为70%。乙公司按完工进度支付价款同时支付对应的增值税税款。2023 年 1 月，甲公司为完成该合同发生劳务成本 180 000 元（假定均为装修人员薪酬），为完成该合同估计还将发生劳务成本 120 000 元。甲公司应编制如下会计分录。

（1）实际发生劳务成本 180000 元：

借：合同履约成本　　180 000

　贷：应付职工薪酬　　180 000

（2）2023 年 1 月 31 日确认劳务收入并结转劳务成本：

2023 年 1 月 31 日确认的劳务收入 =500000 × 70%−125000=225000（元）

借：银行存款　　245 250

　　贷：主营业务收入　　225 000

　　　　应交税费——应交增值税（销项税额）　　20 250

借：主营业务成本　　180 000

　　贷：合同履约成本　　180 000

2023 年 2 月 28 日，装修完工。乙公司验收合格，按完工进度支付价款同时支付对应的增值税税款。2023 年 2 月，甲公司为完成该合同发生劳务成本 120 000 元（假定均为装修人员薪酬）。甲公司应编制如下会计分录。

（1）实际发生劳务成本 120 000 元：

借：合同履约成本　　120 000

　　贷：应付职工薪酬　　120 000

（2）2023 年 2 月 28 日确认劳务收入并结转劳务成本：

2023 年 2 月 28 日确认的劳务收入 =500 000−125 000−225 000=150 000(元)

借：银行存款　　163 500

　　贷：主营业务收入　　150 000

　　　　应交税费——应交增值税（销项税额）　　13 500

借：主营业务成本　　120 000

　　贷：合同履约成本　　120 000

引例分析

做一做：任务引例轻松搞定！

扫码看答案

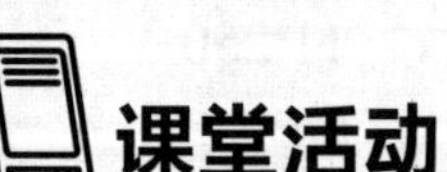

课堂活动

1. 以游戏形式按照随机组合方式将班级学生分成若干小组（每组 5 ～ 6 人）。

2. 各小组讨论练习，共同完成以下任务。

试一试：一起挑战高难度任务！

【业务】甲公司经营一家健身俱乐部。7 月 1 日，某客户与甲公司签订合同，成为甲公司的会员，并向甲公司支付会员费 3 816 元（含税价），可在未来的 12 个月内在该俱乐部健身，且没有次数的限制。该业务适用的增值税税率为 6%。

【任务要求】完成 7 月 1 日甲公司收到会员费以及 7 月 31 日确认收入时的

账务处理。

3．每个小组推荐一位代表汇报本组任务完成情况，说明解决相关问题的思路和方法。

4．其他小组对其汇报进行评分。

5．每个小组将汇报情况形成文字资料，由任课教师评阅。

任务三 其他销售业务核算

任务引例

> **想一想**：该业务如何核算呢？

2022 年 4 月 10 日，北京豪仕杰服饰有限公司销售原材料一批，控制权已转移。相关销售单、增值税专用发票、银行电子回单如图 5-13 至图 5-15 所示。

销 售 单

购货单位：北京华宇股份有限公司　　地址和电话：北京东城区炭步镇沿涌街66号　010-82315891　　单据编号：34564410

纳税识别号：911101068039054656　　开户行及账号：交通银行北京东城支行　140200847929489284231　　制单日期：2022年04月10日

编码	产品名称	规格	单位	单价	数量	金额	备注
Y01	成品革		平方米	220.00	300.00	66000.00	不含税
合计	人民币（大写）：陆万陆仟元整				—	¥66000.00	

会计联

销售经理：张晓群　　经手人：陈建忠　　会计：李心颖　　签收人：陈华强

图5-13 销售单

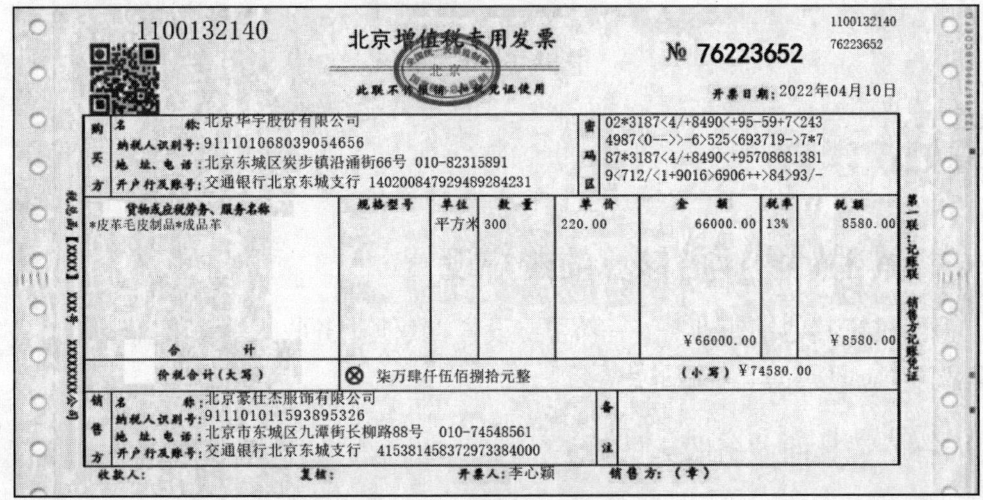

1100132140　　**北京增值税专用发票**　　№ 76223652　　1100132140　76223652

此联不作报销、扣税凭证使用　　开票日期：2022年04月10日

购买方　名　　称：北京华宇股份有限公司
纳税人识别号：911101068039054656
地 址、电 话：北京东城区炭步镇沿涌街66号 010-82315891
开户行及账号：交通银行北京东城支行 140200847929489284231

密码区　02*3187<4/+8490<+95-59+7<243
4987<0-->>-6>525<693719->7*7
87*3187<4/+8490<+95708681381
9<712/<1+9016>6906++>84>93/-

货物或应税劳务、服务名称	规格型号	单位	数量	单价	金额	税率	税额
*皮革毛皮制品*成品革		平方米	300	220.00	66000.00	13%	8580.00
合　　计					¥66000.00		¥8580.00
价税合计（大写）	⊗ 柒万肆仟伍佰捌拾元整				（小写）¥74580.00		

销售方　名　　称：北京豪仕杰服饰有限公司
纳税人识别号：911101011593895326
地 址、电 话：北京市东城区九潭街长柳路88号　010-74548561
开户行及账号：交通银行北京东城支行　415381458372973384000

备注

收款人：　　复核：　　开票人：李心颖　　销售方：（章）

第一联：记账联　销售方记账凭证

税总函【XXXX】XXX号 XXXXXXX公司

图5-14 增值税专用发票

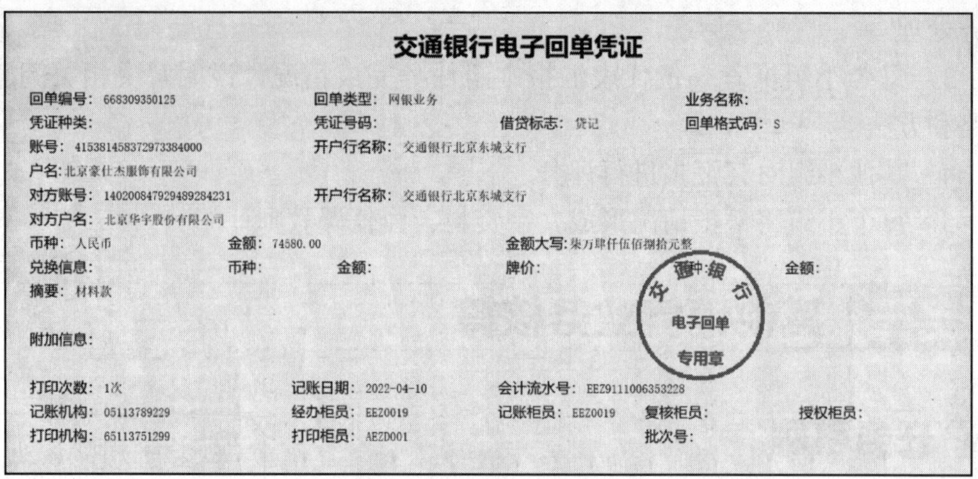

交通银行电子回单凭证

回单编号：668309350125　回单类型：网银业务　业务名称：
凭证种类：　凭证号码：　借贷标志：贷记　回单格式码：S
账号：4153814583729733384000　开户行名称：交通银行北京东城支行
户名：北京豪仕杰服饰有限公司
对方账号：140200847929489284231　开户行名称：交通银行北京东城支行
对方户名：北京华宇股份有限公司
币种：人民币　金额：74580.00　金额大写：柒万肆仟伍佰捌拾元整
兑换信息：　币种：　金额：　牌价：　金额：
摘要：材料款
附加信息：
打印次数：1次　记账日期：2022-04-10　会计流水号：EEZ9111006353228
记账机构：05113789229　经办柜员：EEZ0019　记账柜员：EEZ0019　复核柜员：　授权柜员：
打印机构：65113751299　打印柜员：AEZD001　批次号：

交通银行 电子回单 专用章

图5-15　银行电子回单

当日结转销售原材料成本，出库单如图5-16所示。（成品革成本：200元/平方米）

出库单

出货单位：北京豪仕杰服饰有限公司　2022年04月10日　单号：00123102

提货单位或领货部门	北京华宇股份有限公司	销售单号	34564410	发出仓库	第一仓库	出库日期	2022.04.10

编号	名称及规格	单位	数量 应发	数量 实发	单价	金额
Y01	成品革	平方米	300	300		
合计		--	--	--	--	

会计联

部门经理：林伟　会计：李心颖　仓库：林杰辉　经办人：陈建忠

图5-16　出库单

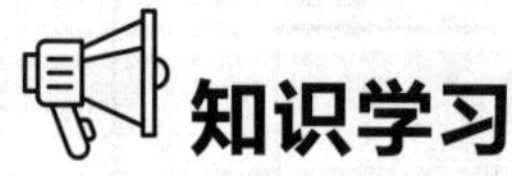

知识学习

一、其他销售业务核算的账户设置

为了核算其他销售业务，一般需要设置“其他业务收入”“其他业务成本”“应收账款”“应收票据”等账户。

（一）“其他业务收入”账户

“其他业务收入”账户核算企业确认的除主营业务活动以外的其他经营活

动实现的收入，包括出租固定资产、出租无形资产、出租包装物和商品、销售材料等实现的收入。该账户贷方登记企业其他业务活动实现的收入，借方登记期末转入“本年利润”账户的其他业务收入，结转后该账户应无余额。“其他业务收入”账户可按其他业务的种类进行明细核算。

（二）“其他业务成本”账户

“其他业务成本”账户核算企业确认的除主营业务活动以外的其他经营活动所形成的成本，包括出租固定资产的折旧额、出租无形资产的摊销额、出租包装物的成本或摊销额、销售材料的成本等。该账户借方登记企业应结转的其他业务成本，贷方登记期末转入“本年利润”账户的其他业务成本，结转后该账户应无余额。“其他业务成本”账户可按其他业务的种类进行明细核算。

二、销售材料等存货业务核算

技能点讲解

销售材料等存货业务核算

企业在日常活动中会发生对外销售不需用的原材料、随同商品对外销售单独计价的包装物等业务。企业销售原材料、包装物等存货取得收入的确认和计量原则比照商品销售。企业销售原材料、包装物等存货确认的收入作为其他业务收入处理，结转的相关成本作为其他业务成本处理。

【练一练 5-6】甲公司向乙公司销售一批原材料，开具的增值税专用发票上注明售价为100 000元，增值税税额为13 000元。甲公司收到乙公司支付的款项存入银行。该批原材料的实际成本为90 000元。乙公司收到原材料并验收入库。

本例中甲公司已经收到乙公司支付的货款，客户乙公司收到原材料并验收入库，因此，该项业务为单项履约义务且属于在某一时点履行的履约义务。甲公司应编制如下会计分录。

（1）确认收入时：

借：银行存款　　113 000
　　贷：其他业务收入　　100 000
　　　　应交税费——应交增值税（销项税额）　　13 000

（2）结转原材料成本：

借：其他业务成本　　90 000
　　贷：原材料　　90 000

引例分析

做一做：任务引例轻松搞定！

扫码看答案

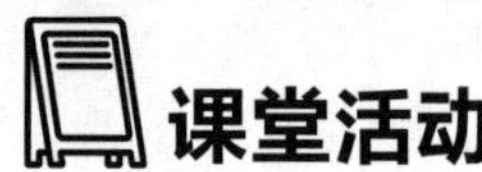

课堂活动

试一试：一起挑战高难度任务！

1．以游戏形式按照随机组合方式将班级学生分成若干小组（每组 5 ～ 6 人）。

2．各小组讨论练习，共同完成以下任务。

【业务】6 月 14 日，北京君豪实业有限公司因销售商品领用单独计价的包装物的实际成本为 40 000 元，开具的增值税专用发票上注明价款为 100 000 元，增值税税额为 13 000 元，款项已存入银行。销售商品领用单独计价包装物属于销售商品和销售包装物两项履约义务，且属于某一时点履行的履约义务。

【任务要求】完成北京君豪实业有限公司其他销售业务的账务处理。

3．每个小组推荐一位代表汇报本组任务完成情况，说明解决相关问题的思路和方法。

4．其他小组对其汇报进行评分。

5．每个小组将汇报情况形成文字资料，由任课教师评阅。

任务四　期末应收款项等减值业务核算

任务引例

想一想：该业务如何核算呢？

2021 年 12 月 31 日，鸿蒙软件股份有限公司计提坏账准备，应收账款分析表如图 5-17 所示。（期初坏账准备余额为 0）

2022 年 4 月 1 日，北京美味食品有限公司宣告破产，所欠款项 40 万元经批准予以核销，坏账处理意见如图 5-18 所示。

2022 年 6 月 15 日，收到已经核销的北京华宇股份有限公司所欠货款 30 万元，银行电子回单如图 5-19 所示。

2022 年 12 月 31 日，鸿蒙软件股份有限公司计提坏账准备，应收账款分析表如图 5-20 所示。

应收账款分析表

2021年12月31日

单位：元

应收账款逾期天数	应收账款余额	计提坏账百分比	应计提坏账准备
未逾期	125000000	0.3%	375000
逾期1—30天	9000000	2%	180000
逾期31—60天	6000000	5%	300000
逾期61—90天	5000000	9%	450000
逾期>90天	6500000	15%	975000
合计			2280000

图5-17　应收账款分析表

坏账处理意见

2021年05月01日，北京美味食品有限公司向本公司购买软件一套，款项40万元尚未支付。今北京美味食品有限公司宣告破产，所欠款项已确认无法收回，经批准予以核销。

鸿蒙软件股份有限公司

202[illegible]年04月01日

图5-18　坏账处理意见

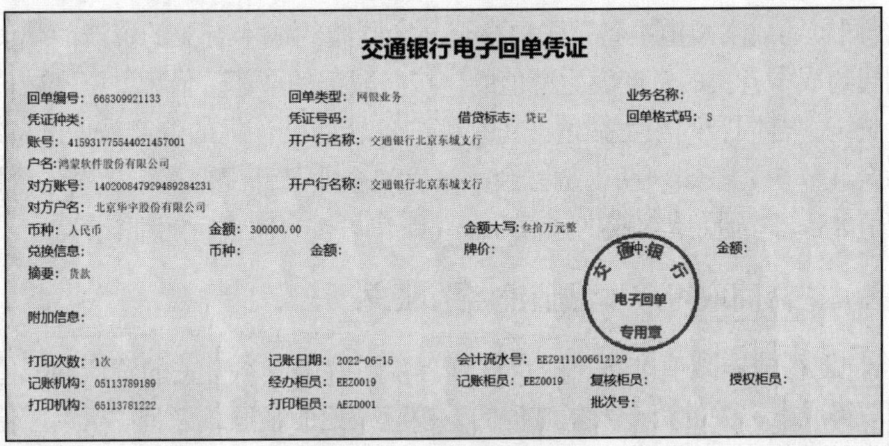

交通银行电子回单凭证

回单编号：668309921133　回单类型：网银业务　业务名称：

凭证种类：　凭证号码：　借贷标志：贷记　回单格式码：S

账号：4159317755440214557001　开户行名称：交通银行北京东城支行

户名:鸿蒙软件股份有限公司

对方账号：140200847929489284231　开户行名称：交通银行北京东城支行

对方户名：北京华宇股份有限公司

币种：人民币　金额：300000.00　金额大写:叁拾万元整

兑换信息：　币种：　金额：　牌价：　币种：　金额：

摘要：货款

附加信息：

打印次数：1次　记账日期：2022-06-15　会计流水号：EEZ9111006612129

记账机构：05113789189　经办柜员：EEZ0019　记账柜员：EEZ0019　复核柜员：　授权柜员：

打印机构：65113781222　打印柜员：AEZD001　批次号：

图5-19　银行电子回单

应收账款分析表

2022年12月31日

单位：元

应收账款逾期天数	应收账款余额	计提坏账百分比	应计提坏账准备
未逾期	162000000	0.3%	486000
逾期1—30天	7500000	2%	150000
逾期31—60天	9000000	5%	450000
逾期61—90天	6000000	9%	540000
逾期>90天	5600000	15%	840000
合计			2466000

图5-20　应收账款分析表

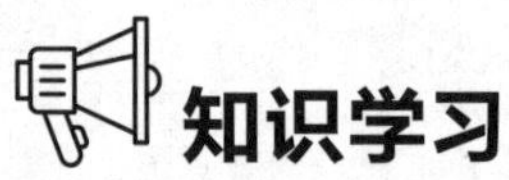

知识学习

一、应收款项等减值业务核算的账户设置

为了核算应收款项等减值业务，企业需要设置“坏账准备”“合同履约成本减值准备”“合同取得成本减值准备”“合同资产减值准备”等账户。

（一）“坏账准备”账户

“坏账准备”账户贷方登记当期计提的坏账准备、收回已转销的应收账款而恢复的坏账准备。该账户借方登记实际发生的坏账损失金额和冲减的坏账准备金额，期末贷方余额反映企业已计提但尚未转销的坏账准备。

（二）“合同履约成本减值准备”账户

“合同履约成本减值准备”账户核算与合同履约成本有关的资产的减值准备。与合同履约成本有关的资产发生减值的，按应减记的金额，借记“资产减值损失”账户，贷记“合同履约成本减值准备”账户；转回已计提的资产减值准备时，做相反的会计分录。该账户期末贷方余额，反映企业已计提但尚未转销的合同履约成本减值准备。“合同履约成本减值准备”账户可按合同进行明细核算。

（三）“合同取得成本减值准备”账户

“合同取得成本减值准备”账户核算与合同取得成本有关的资产的减值准备。与合同取得成本有关的资产发生减值的，按应减记的金额，借记“资产减值损失”账户，贷记“合同取得成本减值准备”账户；转回已计提的资产减值准备时，做

相反的会计分录。该账户期末贷方余额，反映企业已计提但尚未转销的合同取得成本减值准备。“合同取得成本减值准备”账户可按合同进行明细核算。

（四）“合同资产减值准备”账户

“合同资产减值准备”账户核算合同资产的减值准备。合同资产发生减值的，按应减记的金额，借记“资产减值损失”账户，贷记“合同资产减值准备”账户；转回已计提的资产减值准备时，做相反的会计分录。该账户期末贷方余额，反映企业已计提但尚未转销的合同资产减值准备。“合同资产减值准备”账户应按合同进行明细核算。

二、应收款项减值业务核算

技能点讲解

应收款项减值业务核算

企业的各项应收款项，可能会因购货人拒付、破产、死亡等原因而无法收回。这类无法收回的应收款项就是坏账。企业因坏账而遭受的损失为坏账损失或减值损失。

企业应当在资产负债表日对应收款项的账面价值进行评估，应收款项发生减值的，应当将减记的金额确认为减值损失，计提坏账准备。应收款项减值有两种核算方法，即直接转销法和备抵法。

请注意

我国企业会计准则规定，应收款项减值的核算应采用备抵法，不得采用直接转销法。

备抵法下，企业采用一定的方法按期估计坏账损失，计入当期损益；同时建立坏账准备，待坏账实际发生时，冲销已计提的坏账准备和相应的应收款项。采用这种方法时，财务报表上应列示应收款项的净额，方便财务报表使用者了解企业应收款项预期可收回的金额或真实的财务情况。

（一）计提坏账准备业务核算

具体来说坏账准备的计提方法有三种：余额百分比法、账龄分析法、销货百分比法。

1. 余额百分比法

余额百分比法是按照期末应收账款余额的一定百分比估计坏账损失的方法。坏账百分比由企业根据以往的资料或经验自行确定。在余额百分比法下，企业应在每个会计期末根据本期末应收账款的余额和相应的坏账百分比估计出期末坏账准备账户应有的余额，它与调整前坏账准备账户已有的余额的差额，就是当期应提（或应冲销）的坏账准备金额。

采用余额百分比法计提坏账准备的计算公式如下。

（1）首次计提坏账准备时：

当期应计提的坏账准备 = 期末应收账款余额 × 坏账准备计提百分比

（2）以后计提坏账准备时：

当期应计提的坏账准备 = 当期按应收账款计算应计提的坏账准备金额 + 坏账准备账户借方余额（或 - 坏账准备账户贷方余额）

2. 账龄分析法

账龄分析法是根据应收账款账龄的长短来估计坏账损失的方法。通常而言，应收账款的账龄越长，发生坏账的可能性越大。为此，将企业的应收账款按账龄长短进行分组，分别确定不同的计提百分比估算坏账损失，使坏账损失的计算结果更符合客观情况。

采用账龄分析法计提坏账准备的计算公式如下。

（1）首次计提坏账准备时：

当期应计提的坏账准备 =∑（期末各账龄组应收账款余额 × 各账龄组坏账准备计提百分比）

（2）以后计提坏账准备时：

当期应计提的坏账准备 = 当期按应收账款计算应计提的坏账准备金额 + 坏账准备账户借方余额（或 - 坏账准备账户贷方余额）

3. 销货百分比法

销货百分比法是根据企业销售总额的一定百分比估计坏账损失的方法。百分比按企业以往实际发生的坏账与销售总额的关系结合生产经营与销售政策变动情况测定。在实际工作中，企业也可以按赊销百分比估计坏账损失。

采用销货百分比法计提坏账准备的计算公式如下。

当期应计提的坏账准备 = 本期销售总额（或赊销额）× 坏账准备计提比例

当期按应收款项计算应提坏账准备金额大于“坏账准备”账户的贷方余额，应按其差额提取坏账准备；如果当期按应收款项计算应提坏账准备金额小于“坏账准备”账户的贷方余额，应按其差额冲减已计提的坏账准备。企业计提坏账准备时，借记“信用减值损失——计提的坏账准备”账户，贷记“坏账准备”账户。冲减多计提的坏账准备时，借记“坏账准备”账户，贷记“信用减值损失——计提的坏账准备”账户。

【练一练 5-7】12 月 31 日，甲公司应收丙公司的账款余额为 1 000 000 元，甲公司根据企业会计准则确定应计提坏账准备的金额为 100 000 元。甲公司应编制如下会计分录。

借：信用减值损失——计提的坏账准备　　100 000
　　贷：坏账准备　　100 000

（二）转销坏账业务核算

企业确实无法收回的应收款项按管理权限报经批准后作为坏账转销时，应当冲减已计提的坏账准备。企业实际发生坏账损失时，借记"坏账准备"账户，贷记"应收账款""其他应收款"等账户。

【练一练 5-8】甲公司应收丙公司的销货款实际发生坏账损失 30 000 元。甲公司应编制如下会计分录。

借：坏账准备　　30 000
　　贷：应收账款　　30 000

（三）收回已确认坏账并转销应收款项业务核算

已确坏账认并转销的应收款项以后又收回的，应当按照实际收到的金额增加坏账准备的账面余额。已确认坏账并转销的应收款项以后又收回时，借记"应收账款""其他应收款"等账户，贷记"坏账准备"账户；同时，借记"银行存款"账户，贷记"应收账款""其他应收款"等账户。

【练一练 5-9】1 月 20 日，甲公司收回已作为坏账转销的应收账款 20 000 元，已存入银行。甲公司应编制如下会计分录。

借：应收账款　　20 000
　　贷：坏账准备　　20 000
借：银行存款　　20 000
　　贷：应收账款　　20 000

引例分析

做一做：任务引例轻松搞定！

扫码看答案

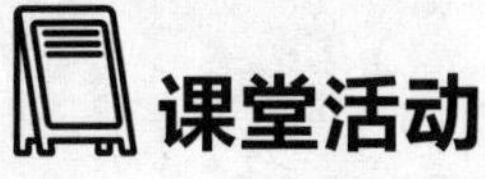

课堂活动

试一试：一起挑战高难度任务！

1. 以游戏形式按照随机组合方式将班级学生分成若干小组（每组 5 ～ 6 人）。

2. 各小组讨论练习，共同完成以下任务。

【业务1】2019年12月31日，北京吸多多有限公司编制坏账准备计提表，如图5-21所示，计提坏账准备。

坏账准备计提表

编制单位：北京吸多多有限公司　　2019年12月31日　　单位：元

应收账款	计提比例	估计坏账损失额	坏账准备期初账户余额	本期冲回坏账	本期应计提额
1200000.00	5%	60000.00	0.00	0.00	60000.00

审核人：郭浩宇　　制表人：李艳

图5-21　坏账准备计提表

【业务2】2020年6月30日，北京万发投资有限公司所欠款项15 000元确认为坏账。12月31日，北京君豪实业有限公司编制坏账准备计提表，如图5-22所示，计提坏账准备。

坏账准备计提表

编制单位：北京吸多多有限公司　　2020年12月31日　　单位：元

应收账款	计提比例	估计坏账损失额	坏账准备期初账户余额	本期冲回坏账	本期应计提额
1400000.00	5%	70000.00	60000.00	15000.00	25000.00

审核人：郭浩宇　　制表人：李艳

图5-22　坏账准备计提表

【业务3】2021年12月31日，北京天逸商贸有限公司宣告破产，所欠款项4 000元无法收回。

【业务4】2022年3月15日，北京吸多多有限公司收回北京华宇股份有限公司前欠货款10 000元，在此之前，已将该笔应收账款按坏账处理。

【任务要求】完成北京吸多多有限公司期末应收款项减值业务的账务处理。

3. 每个小组推荐一位代表汇报本组任务完成情况，说明解决相关问题的思路和方法。

4. 其他小组对其汇报进行评分。

5. 每个小组将汇报情况形成文字资料，由任课教师评阅。

素养提升

合同中的契约精神

契约精神在民主法治的形成过程中有着极为重要的作用，契约精神促进了商品交易的发展，为法治创造了经济基础，同时也为社会提供了良好的秩序。

契约精神的核心是诚信和守信。当事人在签订合同时，应该遵循真实、明确、公平、合法的原则，确保合同的有效性和合法性。在合同履行过程中，当事人应该全面、准确、及时地履行合同义务，确保合同的完整性和稳定性。当发生合同争议时，当事人应该通过协商、调解、仲裁等方式解决纠纷，维护合同关系的稳定和健康。

契约精神不仅是商业活动中的道德规范，也是法律规范。《中华人民共和国民法典》明确规定了契约精神的要求，要求当事人应该遵循诚实信用、平等自愿、公平合理的原则，履行诚实信用、谨慎选择、平等自愿、公平合理、诚实信用、及时履行等义务。

契约精神的重要性在于，它是商业活动中信誉和声誉的基础，是商业合作的重要保障。当事人在商业活动中遵循契约精神，可以增强商业信誉，提高商业合作的效率和质量，促进商业发展和社会进步。

项目小结

<table>
<tr><th colspan="3">1. 商品销售与收款业务核算</th></tr>
<tr><th colspan="2">业务内容</th><th>会计处理</th></tr>
<tr><td colspan="2">一般商品销售与收款业务</td><td>借：银行存款 / 应收账款 / 应收票据
　贷：主营业务收入
　　　应交税费——应交增值税（销项税额）
借：主营业务成本
　贷：库存商品</td></tr>
<tr><td rowspan="2">发出商品但不能确认收入业务</td><td>发出商品时</td><td>借：发出商品
　贷：库存商品</td></tr>
<tr><td>收到货款或取得收取货款权利时</td><td>借：银行存款 / 应收账款 / 应收票据
　贷：主营业务收入
　　　应交税费——应交增值税（销项税额）
借：主营业务成本
　贷：发出商品</td></tr>
<tr><td colspan="2">商业折扣销售与收款业务</td><td>同一般商品销售与收款业务</td></tr>
</table>

续

1. 商品销售与收款业务核算		
业务内容		会计处理
现金折扣销售与收款业务	确认收入时	借：银行存款 / 应收账款 / 应收票据 贷：主营业务收入 应交税费——应交增值税（销项税额） 借：主营业务成本 贷：库存商品
	收到货款时	借：银行存款 财务费用 贷：应收账款
销售退回业务		借：主营业务收入 应交税费——应交增值税（销项税额） 贷：银行存款 / 应收票据 / 应收账款 借：库存商品 贷：主营业务成本
合同资产业务	确认合同资产	借：合同资产 贷：主营业务收入 应交税费——待转销项税额 借：主营业务成本 贷：库存商品
	转销合同资产	借：应收账款 应交税费——待转销项税额 贷：合同资产 应交税费——应交增值税（销项税额）
	收到货款	借：银行存款 贷：应收账款
合同负债业务	收到预付款	借：银行存款 / 应收票据 贷：合同负债
	确认收入 结转成本	借：合同负债等 贷：主营业务收入 / 其他业务收入 应交税费——应交增值税（销项税额） 借：主营业务成本 贷：库存商品

续

<table>
<tr><th colspan="3">2. 劳务销售与收款业务核算</th></tr>
<tr><th colspan="2">业务内容</th><th>会计处理</th></tr>
<tr><td rowspan="2">在某一时段内履行履约义务的劳务销售与收款业务核算</td><td>发生成本</td><td>借：合同履约成本
　　贷：应付职工薪酬 / 原材料 / 银行存款</td></tr>
<tr><td>确认收入
结转成本</td><td>借：银行存款
　　贷：主营业务收入
　　　　应交税费——应交增值税（销项税额）
借：主营业务成本
　　贷：合同履约成本</td></tr>
</table>

<table>
<tr><th colspan="2">3. 其他销售业务核算</th></tr>
<tr><th>业务内容</th><th>会计处理</th></tr>
<tr><td>销售材料业务核算</td><td>借：银行存款
　　贷：其他业务收入
　　　　应交税费——应交增值税（销项税额）
借：其他业务成本
　　贷：原材料</td></tr>
</table>

<table>
<tr><th colspan="2">4. 期末应收款项等减值业务核算</th></tr>
<tr><th>业务内容</th><th>会计处理</th></tr>
<tr><td>计提坏账准备</td><td>借：信用减值损失——计提的坏账准备
　　贷：坏账准备</td></tr>
<tr><td>转销坏账</td><td>借：坏账准备
　　贷：应收账款 / 其他应收款</td></tr>
<tr><td>收回已确认坏账并转销应收款项</td><td>借：应收账款 / 其他应收款
　　贷：坏账准备
借：银行存款
　　贷：应收账款 / 其他应收款</td></tr>
</table>

即测即评

项目六

成本费用业务核算

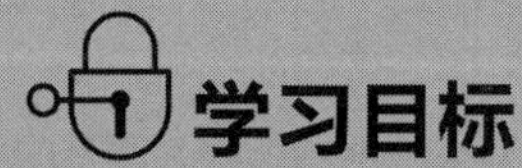

知识目标

1．掌握材料费用消耗、制造费用归集与分配业务的核算方法

2．掌握结转产品成本、期间费用业务的核算方法

技能目标

1．能正确识别和审核成本费用业务原始单据

2．能根据原始凭证准确编制材料费用消耗、制造费用归集与分配业务的记账凭证

3．能根据原始凭证准确编制结转产品成本业务、期间费用业务的记账凭证

素养目标

1．培养一丝不苟、严格要求、细致耐心的职业素养

2．培养对知识进行重构和创新的能力

学习任务

成本费用泛指企业在生产经营中所发生的各种资金耗费，包括制造成本和期间费用两类。制造成本是指按产品分摊的、与生产产品直接相关的费用；期间费用是企业日常活动发生的、不能计入特定核算对象的成本，而应计入发生当期损益的费用，包括管理费用、销售费用和财务费用。

任务一　材料费用消耗业务核算

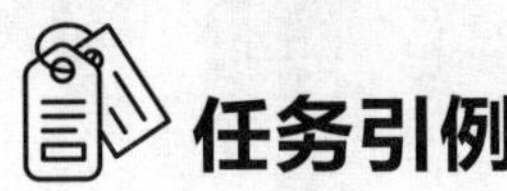

任务引例

2022 年 3 月 22 日，北京华谊制造有限公司第二生产车间领用一批一般工具，确认为低值易耗品，采用五五摊销法核算，领料单如图 6-1 所示。（注：该工具单位成本为 150 元。）

> **想一想**：该业务如何核算呢？

领　料　单

领料部门：第二生产车间

用　途：清理车间　　　　2022 年 03 月 22 日　　　　第 35 号

材料			单位	数量		成本	
编号	名称	规格		请领	实发	单价	总价
01	一般工具		个	20	20		
合计	--	--	--	--	--	--	

会计联

部门经理：王强龙　　会计：李连江　　仓库：吴吉尔　　经办人：李明才

图6-1　领料单

2022 年 6 月 12 日，该批工具报废，没有残值收入。

2022 年 4 月 4 日，北京华谊制造有限公司第一生产车间领用包装物，领料单如图 6-2 所示。（注：包装物采用一次转销法核算，单位成本为 46.8 元。）

2022 年 6 月 12 日，北京华谊制造有限公司第一生产车间领用刨花板，领料单如图 6-3 所示。（注：该原材料单位成本为 14.34 元。）

领　料　单

领料部门：第一生产车间

用　途：生产画板　　　　2022 年 04 月 04 日　　　　第 26 号

材料			单位	数量		成本		
编号	名称	规格		请领	实发	单价	总价	
01	包装物		件	100	100			会计联
合计	--	--	--	--	--	--		

部门经理：王浩明　　会计：李进江　　仓库：吴吉尔　　经办人：李明才

图6-2　领料单

领　料　单

领料部门：第一生产车间

用　途：生产画板　　　　2022 年 06 月 12 日　　　　第 56 号

材料			单位	数量		成本		
编号	名称	规格		请领	实发	单价	总价	
03	刨花板		平方米	1000.00	1000.00			会计联
合计	--	--	--	--	--	--		

部门经理：王浩明　　会计：李进江　　仓库：吴吉尔　　经办人：李明才

图6-3　领料单

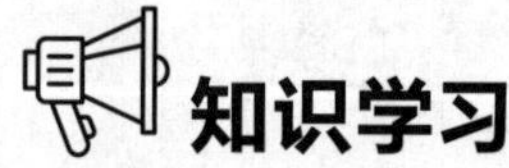

知识学习

一、原材料消耗业务核算

（一）实际成本法

技能点讲解

实际成本法下原材料消耗业务核算

企业采用实际成本进行材料日常核算的，发出材料的实际成本，可以采用先进先出法、月末一次加权平均法、移动加权平均法或个别计价法计算确定。

企业发出材料主要有以下几种情形。

（1）生产经营领用材料，企业按照领用材料的用途，借记“生产成本”“制造费用”“销售费用”“管理费用”等账户，贷记“原材料”账户。

（2）出售材料结转成本，借记“其他业务成本”账户，贷记“原材料”账户。

（3）发出委托外单位加工的材料，借记“委托加工物资”账户，贷记“原材料”账户。

【练一练 6-1】甲公司库存材料采用实际成本法核算，按先进先出法计算发出材料成本。3 月 1 日结存 B 材料 3 000 千克，每千克实际成本为 10 元；3 月 5 日和 3 月 20 日分别购入 B 材料 9 000 千克和 6 000 千克，每千克实际成本分别为 11 元和 12 元；3 月 10 日和 3 月 25 日分别发出 B 材料 10 500 千克和 6 000 千克，全部用于生产车间生产产品。3 月，B 材料发出和结存成本计算结果如下。

3 月 10 日发出 B 材料成本 =3 000×10+7 500×11=112 500（元）

3 月 25 日发出 B 材料成本 =（9 000−7 500）×11+4 500×12=70 500（元）

3 月发出 B 材料成本合计 =112 500+70 500=183 000（元）

3 月结存 B 材料成本合计 =（6 000−4 500）×12=18 000（元）

甲公司根据计算结果应编制如下会计分录。

3 月 10 日发出 B 材料时：

借：生产成本——基本生产成本　　112 500

　贷：原材料——B 材料　　112 500

3 月 25 日发出 B 材料时：

借：生产成本——基本生产成本　　70 500

　贷：原材料——B 材料　　70 500

【练一练 6-2】承【练一练 6-1】，假设采用月末一次加权平均法，计算 B 材料的成本如下。

B 材料平均单位成本 =（30 000+171 000）÷（3 000+15 000）=11.17（元）

本月发出 B 材料的成本 =16 500×11.17=184 305（元）

月末结存 B 材料的成本 =30 000+171 000−184 305=16 695（元）

甲公司 3 月 31 日结转 3 月发出 B 材料成本应编制如下会计分录。

借：生产成本——基本生产成本　　184 305

　贷：原材料——B 材料　　184 305

【练一练 6-3】承【练一练 6-1】，假设采用移动加权平均法，计算 B 材料的成本如下。

第一批收货后 B 材料的平均单位成本 =（30 000+99 000）÷（3 000+9 000）=10.75（元）

3 月 10 日发出 B 材料的成本 =10 500×10.75=112 875（元）

3 月 10 日结存的存货成本 =1 500×10.75=16 125（元）

借：生产成本——基本生产成本　　112 875

　贷：原材料——B 材料　　112 875

第二批收货后 B 材料的平均单位成本 =（16 125+72 000）÷（1 500+6 000）

=11.75（元）

3 月 25 日发出 B 材料的成本 =6 000 × 11.75=70 500（元）

3 月 25 日结存的存货成本 =1 500 × 11.75=17 625（元）

借：生产成本——基本生产成本　　　　　　　　70 500

　　贷：原材料——B 材料　　　　　　　　　　　　70 500

B 材料月末结存 1 500 千克，月末库存存货成本为 17 625 元；本月发出存货成本合计为 183 375 元（112 875+70 500）。

企业各生产单位及有关部门领用的材料具有种类多、业务频繁等特点时，为了简化核算，企业可以在月末根据领料单或限额领料单中有关领料的单位、部门等加以归类，编制“发料凭证汇总表”，据以编制记账凭证、登记入账。发出材料实际成本的确定，可以采用先进先出法、月末一次加权平均法、移动加权平均法和个别计价法等方法。计价方法一经确定，不得随意变更。如需变更，企业应在附注中予以说明。

（二）计划成本法

技能点讲解

计划成本法下原材料消耗业务核算

在企业采用计划成本对材料进行日常核算的情况下，企业发出材料的情形同实际成本法。

在实务中，为了简化核算，企业平时发出原材料不编制会计分录，通常在月末，根据领料单等编制“发料凭证汇总表”结转发出材料的计划成本，按计划成本分别借记“生产成本”“制造费用”“销售费用”“管理费用”“其他业务成本”“委托加工物资”等账户，贷记“原材料”账户，同时结转材料成本差异。

【练一练 6-4】乙公司为增值税一般纳税人，根据“发料凭证汇总表”的记录，某月 L 材料的消耗（计划成本）为：基本生产车间领用 2 000 000 元，辅助生产车间领用 600 000 元，车间管理部门领用 250 000 元，企业行政管理部门领用 50 000 元。乙公司采用计划成本进行材料日常核算，应编制如下会计分录。

借：生产成本——基本生产成本　　　　　　　　2 000 000

　　　　　　——辅助生产成本　　　　　　　　　600 000

　　制造费用　　　　　　　　　　　　　　　　　250 000

　　管理费用　　　　　　　　　　　　　　　　　 50 000

　　贷：原材料——L 材料　　　　　　　　　　　　2 900 000

根据《企业会计准则第 1 号——存货》的规定，企业日常采用计划成本核算的，发出的材料成本应由计划成本调整为实际成本，通过“材料成本差异”账

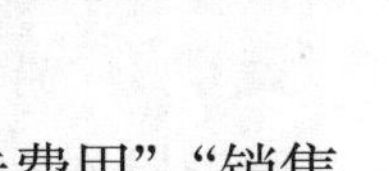

户进行结转，按照所发出材料的用途，分别记入“生产成本”“制造费用”“销售费用”“管理费用”“其他业务成本”“委托加工物资”等账户。发出材料应负担的成本差异应当按期（月）分摊，不得在季末或年末一次计算。计算公式如下：

本期材料成本差异率 =（期初结存材料的成本差异 + 本期验收入库材料的成本差异）÷（期初结存材料的计划成本 + 本期验收入库材料的计划成本）× 100%

发出材料应负担的成本差异 = 发出材料的计划成本 × 本期材料成本差异率

如果企业的材料成本差异率各期之间是比较均衡的，也可以采用期初材料成本差异率分摊本期的材料成本差异。年度终了，应对材料成本差异率进行核实调整。计算公式如下：

期初材料成本差异率 = 期初结存材料的成本差异 ÷ 期初结存材料的计划成本 × 100%

发出材料应负担的成本差异 = 发出材料的计划成本 × 期初材料成本差异率

【练一练 6-5】承【练一练 6-4】，乙公司为增值税一般纳税人，某月月初结存 L 材料的计划成本为 1 000 000 元，成本差异为超支 30 740 元；当月入库 L 材料的计划成本为 3 200 000 元，成本差异为节约 200 000 元。则：

材料成本差异率 =（30 740−200 000）÷（1 000 000+3 200 000）× 100%
=−4.03%

基本生产成本应分摊的材料成本差异节约额为 80 600 元（2 000 000 × 4.03%），辅助生产成本应分摊的材料成本差异节约额为 24 180 元（600 000 × 4.03%），制造费用应分摊的材料成本差异节约额为 10 075 元（250 000 × 4.03%），管理费用应分摊的材料成本差异节约额为 2 015 元（50 000 × 4.03%）。

结转发出材料的成本差异，乙公司应编制如下会计分录。

借：材料成本差异——L 材料	116 870	
贷：生产成本——基本生产成本		80 600
——辅助生产成本		24 180
制造费用		10 075
管理费用		2 015

二、周转材料消耗业务核算

（一）包装物

1. 生产领用包装物

生产领用包装物，应按照领用包装物的实际成本，借记

“生产成本”账户；按照领用包装物的实际成本或计划成本，贷记“周转材料——包装物”账户；按照其差额，借记或贷记“材料成本差异”账户。

【练一练 6-6】甲公司为增值税一般纳税人，对包装物采用计划成本核算，某月生产产品领用包装物的计划成本为 100 000 元，材料成本差异率为 -3%。甲公司应编制如下会计分录。

借：生产成本　　　　97 000

　　材料成本差异　　　　3 000

　　贷：周转材料——包装物　　　　100 000

本例中，由于是节约差异，因此借记“材料成本差异”账户。如果采用实际成本核算包装物，则“生产成本”账户和“周转材料”账户均反映包装物的实际成本。

2. 随同商品出售包装物

（1）随同商品出售而不单独计价的包装物，应于包装物发出时，按其实际成本计入销售费用，借记“销售费用”账户；按其实际成本或计划成本，贷记“周转材料——包装物”账户；按其差额，借记或贷记“材料成本差异”账户。

【练一练 6-7】甲公司为增值税一般纳税人，对包装物采用计划成本核算，某月销售商品领用不单独计价包装物的计划成本为 50 000 元，材料成本差异率为 3%。甲公司应编制如下会计分录。

借：销售费用　　　　51 500

　　贷：周转材料——包装物　　　　50 000

　　　　材料成本差异　　　　1 500

如果采用实际成本核算包装物，则“销售费用”账户和“周转材料”账户均反映包装物的实际成本。

（2）随同商品出售而单独计价的包装物，按照实际取得的金额，借记“银行存款”等账户；按照其销售收入，贷记“其他业务收入”账户；按照增值税专用发票上注明的增值税销项税额，贷记“应交税费——应交增值税（销项税额）”账户。同时，结转所销售包装物的成本，应按其实际成本计入其他业务成本，借记“其他业务成本”账户；按其实际成本或计划成本，贷记“周转材料——包装物”账户；按其差额，借记或贷记“材料成本差异”账户。

【练一练 6-8】甲公司为增值税一般纳税人，对包装物采用计划成本核算。某月销售商品领用单独计价包装物的计划成本为 80 000 元，销售收入为 100 000 元，取得的增值税专用发票上注明的增值税税额为 13 000 元，款项已存入银行。该包装物的材料成本差异率为 -3%。甲公司应编制如下会计分录。

出售单独计价包装物时：

借：银行存款　　113 000

　　贷：其他业务收入　　100 000

　　　　应交税费——应交增值税（销项税额）　　13 000

结转所售单独计价包装物的成本时：

借：其他业务成本　　77 600

　　材料成本差异　　2 400

　　贷：周转材料——包装物　　80 000

如果采用实际成本核算包装物，则“其他业务成本”账户和“周转材料”账户均反映包装物的实际成本，由于不存在成本差异，因此不需要设置“材料成本差异”账户，也不需要结转材料成本差异。

3. 出租或出借包装物

有时企业因销售产品或商品，将包装物以出租或出借的形式，租给或借给客户暂时使用，并与客户约定一定时间内收回包装物。

（1）出租或出借包装物的发出。

企业出租、出借包装物时，应根据包装物出库单等凭证列明的金额，借记“周转材料——包装物——出租包装物（或出借包装物）”账户，贷记“周转材料——包装物——库存包装物”账户。包装物如按计划成本计价，还应同时结转材料成本差异。

（2）出租或出借包装物的押金和租金。

为了保证客户及时返还和承担妥善保管包装物的经管责任，企业出租或出借包装物时，一般要向客户收取一定数额的押金，即存入保证金，归还包装物时将押金退还给客户。企业收取包装物押金时，借记“库存现金”“银行存款”等账户，贷记“其他应付款——存入保证金”账户；退还押金时，编制相反的会计分录。

出租包装物是企业（专门经营包装物租赁除外）的一项其他业务活动。出租期间，企业按约定收取的包装物租金，应计入其他业务收入，借记“库存现金”“银行存款”“其他应收款”等账户，贷记“其他业务收入”账户；按照计算的增值税销项税额，贷记“应交增值税（销项税额）”账户。

（3）出租或出借包装物发生的相关费用。

出租或出借包装物发生的相关费用包括两个方面：一是包装物的摊销费用，二是包装物的维修费用。企业按照规定的摊销方法，对包装物进行摊销时，借记“其他业务成本”账户（出租包装物）、“销售费用”账户（出借包装物），贷记“周转材料——包装物——包装物摊销”账户。

企业确认应由其负担的包装物修理费用等支出时，借记“其他业务成本”账户（出租包装物）、“销售费用”账户（出借包装物），贷记“库存现金”“银行存款”“原材料”“应付职工薪酬”等账户。

技能点讲解

低值易耗品消耗业务核算

（二）低值易耗品

低值易耗品等企业的周转材料符合存货定义和条件的，按照使用次数分次计入成本费用。金额较小的，可在领用时一次计入成本费用，但为加强实物管理，应当在备查簿中进行登记。

采用分次摊销法摊销低值易耗品，低值易耗品在领用时摊销其账面价值的单次平均摊销额。分次摊销法适用于可供多次反复使用的低值易耗品。在采用分次摊销法的情况下，需要单独设置“周转材料——低值易耗品——在用”“周转材料——低值易耗品——在库”“周转材料——低值易耗品——摊销”明细账户。领用周转材料时，借记“周转材料——低值易耗品——在用”账户，贷记“周转材料——低值易耗品——在库”账户。摊销周转材料时，借记“制造费用”等账户，贷记“周转材料——低值易耗品——摊销”账户。周转材料全部摊销后，借记“周转材料——低值易耗品——摊销”账户，贷记“周转材料——低值易耗品——在用”账户。

【练一练 6-9】甲公司为增值税一般纳税人，对低值易耗品采用实际成本核算，某月基本生产车间领用专用工具一批，实际成本为 100 000 元，不符合固定资产定义，采用分次摊销法进行摊销。该专用工具的估计使用次数为 2 次。甲公司应编制如下会计分录。

（1）领用专用工具时：

借：周转材料——低值易耗品——在用　　100 000

　　贷：周转材料——低值易耗品——在库　　100 000

（2）第一次领用时摊销其价值的一半：

借：制造费用　　50 000

　　贷：周转材料——低值易耗品——摊销　　50 000

（3）第二次领用时摊销其价值的一半：

借：制造费用　　50 000

　　贷：周转材料——低值易耗品——摊销　　50 000

同时：

借：周转材料——低值易耗品——摊销　　100 000

　　贷：周转材料——低值易耗品——在用　　100 000

做一做：任务引例轻松搞定！

扫码看答案

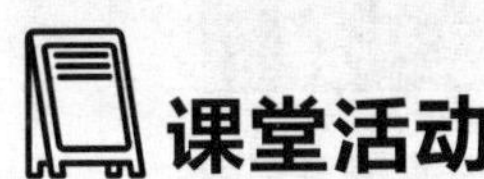

1．以游戏形式按照随机组合方式将班级学生分成若干小组（每组 5 ～ 6 人）。

试一试：一起挑战高难度任务！

2．各小组讨论练习，共同完成以下任务。

【业务 1】甲公司为增值税一般纳税人，对低值易耗品采用计划成本核算，某月基本生产车间领用专用工具一批，实际成本为 101 000 元，计划成本为 100 000 元，不符合固定资产定义，采用分次摊销法进行摊销。该专用工具的估计使用次数为 2 次，该专用工具的材料成本差异率为 1%。

【业务 2】甲公司在销售产品的过程中出租给乙企业包装物 500 只，每只包装物计划成本 40 元，每只包装物收取押金 50 元和租金 10 元，款项已存入银行。租用期满后，乙企业退回包装物 450 只，另外 50 只包装物乙企业逾期未退回，甲公司按合同没收押金 2 500 元，其余押金退回。包装物适用 13% 的增值税税率。假定包装物出租月份成本差异率为 2%。

【任务要求】完成甲公司材料费用消耗业务的账务处理。

3．每个小组推荐一位代表汇报本组任务完成情况，说明解决相关问题的思路和方法。

4．其他小组对其汇报进行评分。

5．每个小组将汇报情况形成文字资料，由任课教师评阅。

任务二 制造费用归集与分配业务核算

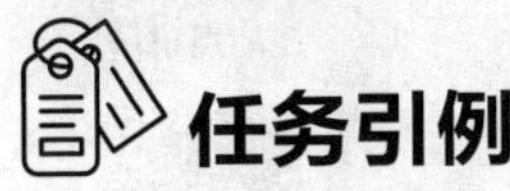

想一想：该业务如何核算呢？

2022 年 7 月 31 日，北京豪仕杰服饰有限公司分配职工薪酬，职工薪酬汇总表如图 6-4 所示。

2023 年 1 月 31 日，北京君豪实业有限公司计提当月的折旧，折旧计算表如图 6-5 所示。

职工薪酬汇总表

2022年07月31日　　　　金额单位：元

部门		短期薪酬						离职后福利		合计
		应付工资	缴费基数	医疗保险	工伤保险	住房公积金	工会经费	养老保险	失业保险	
				10.80%	0.20%	12.00%	2.00%	16.00%	0.80%	
生产车间	生产工人	642530.00	623000.00	67284.00	1246.00	74760.00	12850.60	99680.00	4984.00	903334.60
	管理人员	65230.00	59860.00	6464.88	119.72	7183.20	1304.60	9577.60	478.88	90358.88
管理部门		256300.00	215360.00	23258.88	430.72	25843.20	5126.00	34457.60	1722.88	347139.28
销售部门		294350.00	271530.00	29325.24	543.06	32583.60	5887.00	43444.80	2172.24	408305.94
合计		1258410.00	1169750.00	126333.00	2339.50	140370.00	25168.20	187160.00	9358.00	1749138.70

审核：崔亮　　　　制单：李心颖

图6–4　职工薪酬汇总表

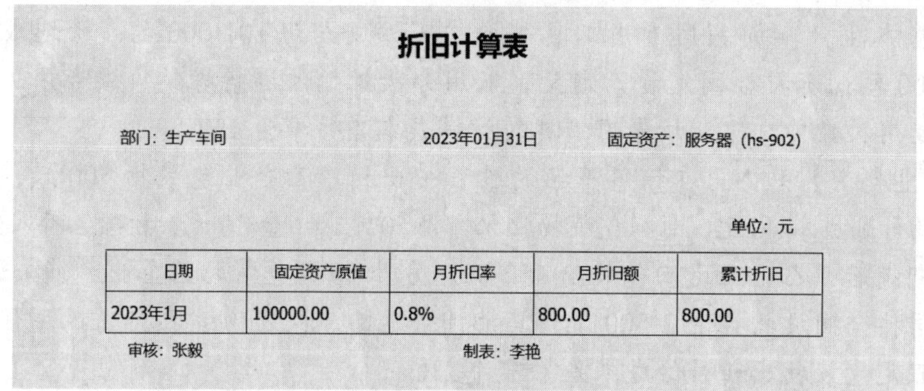

折旧计算表

部门：生产车间　　2023年01月31日　　固定资产：服务器（hs-902）

单位：元

日期	固定资产原值	月折旧率	月折旧额	累计折旧
2023年1月	100000.00	0.8%	800.00	800.00

审核：张毅　　制表：李艳

图6–5　折旧计算表

知识学习

企业应设置“制造费用”账户进行总分类核算。该账户应按不同的生产单位设立明细账户，并按照费用项目设立专栏或专户，分别反映生产单位各项制造费用的发生情况。“制造费用”账户属于成本费用类账户，借方登记归集发生的制造费用，贷方反映制造费用的分配，月末无余额。

技能点讲解

制造费用归集与分配业务核算

一、制造费用的归集

制造费用包括物料消耗，车间管理人员的薪酬，车间管理用房屋和设备的折旧费、租赁费和保险费，车间管理用具摊销，车间管理用的照明费、水费、取暖费、劳动保护费、设计制图费、试验检验费、差旅费、办公费，以及季节性及修理期间停工损失等。

基本生产车间和辅助生产车间发生的直接用于生产，但没有专设成本项目的各种材料成本，以及用于组织和管理生产活动的各种材料成本，应借记“制造费用”账户，贷记“原材料”等账户；基本生产车间和辅助生产车间管理人员的工资、福利费等职工薪酬，应记入“制造费用”账户和所属明细账户的借方，同时贷记“应付职工薪酬”账户。生产部门发生的其他归属于制造费用的费用，借记“制造费用”账户，并视具体情况，分别贷记“累计折旧”“银行存款”等账户。

二、制造费用的分配

企业发生的制造费用，应当按照合理的分配标准按月分配计入各成本核算对象的生产成本。制造费用的分配方法一经确定，不能随意变更。无论采用哪种分配方法，都应根据分配计算结果编制制造费用分配表，并根据制造费用分配表进行制造费用分配的总分类核算和明细核算。相关会计分录为借记“生产成本”账户，贷记“制造费用”账户。

引例分析

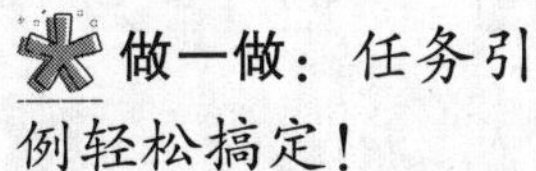

扫码看答案

课堂活动

1. 以游戏形式按照随机组合方式将班级学生分成若干小组（每组 5 ～ 6 人）。

试一试：一起挑战高难度任务！

2. 各小组讨论练习，共同完成以下任务。

【业务】甲公司铸造车间 5 月发生如下经济业务，请进行制造费用归集和分配的账务处理。

（1）分配车间管理人员工资费用 66 000 元，各种福利费 9 240 元；

（2）铸造车间固定资产应计提折旧 54 240 元；

（3）铸造车间本月购买办公用品，取得的增值税专用发票上注明金额 3 400 元，税额 442 元；

（4）本月以银行存款为铸造车间支付电费（照明用电）21 600 元，辅助生产车间本月为铸造车间提供一般耗用水费 6 760 元；

（5）铸造车间本月领用低值易耗品价值 1 050 元，低值易耗品的领用采用一次摊销法核算；

（6）本月以银行存款为铸造车间支付其他费用 3 000 元；

（7）月末将本月铸造车间发生的制造费用进行结转，转入“生产成本——基本生产成本”账户。企业只生产一种产品，制造费用不用在产品间进行结转。

【任务要求】完成甲公司制造费用归集与分配业务的账务处理。

3. 每个小组推荐一位代表汇报本组任务完成情况，说明解决相关问题的思路和方法。

4. 其他小组对其汇报进行评分。

5. 每个小组将汇报情况形成文字资料，由任课教师评阅。

任务三 结转产品成本业务核算

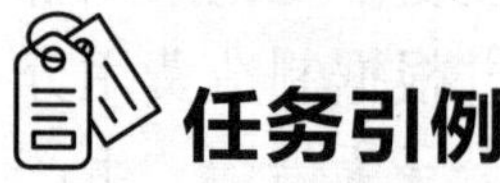

任务引例

想一想：该业务如何核算呢？

2022 年 11 月 30 日，北京锦兴加工有限公司结转完工产品成本，入库单如图 6-6 所示，完工产品成本计算表如图 6-7 所示。

入　　库　　单

2022 年 11 月 30 日　　　　单号 4889981

交来单位及部门	生产车间		验收仓库	成品库	入库日期	2022年11月30日	
编号	名称及规格	单位	数量		实际价格		财务联
			交库	实收	单价	金额	
010	一次性纸杯	个	750000.00	750000.00			
	合　　计	—	750000.00	750000.00			

部门经理：林大中　　会计：张宇　　经办人：黄逸　　制单人：林宏

图6-6　入库单

完工产品成本计算表

产品：一次性纸杯　　2022年11月30日

成本项目	直接材料	直接人工	制造费用	合计
月初在产品成本	4000.00	1500.00	800.00	6300.00
本月生产费用	62860.00	5844.00	9017.60	77721.60
成本合计	66860.00	7344.00	9817.60	84021.60
完工产品数量	750000.00	750000.00	750000.00	
在产品约当产量	82000.00	32800.00	32800.00	
产量合计	832000.00	782800.00	782800.00	
单位成本	0.0804	0.0094	0.0125	0.1023
完工产品成本	60300.00	7050.00	9375.00	76725.00
月末在产品成本	6560.00	294.00	442.60	7296.60

审核：叶子奇　　制表：张宇

图6-7　完工产品成本计算表

2022 年 4 月 10 日，北京豪仕杰服饰有限公司销售原材料一批（成本：200 元 / 平方米），结转销售原材料成本，出库单如图 6-8 所示。

出库单

出货单位：北京豪仕杰服饰有限公司　　2022 年 04 月 10 日　　单号：00123102

提货单位或领货部门	北京华宇股份有限公司	销售单号	34564410	发出仓库	第一仓库	出库日期	2022.04.10

编号	名称及规格	单位	数量 应发	数量 实发	单价	金额
Y01	成品革	平方米	300	300		
合计		--	--	--	--	

会计联

部门经理：林伟　　会计：李心颖　　仓库：林杰辉　　经办人：陈建忠

图6-8　出库单

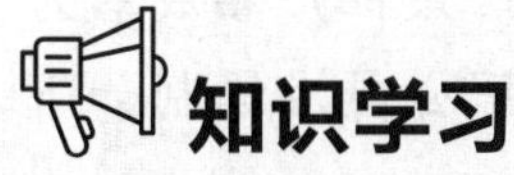

知识学习

一、结转完工产品成本业务核算

技能点讲解

结转完工产品成本业务核算

库存商品是指企业完成全部生产过程并已验收入库、合乎标准规格和技术条件，可以按照合同规定的条件送交订货单位，或可以作为商品对外销售的产品，以及外购或委托加工完成验收入库用于销售的各种商品。

为了反映和监督库存商品的增减变动及其结存情况，企业应当设置"库存商品"账户，借方登记验收入库的库存商品成本，贷方登记发出的库存商品成本，期末余额在借方，反映各种库存商品的实际成本。"库存商品"账户应按库存商品的种类、品种和规格设置明细账户进行核算。

对于库存商品采用实际成本核算的企业，当产品完成生产并验收入库时，应按实际成本，借记"库存商品"账户，贷记"生产成本——基本生产成本"账户。

二、结转销售产品成本业务核算

技能点讲解

结转销售产品成本业务核算

营业成本是指企业为生产产品、提供服务等发生的可归属于产品成本、服务成本等的费用，应当在确认销售商品收入、提供服务收入等时，将已销售商品、已提供服务的成本等计入当期损益。营业成本包括主营业务成本和其他业务成本。

（一）主营业务成本

主营业务成本是指企业销售商品、提供服务等经常性活动所发生的成本。企业一般在确认销售商品、提供服务等主营业务收入时，或在月末，将已销售商品、已提供服务的成本转入主营业务成本。企业应当设置“主营业务成本”账户，用于核算企业因销售商品、提供服务等日常活动而发生的实际成本，该账户按主营业务的种类进行明细核算。

企业结转已销售商品或提供服务成本时，借记“主营业务成本”账户，贷记“库存商品”“合同履约成本”等账户。期末，将主营业务成本的余额转入“本年利润”账户，借记“本年利润”账户，贷记“主营业务成本”账户，结转后“主营业务成本”账户无余额。

【练一练 6–10】5 月 20 日，甲公司向乙公司销售一批产品，开具的增值税专用发票上注明的价款为 200 000 元，增值税税额为 26 000 元。甲公司已收到乙公司支付的款项 226 000 元，并将提货单送交乙公司。该批产品成本为 190 000 元。该项销售业务属于某一时点履行的履约义务。甲公司应编制如下会计分录。

销售实现时：

借：银行存款　　226 000
　贷：主营业务收入　　200 000
　　　应交税费——应交增值税（销项税额）　　26 000

借：主营业务成本　　190 000
　贷：库存商品　　190 000

期末，将主营业务成本结转至本年利润时：

借：本年利润　　190 000
　贷：主营业务成本　　190 000

（二）其他业务成本

其他业务成本是指企业确认的除主营业务活动以外的其他日常经营活动所发生的支出。其他业务成本包括销售材料的成本、出租固定资产的折旧额、出租无形资产的摊销额、出租包装物的成本或摊销额等。

企业应当设置“其他业务成本”账户，核算企业确认的除主营业务活动以外的其他日常经营活动所发生的支出。“其他业务成本”账户按其他业务成本的种类进行明细核算。企业发生的其他业务成本，借记“其他业务成本”账户，贷记“原材料”“周转材料”“累计折旧”“累计摊销”“应付职工薪酬”“银行存款”

等账户。期末，“其他业务成本”账户余额转入“本年利润”账户，结转后“其他业务成本”账户无余额。

【练一练 6-11】5 月 10 日，某公司销售一批原材料，开具的增值税专用发票上注明的价款为 10 000 元，增值税税额为 1 300 元，款项已由银行收妥。该批原材料的实际成本为 7 000 元。该项销售业务属于某一时点履行的履约义务。该公司应编制如下会计分录。

销售实现时：

	借方	贷方
借：银行存款	11 300	
贷：其他业务收入		10 000
应交税费——应交增值税（销项税额）		1 300
借：其他业务成本	7 000	
贷：原材料		7 000

期末，将其他业务成本结转至本年利润时：

	借方	贷方
借：本年利润	7 000	
贷：其他业务成本		7 000

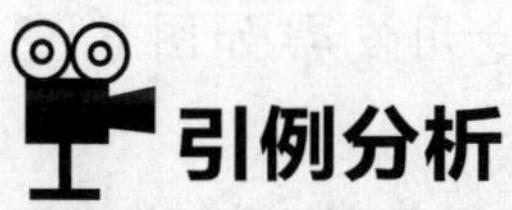

做一做：任务引例轻松搞定！

扫码看答案

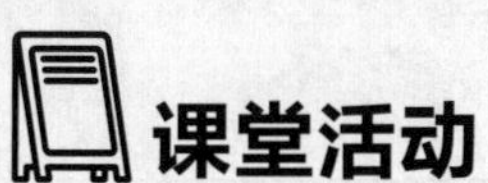

1. 以游戏形式按照随机组合方式将班级学生分成若干小组（每组 5 ～ 6 人）。

试一试：一起挑战高难度任务！

2. 各小组讨论练习，共同完成以下任务。

【业务 1】5 月 10 日，A 公司销售甲产品 100 件，单价 1 000 元，单位成本 800 元，开具的增值税专用发票上注明的价款为 100 000 元，增值税税额为 13 000 元，购货方尚未付款，该项销售业务属于某一时点履行的履约义务。7 月 25 日，因产品质量问题购货方退货，并要求开具增值税专用发票（红字）。

【业务 2】1 月 5 日，甲公司将自行开发完成的非专利技术出租给一家公司，该非专利技术成本为 240 000 元，双方约定的租赁期限为 10 年。

【业务 3】11 月 22 日，甲公司因销售商品领用单独计价的包装物的实际成本为 40 000 元，开具的增值税专用发票上注明价款为 100 000 元，增值税税额为 13 000 元，款项已存入银行。该项销售业务属于某一时点履行的履约义务。

【任务要求】编写A公司发生上述3项业务的会计分录。说明：业务2按A公司每月摊销非专利技术成本编写会计分录。

3．每个小组推荐一位代表汇报本组任务完成情况，说明解决相关问题的思路和方法。

4．其他小组对其汇报进行评分。

5．每个小组将汇报情况形成文字资料，由任课教师评阅。

任务四 期间费用业务核算

任务引例

> 想一想：该业务如何核算呢？

2022年7月25日，北京君豪实业有限公司支付电汇手续费，付款通知书如图6-9所示，增值税专用发票如图6-10所示。

2022年5月17日，北京君豪实业有限公司行政部门报销差旅费，差旅费报销单如图6-11所示，火车票如图6-12所示，增值税专用发票如图6-13所示。

2022年5月6日，北京君豪实业有限公司行政部门报销招待费，报销单如图6-14所示，增值税专用发票如图6-15所示。

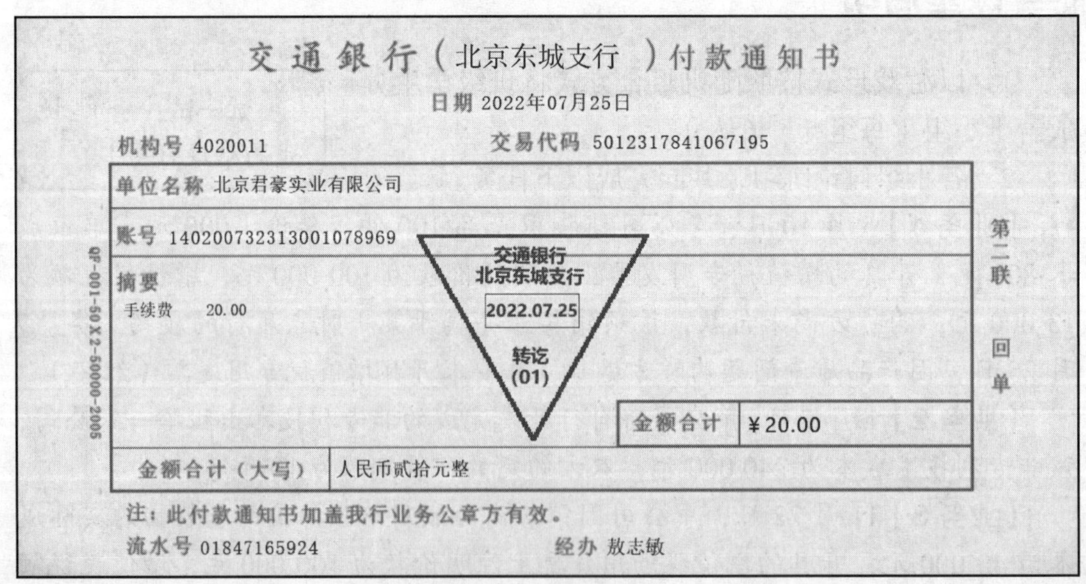

交通银行（北京东城支行）付款通知书

日期 2022年07月25日

机构号 4020011　　交易代码 5012317841067195

单位名称	北京君豪实业有限公司
账号	14020073231300l078969
摘要	手续费 20.00
金额合计	¥20.00
金额合计（大写）	人民币贰拾元整

注：此付款通知书加盖我行业务公章方有效。

流水号 01847165924　　经办 敖志敏

图6-9 付款通知书

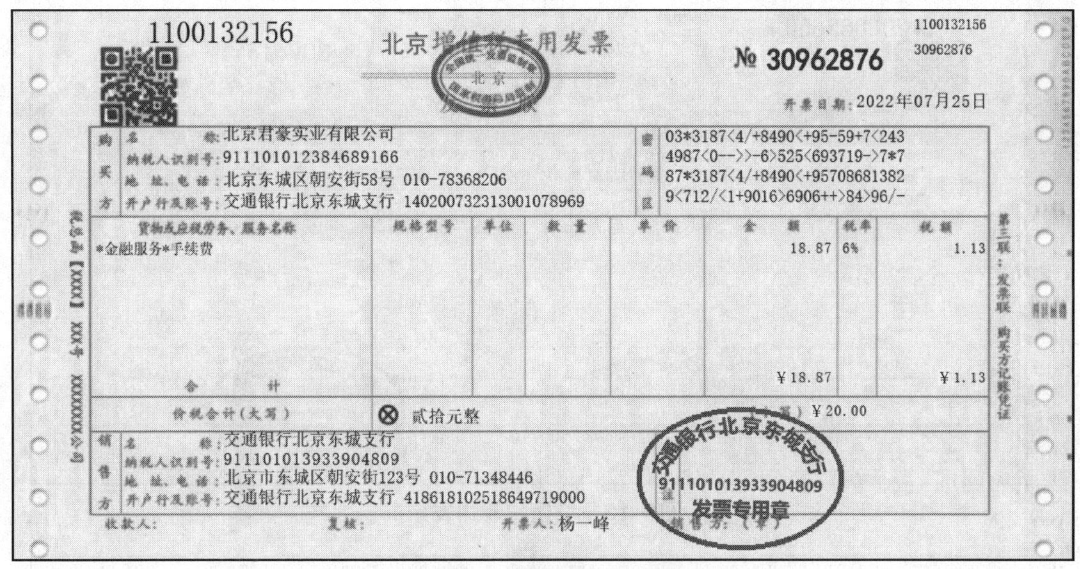

1100132156　　北京增值税专用发票　　№ 30962876　　1100132156　30962876

开票日期：2022年07月25日

购买方	名称：北京君豪实业有限公司 纳税人识别号：911101012384689166 地址、电话：北京东城区朝安街58号 010-78368206 开户行及账号：交通银行北京东城支行 1402007323130010789 69	密码区	03*3187<4/+8490<+95-59+7<243 4987<0-->>-6>525<693719->7*7 87*3187<4/+8490<+95708681382 9<712/<1+9016>6906++>84>96/-

货物或应税劳务、服务名称	规格型号	单位	数量	单价	金额	税率	税额
*金融服务*手续费					18.87	6%	1.13
合计					¥18.87		¥1.13
价税合计（大写）	⊗ 贰拾元整			（小写）¥20.00			

销售方	名称：交通银行北京东城支行 纳税人识别号：911101013933904809 地址、电话：北京市东城区朝安街123号 010-71348446 开户行及账号：交通银行北京东城支行 418618102518649719000	备注	

收款人：　　复核：　　开票人：杨一峰　　销售方：（章）

第三联：发票联　购买方记账凭证

图6-10　增值税专用发票

差旅费报销单

2022 年 05 月 17 日　　　　单据及附件共 3 张

所属部门				行政部门	姓名	赵敏	出差事由	培训	
出发		到达		起止地点		交通费	住宿费	伙食费	其他
月	日	月	日						
05	13	05	13	北京—天津		54.50			
05	16	05	16	天津—北京	现金付讫	54.50			
05	13	05	16	天津			1000.00		
合计	大写金额：壹仟壹佰零玖元整			¥1109.00	预支旅费			退回金额	
								补付金额	¥1109.00

总经理：张君豪　财务经理：郭浩宇　会计：李艳　出纳：陈晓红　部门经理：陈怡　报销人：赵敏

图6-11　差旅费报销单

A024102　津售

天津 站　D336次　北京 站

TianJin　BeiJing

2022年 05月 16日 17:38 开　01 车 002 号

¥ 54.50 元　一等座

限乘当日当次车

赵敏

1101011982****5063

2301-2402-26A0-0400-2　和谐号售

图6-12　火车票

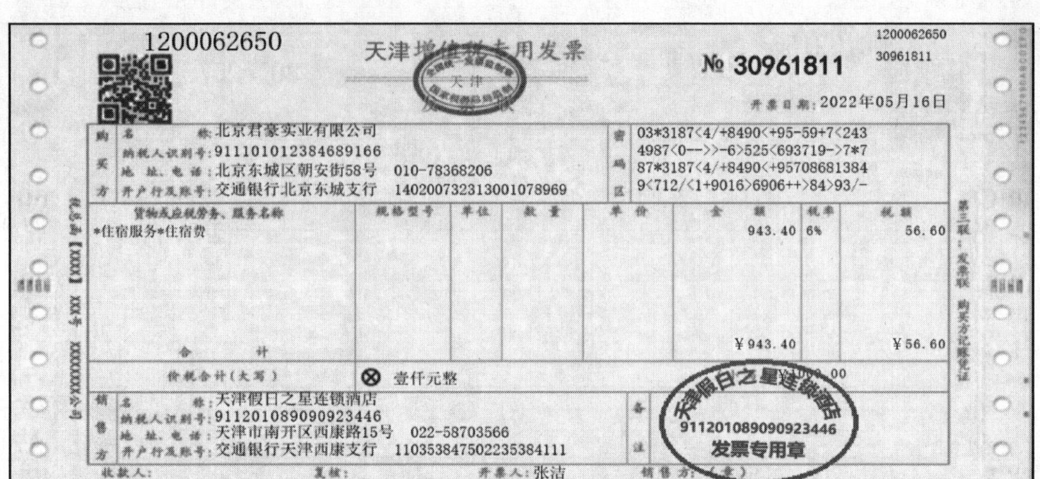

1200062650　天津增值税专用发票　№ 30961811　1200062650　30961811

开票日期：2022年05月16日

购买方	名　　称：北京君豪实业有限公司 纳税人识别号：911101012384689166 地 址、电 话：北京东城区朝安街58号　010-78368206 开户行及账号：交通银行北京东城支行　14020073231300107896 9	密码区	03*3187<4/+8490<+95-59+7<243 4987<0-->>-6>525<693719->7*7 87*3187<4/+8490<+95708681384 9<712/<1+9016>6906++>84>93/-

货物或应税劳务、服务名称	规格型号	单位	数量	单价	金额	税率	税额
*住宿服务*住宿费					943.40	6%	56.60
合　计					¥943.40		¥56.60
价税合计（大写）	⊗壹仟元整						[illegible]0.00

销售方	名　　称：天津假日之星连锁酒店 纳税人识别号：911201089090923446 地 址、电 话：天津市南开区西康路15号　022-58703566 开户行及账号：交通银行天津西康支行　110353847502235384111	备注	天津假日之星连锁酒店 911201089090923446 发票专用章

收款人：　　复核：　　开票人：张洁　　销售方：（章）

图6-13　增值税专用发票

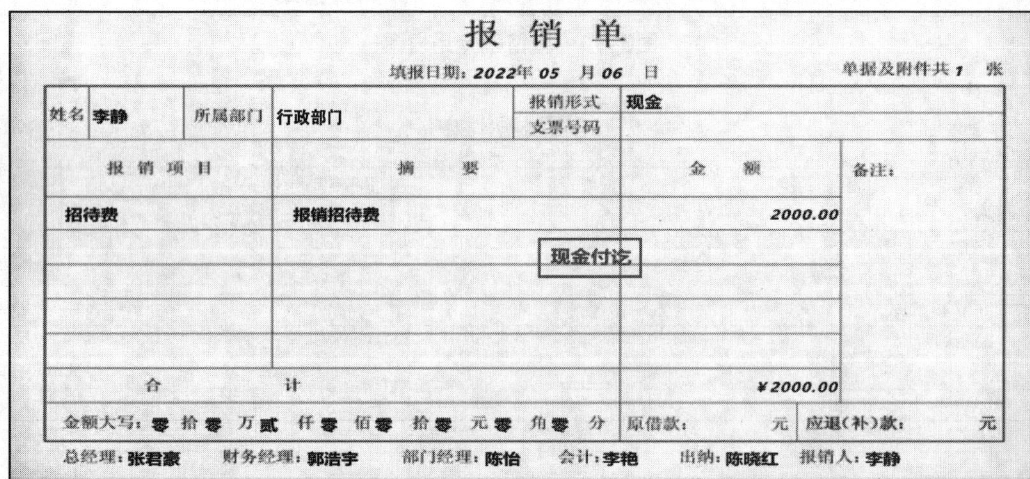

报　销　单

填报日期：2022年 05 月 06 日　　单据及附件共 1 张

姓名	李静	所属部门	行政部门	报销形式	现金
				支票号码	

报 销 项 目	摘　要	金　额	备注：
招待费	报销招待费	2000.00	
	现金付讫		
合　　计		¥2000.00	
金额大写：零 拾 零 万 贰 仟 零 佰 零 拾 零 元 零 角 零 分		原借款：　元	应退(补)款：　元

总经理：张君豪　财务经理：郭浩宇　部门经理：陈怡　会计：李艳　出纳：陈晓红　报销人：李静

图6-14　报销单

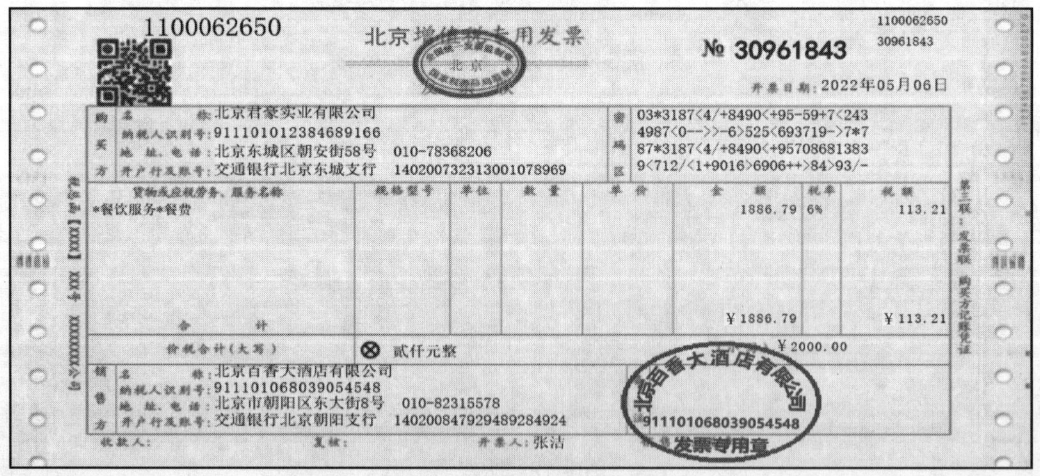

1100062650　北京增值税专用发票　№ 30961843　1100062650　30961843

开票日期：2022年05月06日

购买方	名　　称：北京君豪实业有限公司 纳税人识别号：911101012384689166 地 址、电 话：北京东城区朝安街58号　010-78368206 开户行及账号：交通银行北京东城支行　14020073231300107896 9	密码区	03*3187<4/+8490<+95-59+7<243 4987<0-->>-6>525<693719->7*7 87*3187<4/+8490<+95708681383 9<712/<1+9016>6906++>84>93/-

货物或应税劳务、服务名称	规格型号	单位	数量	单价	金额	税率	税额
*餐饮服务*餐费					1886.79	6%	113.21
合　计					¥1886.79		¥113.21
价税合计（大写）	⊗贰仟元整						¥2000.00

销售方	名　　称：北京百香大酒店有限公司 纳税人识别号：911101068039054548 地 址、电 话：北京市朝阳区东大街8号　010-82315578 开户行及账号：交通银行北京朝阳支行　14020084792948928492 4	备注	北京百香大酒店有限公司 911101068039054548 发票专用章

收款人：　　复核：　　开票人：张洁　　销售方：（章）

图6-15　增值税专用发票

2022 年 5 月 6 日，北京君豪实业有限公司支付广告费，增值税专用发票如图 6-16 所示，银行电子回单如图 6-17 所示。

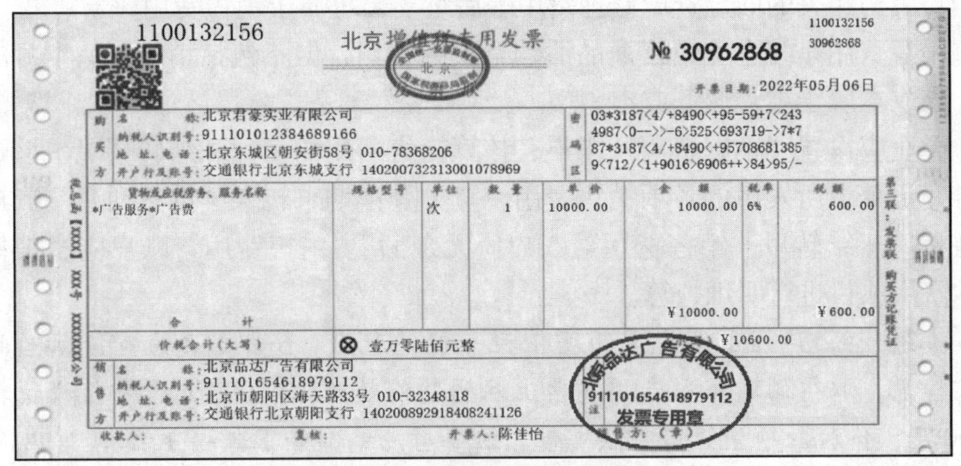

1100132156　　北京增值税专用发票　　№ 30962868　　1100132156　30962868

开票日期：2022年05月06日

购买方	名　　称：北京君豪实业有限公司 纳税人识别号：911101012384689166 地 址、电 话：北京东城区朝安街58号 010-78368206 开户行及账号：交通银行北京东城支行 140200732313001078969	密码区	03*3187<4/+8490<+95-59+7<243 4987<0-->>-6>525<693719->7*7 87*3187<4/+8490<+95708681385 9<712/<1+9016>6906++>84>95/-

货物或应税劳务、服务名称	规格型号	单位	数量	单价	金额	税率	税额
*广告服务*广告费		次	1	10000.00	10000.00	6%	600.00
合　　计					¥10000.00		¥600.00
价税合计（大写）	⊗ 壹万零陆佰元整				（小写）¥10600.00		

销售方	名　　称：北京品达广告有限公司 纳税人识别号：911101654618979112 地 址、电 话：北京市朝阳区海天路33号 010-32348118 开户行及账号：交通银行北京朝阳支行 140200892918408241126	备注	北京品达广告有限公司 911101654618979112 发票专用章

收款人：　　复核：　　开票人：陈佳怡　　销售方：（章）

第三联：发票联　购买方记账凭证

图6-16　增值税专用发票

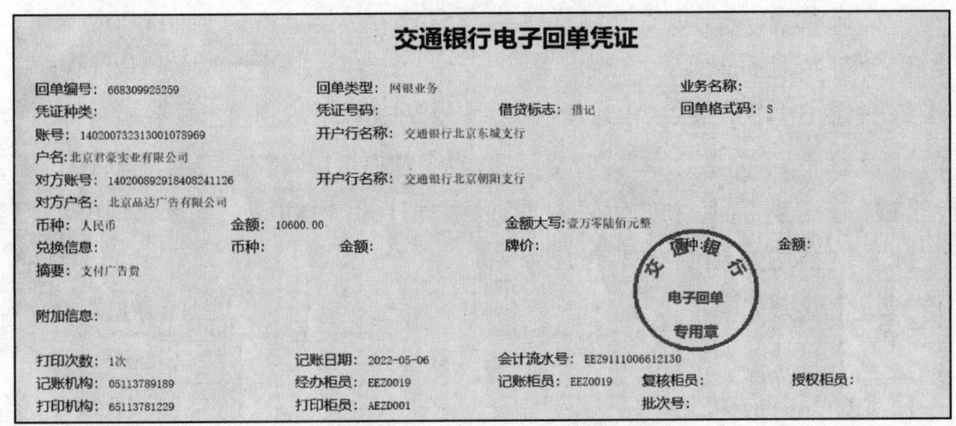

交通银行电子回单凭证

回单编号：668309925259	回单类型：网银业务		业务名称：	
凭证种类：	凭证号码：	借贷标志：借记	回单格式码：S	
账号：140200732313001078969	开户行名称：交通银行北京东城支行			
户名：北京君豪实业有限公司				
对方账号：140200892918408241126	开户行名称：交通银行北京朝阳支行			
对方户名：北京品达广告有限公司				
币种：人民币	金额：10600.00	金额大写：壹万零陆佰元整		
兑换信息：	币种：　金额：	牌价：		金额：
摘要：支付广告费				
附加信息：				
打印次数：1次	记账日期：2022-05-06	会计流水号：EEZ9111006612130		
记账机构：05113789189	经办柜员：EEZ0019	记账柜员：EEZ0019	复核柜员：	授权柜员：
打印机构：65113781229	打印柜员：AEZD001		批次号：	

交通银行 电子回单专用章

图6-17　银行电子回单

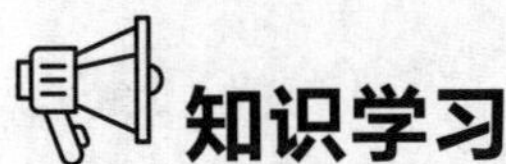

知识学习

期间费用是指企业日常活动发生的不能计入特定核算对象的成本，而应计入发生当期损益的费用。期间费用包括销售费用、管理费用和财务费用。

一、销售费用业务核算

销售费用是指企业销售商品和材料、提供服务的过程中发生的各种费用，包括企业在销售商品过程中发生的保险费、包装费、展览费和广告费、商品维修费、预计产品质量保证损失、

运输费、装卸费等，以及为销售本企业商品而专设的销售机构（含销售网点、售后服务网点等）的职工薪酬、业务费、折旧费等经营费用。企业发生的与专设销售机构相关的固定资产修理费用等后续支出也属于销售费用。

销售费用是与企业销售商品活动有关的费用，但不包括销售商品本身的成本，该成本属于主营业务成本。

企业应设置“销售费用”账户，核算销售费用的发生和结转情况。该账户借方登记企业所发生的各项销售费用，贷方登记期末转入“本年利润”账户的销售费用，结转后“销售费用”账户应无余额。“销售费用”账户应按销售费用的费用项目进行明细核算。

【练一练 6-12】某公司为增值税一般纳税人，6 月 1 日为宣传新产品发生广告费，取得的增值税专用发票上注明的价款为 100 000 元，增值税税额为 6 000 元，价税款项用银行存款支付。该公司应编制如下会计分录。

借：销售费用——广告费　　100 000
　　应交税费——应交增值税（进项税额）　　6 000
　　贷：银行存款　　106 000

【练一练 6-13】某公司为增值税一般纳税人，6 月 12 日销售一批产品，取得的增值税专用发票上注明的运输费为 7 000 元，增值税税额为 630 元，取得的增值税普通发票上注明的装卸费价税合计为 3 000 元，上述款项均用银行存款支付。该公司应编制如下会计分录。

借：销售费用　　10 000
　　应交税费——应交增值税（进项税额）　　630
　　贷：银行存款　　10 630

二、管理费用业务核算

管理费用是指企业为组织和管理生产经营发生的各种费用，包括企业在筹建期间发生的开办费、董事会和行政管理部门在企业的经营管理中发生的以及应由企业统一负担的公司经费（包括行政管理部门职工薪酬、物料消耗、低值易耗品摊销、办公费和差旅费等）、行政管理部门负担的工会经费、董事会费（包括董事会成员津贴、会议费和差旅费等）、聘请中介机构费、咨询费（含顾问费）、诉讼费、业务招待费、技术转让费、研究费用等。企业生产车间（部门）和行政管理部门发生的固定资产修理费用等后续支出，也作为管理费用核算。

企业应设置"管理费用"账户，核算管理费用的发生和结转情况。"管理费用"账户借方登记企业发生的各项管理费用，贷方登记期末转入"本年利润"账户的管理费用，结转后"管理费用"账户应无余额。"管理费用"账户按管理费用的费用项目进行明细核算。

【练一练 6-14】4 月 10 日，某公司为拓展产品销售市场发生业务招待住宿费 50 000 元，取得的增值税专用发票上注明的增值税税额为 3 000 元，已用银行存款支付全部款项。该公司应编制如下会计分录。

借：管理费用——业务招待费　　50 000
　　应交税费——应交增值税（进项税额）　　3 000
　贷：银行存款　　53 000

三、财务费用业务核算

财务费用是指企业为筹集生产经营所需资金等而发生的筹资费用，包括利息支出（减利息收入）、汇兑损益，以及相关的手续费、企业发生的现金折扣或收到的现金折扣等。

企业应设置"财务费用"账户，核算财务费用的发生和结转情况。"财务费用"账户借方登记企业发生的各项财务费用，贷方登记期末转入"本年利润"账户的财务费用，结转后"财务费用"账户应无余额。"财务费用"账户应按财务费用的费用项目进行明细核算。

【练一练 6-15】某公司于 12 月 1 日向银行借入生产经营用短期借款 360 000 元，期限 6 个月，年利率 5%，该借款本金到期后一次归还，利息分月预提，按季支付。该公司应编制如下会计分录。

每月末，预提当月应计利息：360 000 × 5% ÷ 12=1500（元）。

借：财务费用——利息支出　　1 500
　贷：应付利息　　1 500

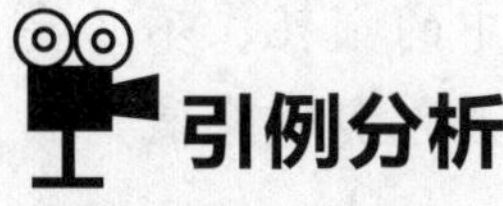

做一做：任务引例轻松搞定！

扫码看答案

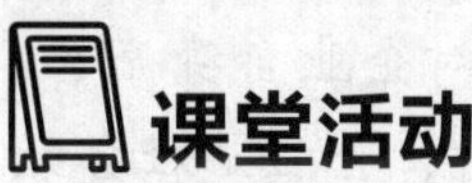

试一试：一起挑战高难度任务！

1. 以游戏形式按照随机组合方式将班级学生分成若干小组（每组 5 ～ 6 人）。

2. 各小组讨论练习，共同完成以下任务。

【业务1】甲公司为增值税一般纳税人，6 月 15 日用银行存款支付所销产品保险费合计 10 600 元，取得的增值税专用发票上注明的保险费为 10 000 元，增值税税额为 600 元。

【业务2】甲公司销售部 6 月共发生费用 220 000 元，其中：销售人员薪酬 100 000 元，销售部专用办公设备和房屋的折旧费 50 000 元，业务费 70 000 元（用银行存款支付）。

【业务3】6 月 30 日，甲公司计提管理部门固定资产折旧 50 000 元，摊销公司管理部门用无形资产成本 80 000 元。

【业务4】12 月 30 日，甲公司在购买材料业务中，获得对方给予的现金折扣 4 000 元。

【任务要求】完成甲公司期间费用的账务处理。

3. 每个小组推荐一位代表汇报本组任务完成情况，说明解决相关问题的思路和方法。

4. 其他小组对其汇报进行评分。

5. 每个小组将汇报情况形成文字资料，由任课教师评阅。

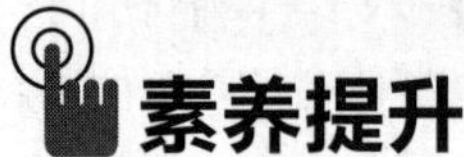

素养提升

加强成本管控　减少资源浪费

产品成本对企业利润影响很大。因此，企业要想实现利润最大化，核心任务就是最大限度地降低产品的生产成本。企业通过对产品生产方式的调整、经营方式的优化、组织结构的调整、组织形式的调节等方式，降低产品成本费用的支出，减少浪费。

企业通过成本管控，能减少各种生产机器、原材料的自然损耗，延长使用寿命；同时，杜绝人为贪污现象，最大限度地控制生产过程中的损耗、不必要的费用支出，以减少生产资料的损耗、提高资源利用效率，最终实现降低产品生产成本的目的。

成本管控对提升整个企业的生产效率有着重要的影响。对企业自身而言，企业成本管控降低了产品的成本、提高了资源利用效率。同时，企业是社会经济的基本要素之一，对全社会而言，提高企业资源利用效率对提高全社会的资源利用效率有着极大的促进作用。

项目小结

1. 材料费用消耗业务核算

业务内容		会计处理
原材料消耗业务——实际成本法	生产领用材料	借：生产成本 / 制造费用 / 销售费用 / 管理费用 　　贷：原材料
	出售材料	借：其他业务成本 　　贷：原材料
	发出委托外单位加工材料	借：委托加工物资 　　贷：原材料
原材料消耗业务——计划成本法	生产领用材料	借：生产成本 / 制造费用 / 销售费用 / 管理费用 　　贷：原材料 　　　　材料成本差异（或在借方）
	出售材料	借：其他业务成本 　　贷：原材料 　　　　材料成本差异（或在借方）
	发出委托外单位加工材料	借：委托加工物资 　　贷：原材料 　　　　材料成本差异（或在借方）
周转材料消耗业务——包装物	生产领用包装物	借：生产成本 　　贷：周转材料——包装物 　　　　材料成本差异（或在借方）
	随同商品出售而不单独计价的包装物	借：销售费用 　　贷：周转材料——包装物 　　　　材料成本差异（或在借方）
	随同商品出售而单独计价的包装物	借：银行存款 　　贷：其他业务收入 　　　　应交税费——应交增值税（销项税额） 借：其他业务成本 　　贷：周转材料——包装物 　　　　材料成本差异（或在借方）
	出租或出借包装物	摊销包装物时： 借：其他业务成本（出租包装物） 　　销售费用（出借包装物） 　　贷：周转材料——包装物——包装物摊销 包装物修理费用： 借：其他业务成本（出租包装物） 　　销售费用（出借包装物） 　　贷：库存现金 / 银行存款 / 原材料 / 应付职工薪酬
周转材料消耗业务——低值易耗品	一次摊销	借：制造费用 　　贷：周转材料——低值易耗品

续

1. 材料费用消耗业务核算		
业务内容		会计处理
周转材料消耗业务——低值易耗品	分次摊销	领用时： 借：周转材料——低值易耗品——在用 贷：周转材料——低值易耗品——在库 每次摊销时： 借：制造费用 贷：周转材料——低值易耗品——摊销 摊销结束时： 借：周转材料——低值易耗品——摊销 贷：周转材料——低值易耗品——在用

2. 制造费用归集与分配业务核算	
业务内容	会计处理
制造费用归集	借：制造费用 贷：原材料 / 应付职工薪酬 / 累计折旧 / 银行存款
制造费用分配	借：生产成本 贷：制造费用

3. 结转产品成本业务核算		
业务内容		会计处理
结转完工产品成本业务		借：库存商品 贷：生产成本——基本生产成本
结转销售产品成本业务	主营业务成本	借：主营业务成本 贷：库存商品 / 合同履约成本
	其他业务成本	借：其他业务成本 贷：原材料 / 周转材料 / 应付职工薪酬 / 累计折旧 / 累计摊销 / 银行存款等

4. 期间费用业务核算	
业务内容	会计处理
销售费用	借：销售费用 应交税费——应交增值税（进项税额） 贷：银行存款 / 应付职工薪酬 / 累计折旧等
管理费用	借：管理费用 应交税费——应交增值税（进项税额） 贷：银行存款 / 应付职工薪酬 / 累计折旧 / 累计摊销等
财务费用	借：财务费用 贷：银行存款 / 应付利息等

即测即评

项目七

财务成果业务核算

学习目标

知识目标

1. 掌握营业外收支业务、所得税费用业务的核算方法

2. 掌握利润分配业务的核算方法

技能目标

1. 能正确识别和审核财务成果业务原始单据

2. 能根据原始凭证准确编制营业外收支、所得税费用、利润分配业务的记账凭证

素养目标

1. 培养资本保值增值意识

2. 培养奉公守法、保守商业秘密的优良品质

学习任务

财务成果是企业在一定时期内全部经营活动反映在财务上的最终成果。财务成果业务，就是指企业净利润的形成和分配两方面的经济业务。工业企业的净利润是指企业的利润总额扣除所得税费用后的净额。企业的利润总额包括营业利润和营业外收支净额。

任务一 营业外收支业务核算

任务引例

> **想一想：**该业务如何核算呢？

2022 年 6 月 15 日，北京豪仕杰服饰有限公司收到员工罚款，收款收据如图 7-1 所示。

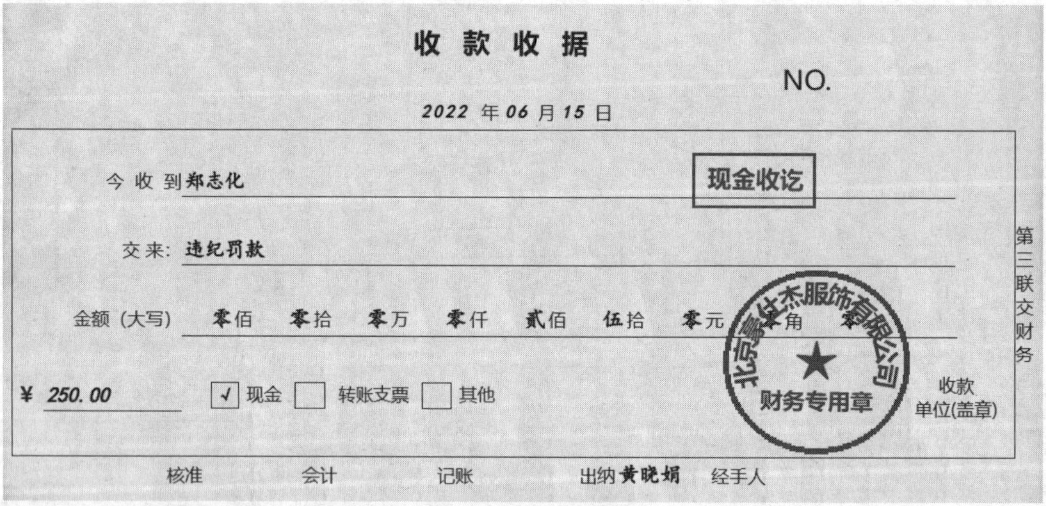

收 款 收 据

NO.

2022 年 06 月 15 日

今 收 到 郑志化　　现金收讫

交来：违纪罚款

金额（大写）　零佰　零拾　零万　零仟　贰佰　伍拾　零元　零角　零分

¥ 250.00　　☑ 现金　☐ 转账支票　☐ 其他　　收款单位(盖章)　北京豪仕杰服饰有限公司 财务专用章

核准　　会计　　记账　　出纳 黄晓娟　　经手人

第三联交财务

图7-1　收款收据

2022 年 8 月 6 日，北京君豪实业有限公司收到北京华宇股份有限公司捐赠的设备，捐赠合同如图 7-2 所示，增值税专用发票如图 7-3 所示，固定资产验收单如图 7-4 所示。

2022 年 6 月 1 日，北京君豪实业有限公司向北京希望工程基金会捐款，公益事业捐赠统一票据如图 7-5 所示，银行电子回单如图 7-6 所示。

捐赠合同

甲方（捐赠方）:北京华宇股份有限公司

乙方（受赠方）:北京君豪实业有限公司

为了支持乙方事业的发展，甲方向乙方捐赠数控机床（AE-08）一台，经双方商议达成以下合约。

一、甲方向乙方捐赠数控机床(AE-08)一台，用于支持乙方企业发展。

二、甲方有权与乙方就所捐赠设备的使用方式进行协商。

三、在正常使用过程中，如甲方需要使用所捐赠设备，双方协商一致后，乙方应优先考虑满足甲方需要。

四、如甲方对所捐赠的设备有附带要求，双方协商一致后，乙方要按照协商结果，保质保量完成甲方要求。

五、捐赠设备于签约当日送达乙方。

六、本合约一式两份，甲、乙双方各执一份。

七、本合约经双方签字盖章后生效。

图7-2　捐赠合同

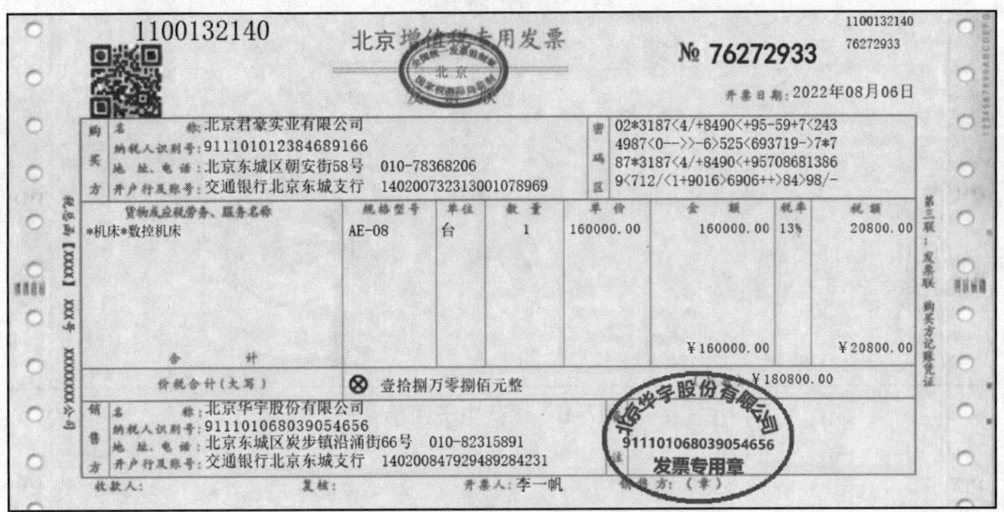

1100132140

北京增值税专用发票

№ 76272933

1100132140
76272933

开票日期：2022年08月06日

购买方
名　　称：北京君豪实业有限公司
纳税人识别号：911101012384689166
地 址、电 话：北京东城区朝安街58号　010-78368206
开户行及账号：交通银行北京东城支行　140200732313001078969

密码区
02*3187<4/+8490<+95-59+7<243
4987<0-->>-6>525<693719->7*7
87*3187<4/+8490<+95708681386
9<712/<1+9016>6906++>84>98/-

货物或应税劳务、服务名称	规格型号	单位	数量	单价	金额	税率	税额
*机床*数控机床	AE-08	台	1	160000.00	160000.00	13%	20800.00
合　计					¥160000.00		¥20800.00

价税合计（大写）　⊗ 壹拾捌万零捌佰元整　（小写）¥180800.00

销售方
名　　称：北京华宇股份有限公司
纳税人识别号：911101068039054656
地 址、电 话：北京东城区炭步镇沿涌街66号　010-82315891
开户行及账号：交通银行北京东城支行　140200847929489284231

收款人：　　复核：　　开票人：李一帆　　销售方：（章）

税总函【XXXX】XXX号 XXXXXXXX公司

第三联：发票联　购买方记账凭证

图7-3　增值税专用发票

固定资产验收单

2022 年 08 月 06 日　　　　编号：1145

<table>
<tr><td>名 称</td><td colspan="2">规格型号</td><td>来源</td><td>数量</td><td>购（造）价</td><td>使用年限</td><td>预计残值</td></tr>
<tr><td>数控机床</td><td colspan="2">AE-08</td><td>捐赠</td><td>1</td><td>160000.00</td><td>10</td><td>0.00</td></tr>
<tr><td>安装费</td><td colspan="2">月折旧率</td><td colspan="2">建造单位</td><td>交工日期</td><td colspan="2">附件</td></tr>
<tr><td>0.00</td><td colspan="2">0.83%</td><td colspan="2"></td><td>2022 年 08 月 06 日</td><td colspan="2"></td></tr>
<tr><td>验收部门</td><td>仓库</td><td>验收人员</td><td>王华</td><td>管理部门</td><td>管理部</td><td>管理人员</td><td>张强</td></tr>
<tr><td>备注</td><td colspan="7">不需安装</td></tr>
</table>

审核：张毅　　　　制单：李艳

图7-4　固定资产验收单

公益事业捐赠统一票据

UNIFIED INVOICE OF DONATION FOR PUBLIC WELFARE

国财 00202　　2022年 06月 01日 Y M D　　No 00158765

捐赠人Donor：北京君豪实业有限公司

捐赠项目 For purpose	实物（外币）种类 Material objects(Currency)	数量 Amount	金额 Total amount
捐赠款			50000.00
金额合计（小写）In Figures			¥50000.00
金额合计（大写）In Words 人民币伍万元整			

第二联 收据

接受单位（盖章）：Receiver's Seal　　复核人：陈贾 Verified by　　开票人：林逸峰 Handling Person

感谢您对公益事业的支持！Thank you for support of public welfare!

图7–5　公益事业捐赠统一票据

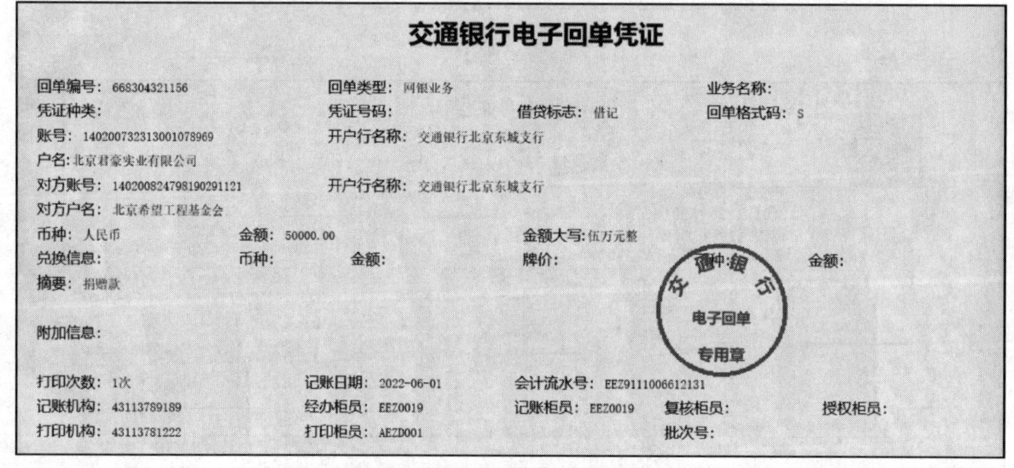

交通银行电子回单凭证

回单编号：668304321156　　回单类型：网银业务　　业务名称：

凭证种类：　　凭证号码：　　借贷标志：借记　　回单格式码：S

账号：140200732313001078969　　开户行名称：交通银行北京东城支行

户名：北京君豪实业有限公司

对方账号：140200824798190291121　　开户行名称：交通银行北京东城支行

对方户名：北京希望工程基金会

币种：人民币　　金额：50000.00　　金额大写：伍万元整

兑换信息：　　币种：　　金额：　　牌价：　　币种：　　金额：

摘要：捐赠款

附加信息：

打印次数：1次　　记账日期：2022-06-01　　会计流水号：EEZ9111006612131

记账机构：43113789189　　经办柜员：EEZ0019　　记账柜员：EEZ0019　　复核柜员：　　授权柜员：

打印机构：43113781222　　打印柜员：AEZD001　　批次号：

图7–6　银行电子回单

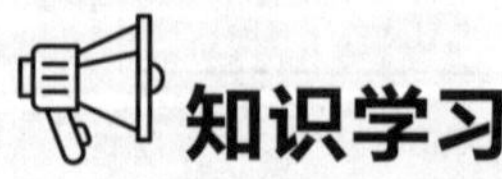

知识学习

一、利润的构成

技能点讲解　利润的构成

利润包括收入减去费用后的净额、直接计入当期利润的利得和损失等。利得是指由企业非日常活动所形成的、会导致所有者权益增加的、与所有者投入资本无关的经济利益的流入。损失是指由企业非日常活动所发生的、会导致所有者权益减少的、与向所有者分配利润无关的经济利益的流出。与利润相关的计算公式主要如下。

（一）营业利润

营业利润＝营业收入－营业成本－税金及附加－销售费用－管理费用－研发费用－财务费用＋其他收益＋投资收益（或－投资损失）＋净敞口套期收益（或－净敞口套期损失）＋公允价值变动收益（或－公允价值变动损失）－信用减值损失－资产减值损失＋资产处置收益（或－资产处置损失）

（1）其他收益，主要是指与企业日常活动相关，除冲减相关成本费用以外的政府补助。

（2）投资收益（或损失），是指企业以各种方式对外投资所取得的收益（或损失）。

（3）公允价值变动收益（或损失），是指企业交易性金融资产等公允价值变动形成的应计入当期损益的利得（或损失）。

（4）信用减值损失，是指企业计提各项金融工具信用减值准备所确认的信用损失。

（5）资产减值损失，是指企业计提有关资产减值准备所形成的损失。

（6）资产处置收益（或损失），反映企业出售划分为持有待售的非流动资产（金融工具、长期股权投资和投资性房地产除外）或处置组（子公司和业务除外）时确认的处置利得或损失，以及处置未划分为持有待售的固定资产、在建工程、生产性生物资产及无形资产而产生的处置利得或损失，还包括非货币性资产交换中换出非流动资产产生的利得或损失。

（二）利润总额

利润总额＝营业利润＋营业外收入－营业外支出

（三）净利润

净利润＝利润总额－所得税费用

二、营业外收入业务核算

营业外收入是指企业确认的与其日常活动无直接关系的各项利得。营业外收入并不是企业经营资金耗费所产生的，实际上是经济利益的净流入，不需要与有关的费用进行配比。营业外收入主要包括非流动资产毁损报废收益、与企业日常活动无关的政府补助、盘盈利得、捐赠利得等，其中的非流动资产毁

损报废收益，指因自然灾害等发生毁损、已丧失使用功能而报废非流动资产所产生的清理收益。

企业应设置“营业外收入”账户，核算营业外收入的取得及结转情况。该账户贷方登记企业确认的营业外收入，借方登记期末转入“本年利润”账户的营业外收入，结转后“营业外收入”账户无余额。“营业外收入”账户可按营业外收入项目进行明细核算。

（1）企业确认处置非流动资产毁损报废收益时，借记“固定资产清理”“银行存款”等账户，贷记“营业外收入”账户。

【练一练 7-1】某企业将固定资产报废清理的净收益 179 800 元转作营业外收入，应编制如下会计分录。

借：固定资产清理　　　　　　　　　　　　　　179 800

　　贷：营业外收入——非流动资产毁损报废收益　　　　179 800

（2）企业确认盘盈利得、捐赠利得计入营业外收入时，借记“银行存款”“待处理财产损溢”等账户，贷记“营业外收入”账户。

【练一练 7-2】某企业在现金清查中盘盈 200 元，按管理权限报经批准后转入营业外收入，应编制如下会计分录。

发现盘盈时：

借：库存现金　　　　　　　　　　　　　　200

　　贷：待处理财产损溢　　　　　　　　　　　　200

经批准转入营业外收入时：

借：待处理财产损溢　　　　　　　　　　　200

　　贷：营业外收入　　　　　　　　　　　　　　200

（3）期末，企业应将“营业外收入”账户余额转入“本年利润”账户，借记“营业外收入”账户，贷记“本年利润”账户，结转后“营业外收入”账户无余额。

三、营业外支出业务核算

技能点讲解

营业外支出业务核算

营业外支出是指企业发生的与其日常活动无直接关系的各项损失，主要包括非流动资产毁损报废损失、捐赠支出、盘亏损失、非常损失、罚款支出等。其中：非流动资产毁损报废损失，指因自然灾害等发生毁损、已丧失使用功能而报废非流动资产所产生的清理损失；非常损失，指企业因客观因素（如自然灾害等）造成的损失，扣除保险公司赔偿后应计入营业外支出的净损失；罚款支出，指企业支付的行政罚款、税务罚款，以及其他违反法律法规、合同或协议等而支付的罚款、违约金、赔偿金等支出。

企业应设置“营业外支出”账户，核算营业外支出的发生及结转情况。该账户借方登记确认的营业外支出，贷方登记期末转入“本年利润”账户的营业外支出，结转后“营业外支出”账户无余额。“营业外支出”账户可按营业外支出项目进行明细核算。

（1）企业确认处置非流动资产毁损报废损失时，借记“营业外支出”账户，贷记“固定资产清理”“无形资产”等账户。

【练一练 7–3】2 月 1 日，某公司一项价值 1 000 000 元的非专利技术由于被其他新技术所替代，公司决定将其转入报废处理，报废时已摊销 200 000 元，未计提减值准备。该公司应编制如下会计分录。

借：累计摊销　　200 000
　　营业外支出　　800 000
　　贷：无形资产　　1 000 000

（2）企业确认盘亏、罚款支出计入营业外支出时，借记“营业外支出”账户，贷记“待处理财产损溢”“库存现金”等账户。

【练一练 7–4】某企业用银行存款支付税款滞纳金 30 000 元，应编制如下会计分录。

借：营业外支出　　30 000
　　贷：银行存款　　30 000

（3）期末，企业应将“营业外支出”账户余额转入“本年利润”账户，借记“本年利润”账户，贷记“营业外支出”账户，结转后“营业外支出”账户无余额。

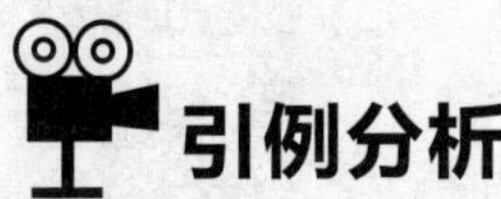

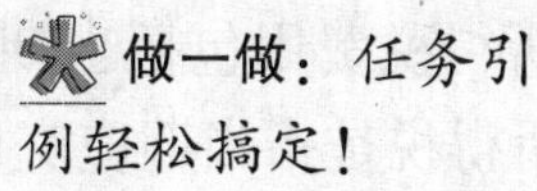

扫码看答案

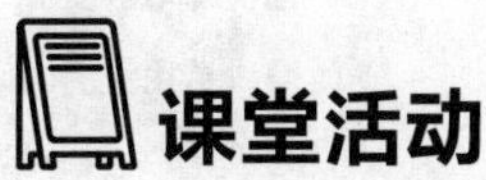

试一试：一起挑战高难度任务！

1. 以游戏形式按照随机组合方式将班级学生分成若干小组（每组 5 ～ 6 人）。

2. 各小组讨论练习，共同完成以下任务。

【业务 1】4 月 5 日，甲公司发生原材料自然灾害损失 270 000 元，经批准全部转作营业外支出。

【业务2】4月30日，甲公司用银行存款支付税款滞纳金30 000元。

【任务要求】完成甲公司营业外支出业务的账务处理。

3. 每个小组推荐一位代表汇报本组任务完成情况，说明解决相关问题的思路和方法。

4. 其他小组对其汇报进行评分。

5. 每个小组将汇报情况形成文字资料，由任课教师评阅。

任务二 所得税费用业务核算

任务引例

想一想：该业务如何核算呢？

2022年3月31日，北京豪仕杰服饰有限公司计提所得税，所得税计算表如图7-7所示。

所得税计算表

北京豪仕杰服饰有限公司　　2022年03月31日　　单位：元

项目	收入总额	成本费用总额	利润总额	计税金额	税率	应纳税额
金额	2400000.00	1954260.00	445740.00	445740.00	25%	111435.00

审核：崔亮　　制表：李心颖

图7-7　所得税计算表

知识学习

技能点讲解

所得税费用业务核算

企业的所得税费用包括当期所得税和递延所得税两部分。其中，当期所得税是指当期应交所得税，递延所得税包括递延所得税资产和递延所得税负债。

一、应交所得税的计算

应交所得税是指企业按照企业所得税法规定计算确定的，针对当期发生的交易和事项，应缴纳给税务部门的所得税金额，即当期应交所得税。

应交所得税＝应纳税所得额 × 所得税税率

其中，应纳税所得额是在企业税前会计利润（即利润总额）的基础上调整确定的，计算公式为：

应纳税所得额 = 税前会计利润 + 纳税调整增加额 - 纳税调整减少额

纳税调整增加额主要包括企业所得税法规定允许扣除项目中，企业已计入当期费用但超过税法规定扣除标准的金额（如超过企业所得税法规定标准的职工福利费、工会经费、职工教育经费、业务招待费、公益性捐赠支出、广告费和业务宣传费等），以及企业已计入当期损失但企业所得税法规定不允许扣除项目的金额（如税收滞纳金、罚金、罚款等）。

纳税调整减少额主要包括按企业所得税法规定允许弥补的亏损和准予免税的项目，如 5 年内未弥补亏损和国债利息收入等。

二、所得税费用业务具体核算

根据企业会计准则的规定，计算确定的当期所得税和递延所得税之和，即应从当期利润总额中扣除的所得税费用。

所得税费用 = 当期所得税 + 递延所得税

其中，

递延所得税 =（递延所得税负债的期末余额 - 递延所得税负债的期初余额）

-（递延所得税资产的期末余额 - 递延所得税资产的期初余额）

企业应设置“所得税费用”账户，核算企业所得税费用的确认及其结转情况：根据确认的当期所得税金额，借记“所得税费用”账户，贷记“应交税费——应交所得税”账户；根据确认的递延所得税金额，借记“递延所得税资产”账户，贷记“递延所得税负债”账户；根据转回的递延所得税金额，借记“递延所得税负债”账户，贷记“递延所得税资产”账户。期末，企业应将“所得税费用”账户的余额转入“本年利润”账户，借记“本年利润”账户，贷记“所得税费用”账户，结转后“所得税费用”账户应无余额。

【练一练 7-5】甲公司本年应交所得税税额为 5 000 000 元。递延所得税负债年初数为 400 000 元，年末数为 500 000 元。递延所得税资产年初数为 250 000 元，年末数为 200 000 元。

递延所得税 =（500 000-400 000）-（200 000-250 000）=150 000（元）

所得税费用 =5 000 000+150 000=5 150 000（元）

甲公司应编制如下会计分录。

借：所得税费用　　5 150 000

　　贷：应交税费——应交所得税　　5 000 000

　　　　递延所得税负债　　100 000

　　　　递延所得税资产　　50 000

引例分析

做一做：任务引例轻松搞定！

扫码看答案

课堂活动

试一试：一起挑战高难度任务！

1. 以游戏形式按照随机组合方式将班级学生分成若干小组（每组 5 ～ 6 人）。

2. 各小组讨论练习，共同完成以下任务。

【业务】6 月 30 日，北京豪仕杰服饰有限公司计提并结转企业所得税，损益类科目发生额如表 7-1 所示。

表 7-1　损益类科目发生额　单位：元

科目名称	贷方	科目名称	借方
主营业务收入	3 910 000	主营业务成本	2 147 600
其他业务收入	58 000	其他业务成本	32 000
营业外收入	38 500	营业外支出	16 000
资产处置收益	21 307	管理费用	380 688
其他收益	20 000	销售费用	14 560
投资收益	36 799	财务费用	1 268

【任务要求】完成甲公司所得税费用的账务处理。

3. 每个小组推荐一位代表汇报本组任务完成情况，说明解决相关问题的思路和方法。

4. 其他小组对其汇报进行评分。

5. 每个小组将汇报情况形成文字资料，由任课教师评阅。

任务三　利润分配业务核算

任务引例

想一想：该业务如何核算呢？

1. 2022 年 12 月 31 日，北京万发投资有限公司结转本月损益类科目，损益类科目发生额如表 7-2 所示。

2022 年 12 月 31 日，北京万发投资有限公司结转"本年利润"账户。（注：

2022 年 11 月末“本年利润”账户贷方余额为 642 000 元。)

表 7-2 损益类科目发生额 单位：元

科目名称	贷方	科目名称	借方
主营业务收入	350 000	主营业务成本	235 000
其他业务收入	5 000	其他业务成本	3 750
营业外收入	2 500	营业外支出	8 000
投资收益	15 000	税金及附加	2 200
		管理费用	32 000
		销售费用	16 000
		财务费用	8 150
		信用减值损失	6 000
合计	372 500	合计	311 100

2. 2022 年 12 月 31 日，北京华宇股份有限公司本年度实现的税后利润为 3 000 000 元，且不存在以前年度的亏损。公司决定按 10% 的比例提取法定盈余公积，按 5% 的比例提取任意盈余公积。公司董事会宣告按照 30% 的比例分配利润 900 000 元。

一、本年利润业务核算

（一）结转本年利润的方法

技能点讲解

本年利润业务核算

会计期末，结转本年利润的方法有表结法和账结法两种。

1. 表结法

表结法下，各损益类账户每月末只需结计出本月发生额和月末累计余额，不结转到“本年利润”账户，只有在年末时才将全年累计余额结转入“本年利润”账户。但每月末要将损益类账户的本月发生额合计数填入利润表的“本月数”栏，同时将本月末累计余额填入利润表的“本年累计数”栏，通过利润表计算反映各期的利润（或亏损）。

2. 账结法

账结法下，每月末均需编制转账凭证，将在账上结计出的各损益类账户的余额结转入“本年利润”账户。结转后“本年利润”账户的本月余额反映当月实现的利润或发生的亏损，“本年利润”账户的本年余额反映本年累计实现的利润或发生的亏损。

（二）结转本年利润业务核算

企业应设置“本年利润”账户，核算企业本年度实现的净利润（或发生的净亏损）。会计期末，企业应将“主营业务收入”“其他业务收入”“其他收益”“营业外收入”等账户的余额分别转入“本年利润”账户的贷方，将“主营业务成本”“其他业务成本”“税金及附加”“销售费用”“管理费用”“财务费用”“信用减值损失”“资产减值损失”“营业外支出”“所得税费用”等账户的余额分别转入“本年利润”账户的借方。

企业还应将“投资收益”“公允价值变动损益”“资产处置损益”账户的净收益转入“本年利润”账户的贷方，净损失转入“本年利润”账户的借方。结转后“本年利润”账户如为贷方余额，表示当年实现的净利润；如为借方余额，表示当年发生的净亏损。

年度终了，企业还应将“本年利润”账户的本年累计余额转入“利润分配——未分配利润”账户。结转后，“本年利润”账户应无余额。

二、利润分配业务核算

技能点讲解

利润分配业务核算

利润分配是指企业根据国家有关规定和企业章程、投资者协议等，对企业当年可供分配的利润进行分配。

可供分配的利润＝当年实现的净利润（或净亏损）＋年初未分配利润（或－年初未弥补亏损）＋其他转入

利润分配的顺序依次是：提取法定盈余公积、提取任意盈余公积、向投资者分配利润。

企业应通过“利润分配”账户，核算企业利润的分配（或亏损的弥补）和历年分配（或弥补亏损）后的未分配利润（或未弥补亏损）。该账户应分别设置“提取法定盈余公积”“提取任意盈余公积”“应付现金股利或利润”“盈余公积补亏”“未分配利润”等进行明细核算。企业未分配利润通过“利润分配——未分配利润”明细账户进行核算。年度终了，企业应将全年实现的净利润或发生的净亏损，自“本年利润”账户转入“利润分配——未分配利润”账户，并将“利润分配”账户所属其他明细账户的余额，转入“未分配利润”明细账户。结转后，“利润分配——未分配利润”账户如为贷方余

额，表示累积未分配的利润金额；如为借方余额，则表示累积未弥补的亏损金额。

【练一练 7-6】甲股份有限公司年初未分配利润为 0，本年实现净利润 2 000 000 元，本年提取法定盈余公积 200 000 元，宣告发放现金股利 800 000 元，假定不考虑其他因素。甲股份有限公司应编制如下会计分录。

（1）结转实现净利润时：

借：本年利润　　2 000 000

　贷：利润分配——未分配利润　　2 000 000

（2）提取法定盈余公积、宣告发放现金股利时：

借：利润分配——提取法定盈余公积　　200 000

　　　　　——应付现金股利或利润　　800 000

　贷：盈余公积——法定盈余公积　　200 000

　　　应付股利　　800 000

（3）将“利润分配”账户所属其他明细账户的余额结转至“未分配利润”明细账户：

借：利润分配——未分配利润　　1 000 000

　贷：利润分配——提取法定盈余公积　　200 000

　　　　　　——应付现金股利或利润　　800 000

需要说明的是，如企业当年发生亏损，应借记“利润分配——未分配利润”账户，贷记“本年利润”账户。

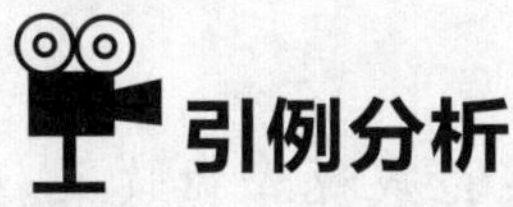

引例分析

做一做：任务引例轻松搞定！

扫码看答案

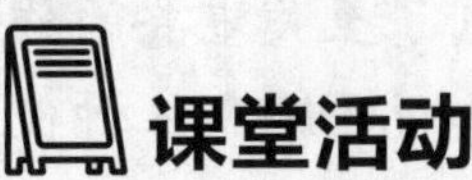

课堂活动

1. 以游戏形式按照随机组合方式将班级学生分成若干小组（每组 5～6 人）。

试一试：一起挑战高难度任务！

2. 各小组讨论练习，共同完成以下活动任务。

【业务】乙公司 2022 年损益类科目发生额如表 7-3 所示（该企业采用表结法年末一次结转损益类账户，所得税税率为 25%），完成乙公司年末结转本年利润的会计分录。

表 7–3　损益类科目发生额　　单位：元

科目名称	贷方	科目名称	借方
主营业务收入	6 000 000	主营业务成本	4 000 000
其他业务收入	700 000	其他业务成本	400 000
营业外收入	50 000	营业外支出	250 000
其他收益	150 000	税金及附加	80 000
投资收益	1 000 000	管理费用	770 000
		销售费用	500 000
		财务费用	300 000
合计	7 900 000	合计	6 300 000

【任务要求】完成甲公司结转本年利润的账务处理。

3. 每个小组推荐一位代表汇报本组任务完成情况，说明解决相关问题的思路和方法。

4. 其他小组对其汇报进行评分。

5. 每个小组将汇报情况形成文字资料，由任课教师评阅。

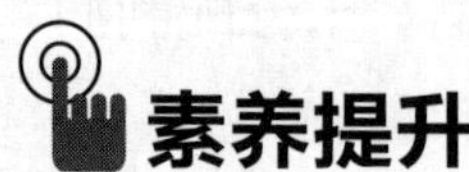

素养提升

减免企业所得税　释放利润空间

为减轻企业负担，促进经济结构转型升级，我国持续实施减税降费政策。企业所得税作为我国主要税种，其优惠政策在减税降费中起到了至关重要的作用。企业所得税优惠政策主要可以分为税额减免、税基减免和税率减免三种优惠方式，例如：企业购置并实际使用环境保护、节能节水、安全生产等专用设备的税额抵免政策；从事农、林、牧、渔业项目的所得及符合条件的技术转让所得减免税额政策；小型微利企业所得税优惠政策；高新技术企业税率优惠政策；对西部地区的税收优惠政策等。

企业所得税的减免政策让企业轻装上阵，释放了利润空间；让市场发展更有活力，帮助企业有效应对市场风险和成本压力；促进企业加大研发投入和科技创新力度，谋求新的经济增长点，促进了我国经济结构转型升级。

项目小结

1. 营业外收支业务核算

业务内容		会计处理
营业外收入业务核算	确认处置非流动资产毁损报废收益	借：固定资产清理 　贷：营业外收入 借：累计摊销 　贷：无形资产 　　营业外收入
	确认盘盈利得	借：待处理财产损溢 　贷：营业外收入
	确认捐赠利得	借：银行存款 / 原材料等 　贷：营业外收入
营业外支出业务核算	确认处置非流动资产毁损报废损失	借：累计摊销 　营业外支出 　贷：无形资产 借：营业外支出 　贷：固定资产清理
	确认盘亏损失	借：营业外支出 　贷：待处理财产损溢
	确认罚款损失	借：营业外支出 　贷：银行存款

2. 所得税费用业务核算

业务内容	会计处理
计提所得税费用	借：所得税费用 　贷：应交税费——应交所得税 　　递延所得税负债（或在借方） 　　递延所得税资产（或在借方）

续

3. 利润分配业务核算		
业务内容		会计处理
结转本年利润	结转收入	借：主营业务收入 / 其他业务收入 / 其他收益 / 营业外收入 / 投资收益 / 公允价值变动损益 / 资产处置损益 贷：本年利润
	结转支出	借：本年利润 贷：主营业务成本 / 其他业务成本 / 税金及附加 / 销售费用 / 管理费用 / 财务费用 / 信用减值损失 / 资产减值损失 / 营业外支出 / 所得税费用 / 投资收益 / 公允价值变动损益 / 资产处置损益
利润分配	结转本年利润	借或贷：本年利润 贷或借：利润分配——未分配利润
	提取盈余公积	借：利润分配——提取法定盈余公积 ——提取任意盈余公积 贷：盈余公积——法定盈余公积 ——任意盈余公积
	宣告发放现金股利	借：利润分配——应付现金股利或利润 贷：应付股利
	结转“利润分配”明细科目	借：利润分配——未分配利润 贷：利润分配——提取法定盈余公积 ——提取任意盈余公积 ——应付现金股利或利润

即测即评

项目八

财产清查业务核算

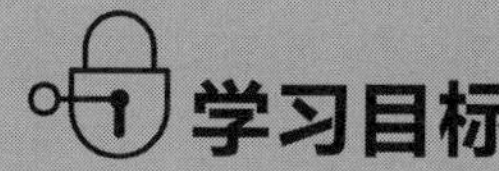

学习目标

知识目标

1. 掌握货币资金清查业务的核算方法
2. 掌握存货清查业务的核算方法
3. 掌握固定资产清查业务的核算方法

技能目标

1. 能正确识别和审核财产清查业务原始单据
2. 能根据原始凭证准确编制货币资金清查业务的记账凭证
3. 能根据原始凭证准确编制存货清查业务的记账凭证
4. 能根据原始凭证准确编制固定资产清查业务的记账凭证

素养目标

1. 培养正确的价值观，在工作中坚守职业道德
2. 培养科学的质疑精神

学习任务

财产清查是对各项财产、物资进行实地盘点和核对，查明财产物资、货币资金和结算款项的实有数额，确定其账面结存数额和实际结存数额是否一致，保证账实相符的一种专门方法。

任务一 货币资金清查业务核算

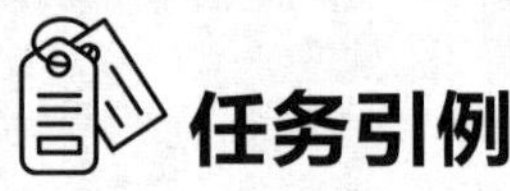

任务引例

想一想：该业务如何核算呢？

2022 年 8 月 31 日，北京君豪实业有限公司对库存现金进行盘点，并对盘盈情况进行处理。库存现金盘点表如图 8-1 所示，库存现金盘盈处理意见如图 8-2 所示。

库存现金盘点表

2022 年 08 月 31 日　　单位：元

票面额	张数	金额	票面额	张数	金额
壹佰元	30	3000	伍　角		
伍拾元	8	400	贰　角		
贰拾元	5	100	壹　角		
拾　元	10	100	伍　分		
伍　元			贰　分		
贰　元			壹　分		
壹　元			合　计		¥3600
库存现金日记账账面余额					¥3500
差额					¥100
盘盈库存现金100元，原因待查。 处理意见：					

审批人（签章）：　　监盘人（签章）：张毅　　盘点人（签章）：陈晓红

图8-1　库存现金盘点表

库存现金盘盈处理意见

兹有库存现金盘盈人民币壹佰元整，查明出纳在支付工资时少支付王海人民币伍拾元整（￥50.00），其余部分因未能查明原因，经研究决定计入当期损益。

审批人:张君豪

日期:2022年08月31日

图8–2　库存现金盘盈处理意见

一、库存现金清查业务核算

库存现金的清查应该采用实地盘存制，即实地盘点库存现金的数量，并与库存现金日记账的余额相互核对，检查账实是否相符。清查完库存现金后，由出纳人员填写库存现金盘点报告表，并由清查人员（盘点人）和出纳人员共同签章。

企业发生库存现金盘盈时，借记“库存现金”账户，贷记“待处理财产损溢——待处理流动资产损溢”账户。按管理权限报经批准后，借记“待处理财产损溢——待处理流动资产损溢”账户，按应支付给有关人员或单位的金额贷记“其他应付款”账户；无法查明原因的部分，贷记“营业外收入”账户。

企业发生库存现金盘亏时，借记“待处理财产损溢——待处理流动资产损溢”账户，贷记“库存现金”账户。按管理权限报经批准后，应由责任人赔偿或保险公司赔偿的部分，借记“其他应收款”账户；无法查明原因的部分，借记“管理费用”账户。

二、银行存款清查业务核算

银行存款的清查通过存款单位与开户银行对账进行，这种方法叫作“对账单法”。存款单位与开户银行对账之前，应检查银行存款账户记录是否完整正确，确认无误后再逐一核对银行存款的收款凭证和付款凭证是否全部入账，检查账证是否相符。

如果会计人员发现账证不符的现象，应考虑两种可能性。一种可能性是双方账簿记录发生错记、漏记。遇到这种情况，会计人员要及时核对并更正账簿。另一种可能性是双方凭证传递时间有差异，导致发生未达账项。遇到这种情况，会计人员应编制银行存款余额调节表，对未达账项进行调节。

若调节后的银行对账单余额与银行存款日记账的余额相符，则证明清查结果无误；反之，就要继续核查，直至找出错漏之处。

引例分析

做一做：任务引例轻松搞定！

扫码看答案

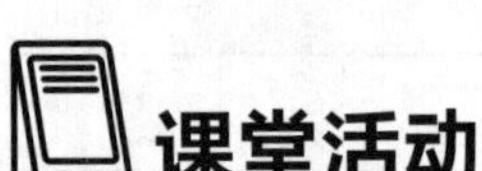

课堂活动

试一试：一起挑战高难度任务！

1．以游戏形式按照随机组合方式将班级学生分成若干小组（每组 5 ～ 6 人）。

2．各小组讨论练习，共同完成以下任务。

【业务】2022 年 7 月 31 日，北京君豪实业有限公司对库存现金进行盘点，盘点金额为 4 400 元，库存现金账面余额为 4 500 元。通过调查发现，盘亏原因为出纳人员工作失职。经研究决定，由出纳人员赔偿 50 元，其余部分由公司承担。

【任务要求】完成北京君豪实业有限公司货币资金清查业务的账务处理。

3．每个小组推荐一位代表汇报本组任务完成情况，说明解决相关问题的思路和方法。

4．其他小组对其汇报进行评分。

5．每个小组将汇报情况形成文字资料，由任课教师评阅。

任务二 存货清查业务核算

任务引例

想一想：该业务如何核算呢？

2022 年 12 月 31 日，北京君豪实业有限公司盘点存货，发现存货盘亏。外购货物均适用 13% 增值税税率，进项税额已抵扣。当日，公司查明盘亏是由管理不善造成的，公司决定将所有损失计入当期损益，存货盘点报告表如图 8-3 所示。

存货盘点报告表

单位名称：北京君豪实业有限公司　　2022年12月31日　　单位：元

编号	类别及名称	计量单位	单价	实存		账存		对比结果				备注
								盘盈		盘亏		
				数量	金额	数量	金额	数量	金额	数量	金额	
02	点读机	台	1000.00	19	19000.00	20	20000.00			1	1000.00	待查

第一联 财务联

监盘人：元明园　　盘点人：赵州桥　　(第 12 页共 12 页)

图8-3　存货盘点报告表

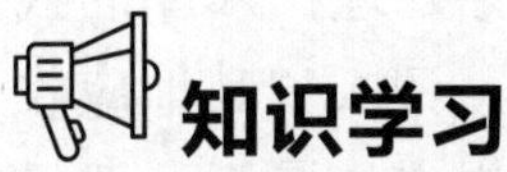

知识学习

存货清查是指通过对存货的实地盘点，确定存货的实有数量，并与账面结存数核对，从而确定存货实存数与账面结存数是否相符的一种专门方法。

由于存货种类繁多、收发频繁，在日常收发过程中可能发生计量错误、计算错误、自然损耗、损坏变质等情况，造成账实不符，形成存货的盘盈、盘亏。对于存货的盘盈、盘亏，会计人员应填写存货盘点报告，及时查明原因，按照规定程序报批处理。

为了反映和监督企业在财产清查中查明的各种存货的盘盈、盘亏和毁损情况，企业应当设置“待处理财产损溢”账户，借方登记存货的盘亏、毁损金额及盘盈的转销金额，贷方登记存货的盘盈金额及盘亏的转销金额。企业清查的各种存货损溢，应在期末结账前处理完毕，期末处理后，“待处理财产损溢”账户应无余额。

技能点讲解

存货盘盈与盘亏业务核算

一、存货盘盈业务核算

企业发生存货盘盈时，借记“原材料”“库存商品”等账户，贷记“待处理财产损溢——待处理流动资产损溢”账户；按管理权限报经批准后，借记“待处理财产损溢——待处理流动资产损溢”账户，贷记“管理费用”账户。

【练一练 8-1】甲公司在财产清查中盘盈J材料1 000千克，实际单位成本 60 元，经查 J 材料盘盈属于材料收发计量方面的错误。甲公司应编制如下会计分录。

（1）批准处理前：

借：原材料　　60 000

　　贷：待处理财产损溢——待处理流动资产损溢　　60 000

（2）批准处理后：

借：待处理财产损溢——待处理流动资产损溢　　60 000

　　贷：管理费用　　60 000

二、存货盘亏及毁损业务核算

企业发生存货盘亏及毁损时，借记“待处理财产损溢——待处理流动资产损溢”账户，贷记“原材料”“库存商品”“应交税费——应交增值税（进项税额转出）”等账户。在按管理权限报经批准后，应做如下账务处理：入库的残料价值，记入“原材料”等账户；保险公司和过失人的赔款，记入“其他应收款”账户；扣除残料价值和保险公司、过失人的赔款后的净损失，属于一般经营损失的部分记入“管理费用”账户，属于非常损失的部分记入“营业外支出”等账户。

【练一练 8-2】甲公司在财产清查中发现毁损 L 材料 300 千克，实际成本为 30 000 元，相关增值税专用发票上注明的增值税税额为 3 900 元。经查 L 材料盘亏是由材料保管员的过失造成的，按规定由其个人赔偿 20 000 元。甲公司应编制如下会计分录。

（1）批准处理前：

借：待处理财产损溢——待处理流动资产损溢　　33 900

　　贷：原材料　　30 000

　　　　应交税费——应交增值税（进项税额转出）　　3 900

（2）批准处理后：

借：其他应收款　　20 000

　　管理费用　　13 900

　　贷：待处理财产损溢——待处理流动资产损溢　　33 900

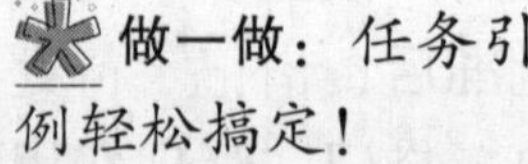

扫码看答案

课堂活动

> 试一试：一起挑战高难度任务！

1．以游戏形式按照随机组合方式将班级学生分成若干小组（每组 5 ～ 6 人）。

2．各小组讨论练习，共同完成以下任务。

【业务 1】甲公司为增值税一般纳税人，因台风造成一批库存材料毁损，实际成本为 70 000 元，相关增值税专用发票上注明的增值税税额为 9 100 元。根据保险合同约定，应由保险公司赔偿 50 000 元。

【业务 2】甲公司对原材料进行盘点，账载数量 2 090 千克，实际盘点数量 2 100 千克，原材料单价 20 元 / 千克。调查发现盘盈的原材料是由收发计量错误造成的，经决定盘盈的原材料计入当期损益。

【任务要求】完成甲公司存货清查业务的账务处理。

3．每个小组推荐一位代表汇报本组任务完成情况，说明解决相关问题的思路和方法。

4．其他小组对其汇报进行评分。

5．每个小组将汇报情况形成文字资料，由任课教师评阅。

任务三　固定资产清查业务核算

任务引例

> 想一想：该业务如何核算呢？

2022 年 8 月 18 日，北京君豪实业有限公司进行固定资产盘点，发现盘盈固定资产 1 台，固定资产盘盈盘亏报告表如图 8-4 所示。

固定资产盘盈盘亏报告表

2022 年 08 月 18 日　　单位：元

类别	名称规格	单位	存放地点	账面数量	实物数量	盘盈		盘亏				原因
						数量	重置成本	数量	原值	已提折旧	月折旧额	
232119	数控机床（AE-08）	台	生产部	10	11	1	80000.00					原因待查
合计		—	--	--	--	—	¥80000.00	--			—	—

使用部门：李永忠　　会计：李艳　　主管：王强东

第一联：会计联

图8-4　固定资产盘盈盘亏报告表

2022 年 8 月 25 日北京君豪实业有限公司进行所得税费用的调整，余额转入留存收益。（注：公司适用企业所得税税率为 25%，按 10% 提取法定盈余公积。）

知识学习

为保证固定资产核算的真实性，充分挖掘企业现有固定资产的潜力，企业应当定期或者至少于每年年末对固定资产进行清查盘点。在固定资产清查过程中，如果发现盘盈、盘亏的固定资产，应当填制固定资产盘盈盘亏报告表。清查固定资产的损溢，应当及时查明原因，并按照规定程序报批处理。

一、固定资产盘盈业务核算

企业在财产清查中盘盈的固定资产，根据《企业会计准则第 28 号——会计政策、会计估计变更和差错更正》的规定，应当作为重要的前期差错进行会计处理。企业在财产清查中盘盈的固定资产，在按管理权限报经批准处理前，应先通过“以前年度损益调整”账户核算。

盘盈的固定资产，应按重置成本确定其入账价值，借记“固定资产”账户，贷记“以前年度损益调整”账户；由于以前年度损益调整而增加的所得税费用，借记“以前年度损益调整”账户，贷记“应交税费——应交所得税”账户；将“以前年度损益调整”科目余额转入留存收益时，借记“以前年度损益调整”账户，贷记“盈余公积”“利润分配——未分配利润”账户。

【练一练 8-3】丁公司为增值税一般纳税人，12 月 5 日在财产清查过程中发现，前一年度 12 月购入的一台设备尚未入账，重置成本为 30 000 元。假定丁公司按净利润的 10% 提取法定盈余公积，不考虑相关税费及其他因素的影响。丁公司应编制如下会计分录。

（1）盘盈固定资产时：

借：固定资产　30 000

　　贷：以前年度损益调整　30 000

（2）进行所得税费用调整时：

借：以前年度损益调整　7 500

　　贷：应交税费——应交所得税　7 500

（3）结转为留存收益时：

借：以前年度损益调整　22 500

　　贷：盈余公积——法定盈余公积　2 250

　　　　利润分配——未分配利润　20 250

二、固定资产盘亏业务核算

企业在财产清查中盘亏的固定资产，按照盘亏固定资产的账面价值，借记“待处理财产损溢——待处理非流动资产损溢”账户；按照已计提的累计折旧，借记“累计折旧”账户；按照已计提的减值准备，借记“固定资产减值准备”账户；按照固定资产的原价，贷记“固定资产”账户。

企业按照管理权限报经批准后，按照可收回的保险赔偿或过失人赔偿，借记“其他应收款”账户；按照应计入营业外支出的金额，借记“营业外支出——盘亏损失”账户；贷记“待处理财产损溢——待处理非流动资产损溢”账户。

【练一练 8-4】乙公司为增值税一般纳税人，12 月 31 日进行财产清查时，发现短缺一台笔记本电脑，原价为 10 000 元，已计提折旧 7 000 元，购入时增值税税额为 1 300 元。乙公司应编制如下会计分录。

（1）盘亏固定资产时：

借：待处理财产损溢——待处理非流动资产损溢　　3 000
　　累计折旧　　7 000
　　贷：固定资产　　10 000

（2）转出不可抵扣的进项税额时：

借：待处理财产损溢——待处理非流动资产损溢　　390
　　贷：应交税费——应交增值税（进项税额转出）　　390

（3）报经批准转销时：

借：营业外支出——盘亏损失　　3 390
　　贷：待处理财产损溢——待处理非流动资产损溢　　3 390

你知道吗

根据现行增值税制度规定，购进货物及不动产发生非正常损失，其负担的进项税额不得抵扣。固定资产应按其账面净值（固定资产原价 - 已计提折旧）乘以适用税率计算不可以抵扣的进项税额。据此，在本例中，该笔记本电脑因盘亏，其购入时的增值税进项税额中不可从销项税额中抵扣的金额为：（10 000-7 000）×13%=390（元）。

引例分析

做一做：任务引例轻松搞定！

扫码看答案

课堂活动

试一试：一起挑战高难度任务！

1．以游戏形式按照随机组合方式将班级学生分成若干小组（每组 5 ～ 6 人）。

2．各小组讨论练习，共同完成以下活动任务。

【业务】2022 年 4 月 18 日，北京君豪实业有限公司进行固定资产盘点，发现盘亏计算机一台，其原值 20 000 元，累计折旧 15 000 元，已抵扣进项税额 2 600 元。4 月 25 日，经公司调查，该计算机盘亏由公司火灾造成，经批准计入当期损益。

【任务要求】完成北京君豪实业有限公司固定资产清查业务的账务处理。

3．每个小组推荐一位代表汇报本组任务完成情况，说明解决相关问题的思路和方法。

4．其他小组对其汇报进行评分。

5．每个小组将汇报情况形成文字资料，由任课教师评阅。

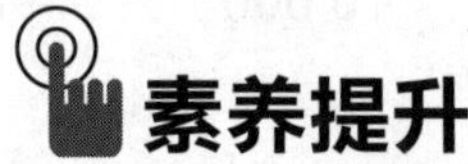

素养提升

防风险　严自查

在会计实际工作中，账簿记录有时与各项财产物资实有数不一致，出现账实不符现象。为了维护企业会计核算的客观性、相关性原则，保证会计资料的真实和完整，这就要求企业运用财产清查这一会计核算方法。一方面，对清查所发现的账实不符情况，按规定进行处理，调整账簿记录，保证账实相符，正确反映企业各项财产物资的真实情况；另一方面，针对财产清查中发现的问题，及时查明原因和责任，采取有效措施，加强管理。

同企业一样，个人在工作、学习或生活中也要经常自省自查，通过自我审视及时发现并改正问题。个人通过自查自纠，可以找出问题与不足、差距与短板，更好地落实整改、进行自我革命；通过自查自纠，可以不断优化学习、工作方法，提高学习、工作效率；通过自查自纠，可以加强个人对工作的责任感，查漏补缺，更好地完成任务。

项目小结

1. 货币资金清查业务核算	
业务内容	会计处理
库存现金盘盈	发现盘盈： 借：库存现金 　　贷：待处理财产损溢——待处理流动资产损溢 按管理权限报经批准后： 借：待处理财产损溢——待处理流动资产损溢 　　贷：其他应付款 / 营业外收入
库存现金盘亏	发现盘亏： 借：待处理财产损溢——待处理流动资产损溢 　　贷：库存现金 按管理权限报经批准后： 借：其他应收款 / 管理费用 　　贷：待处理财产损溢——待处理流动资产损溢

2. 存货清查业务核算	
业务内容	会计处理
存货盘盈	发现盘盈： 借：原材料 / 库存商品 　　贷：待处理财产损溢——待处理流动资产损溢 按管理权限报经批准后： 借：待处理财产损溢——待处理流动资产损溢 　　贷：管理费用
存货盘亏	发现盘亏： 借：待处理财产损溢——待处理流动资产损溢 　　贷：原材料 / 库存商品 　　　　应交税费——应交增值税（进项税额转出） 按管理权限报经批准后： 借：其他应收款 / 原材料 / 管理费用 / 营业外支出 　　贷：待处理财产损溢——待处理流动资产损溢

续

3. 固定资产清查业务核算	
业务内容	会计处理
固定资产盘盈	借：固定资产 　　贷：以前年度损益调整 借：以前年度损益调整 　　贷：应交税费——应交所得税 借：以前年度损益调整 　　贷：盈余公积 　　　　利润分配——未分配利润
固定资产盘亏	发现盘亏： 借：待处理财产损溢——待处理非流动资产损溢 　　累计折旧 　　固定资产减值准备 　　贷：固定资产 　　　　应交税费——应交增值税（进项税额转出） 按管理权限报经批准后： 借：其他应收款 / 营业外支出 　　贷：待处理财产损溢——待处理非流动资产损溢

即测即评

项目九

财务报表编制

学习目标

知识目标

1. 掌握资产负债表的编制方法
2. 掌握利润表的编制方法

技能目标

1. 能根据账簿准确编制资产负债表
2. 能根据账簿准确编制利润表

素养目标

1. 培养逻辑分析能力
2. 培养发现和提出问题、分析和解决问题的思辨能力

学习任务

财务报表是对企业财务状况、经营成果和现金流量的结构性表述。一套完整的财务报表至少应当包括资产负债表、利润表、现金流量表、所有者权益（或股东权益）变动表以及附注。本章重点介绍一般企业资产负债表、利润表的有关内容。

任务一　资产负债表编制

任务引例

想一想：该业务如何核算呢?

根据科目余额表编制北京君豪实业有限公司2022年12月31日资产负债表。科目余额表如表9-1所示。

表9-1　科目余额表

2022年12月31日

编制单位：北京君豪实业有限公司　　　　金额单位：元

科目	期末余额	
	借方	贷方
一、资产类		
库存现金	5 600	
银行存款——交通银行北京东城支行	1 257 206	
交易性金融资产——树人纸业——成本	800 000	
应收账款——北京万发投资有限公司	100 000	
应收账款——北京锦兴加工有限公司	350 000	
应收账款——北京美味食品有限公司	13 200	
应收账款——北京全安建筑有限公司	8 240	
应收股利——树人纸业	12 000	
其他应收款——沈一航	10 000	
坏账准备——应收账款		9 000
原材料——原料及主要材料	150 000	

续表

科目	期末余额	
	借方	贷方
库存商品——液晶电视	300 000	
库存商品——笔记本电脑	520 000	
周转材料——包装物	80 000	
周转材料——低值易耗品	10 000	
长期股权投资——北京百香大酒店	500 000	
固定资产——房屋建筑物	2 400 000	
固定资产——机器设备	250 000	
固定资产——电子设备	68 000	
固定资产——运输设备	260 000	
累计折旧		429 312
在建工程——房屋建筑物——3# 楼	2 000 000	
工程物资	50 000	
无形资产——专利权	1 010 000	
无形资产——土地使用权	1 800 000	
累计摊销——专利权		202 000
累计摊销——土地使用权		125 000
长期待摊费用	50 000	
递延所得税资产——应收账款	2 250	
二、负债类		
短期借款——交通银行北京东城支行		1 000 000
应付票据——北京锦兴加工有限公司		200 000
应付账款——北京天宇贸易有限公司		380 000
应付账款——北京建达房产有限公司		570 000
应付账款——北京天诚服务有限公司	2 000	
应付职工薪酬		230 444
应交税费——应交房产税		37 140
应交税费——应交城镇土地使用税		2 250

续表

科目	期末余额	
	借方	贷方
应交税费——应交所得税		37 250
应交税费——应交个人所得税		1 060
应交税费——未交增值税		4 500
应交税费——应交城市维护建设税		315
应交税费——应交教育费附加		135
应交税费——应交地方教育附加		90
应付利息——交通银行北京东城支行		5 000
其他应付款——田建国		5 000
长期借款——交通银行北京东城支行		2 000 000
三、所有者权益类		
实收资本		5 000 000
资本公积		500 000
其他综合收益		100 000
盈余公积——法定盈余公积		120 000
利润分配——未分配利润		1 080 000
四、成本类		
生产成本——液晶电视	30 000	

知识学习

资产负债表是反映企业在某一特定日期的财务状况的报表，是企业经营活动的静态反映。资产负债表根据“资产＝负债＋所有者权益”这一平衡公式，依照一定的分类标准和一定的次序，将某一特定日期的资产、负债、所有者权益的具体项目予以适当的排列编制而成。资产负债表主要反映资产、负债和所有者权益三方面的内容。资产负债表可以反映企业在某一特定日期所拥有或控制的经济资源、所承担的现时义务和所有者对净资产的要求权，帮助财务报表使用者全面了解企业的财务状况、分析企业的偿债能力等情况，从而为其做出经济决策提供依据。

一、资产负债表的结构

资产负债表一般由表头、表体两部分组成。表头部分应列明报表名称、编制单位名称、资产负债表日、报表编号和计量单位；表体部分是资产负债表的主体，列示了用以说明企业财务状况的各个项目。资产负债表的表体格式一般有两种：报告式和账户式。报告式资产负债表是上下结构，上半部分列示资产各项目，下半部分列示负债和所有者权益各项目。账户式资产负债表是左右结构：左边列示资产各项目，反映全部资产的分布及存在状态；右边列示负债和所有者权益各项目，反映全部负债和所有者权益的内容及构成情况。不管采取什么格式，资产各项目的合计一定等于负债和所有者权益各项目的合计。

我国企业的资产负债表采用账户式结构，分为左右两方。左方为资产项目，大体按资产的流动性大小排列，流动性大的资产如“货币资金”“交易性金融资产”等排在前面，流动性小的资产如“长期股权投资”“固定资产”等排在后面。右方为负债及所有者权益项目，一般按要求清偿时间的先后顺序排列，“短期借款”“应付票据”“应付账款”等需要在一年以内或者长于一年的一个正常营业周期内偿还的流动负债排在前面，“长期借款”等在一年以上才需偿还的非流动负债排在中间，在企业清算之前不需要偿还的所有者权益项目排在后面。

账户式资产负债表中的资产各项目的合计等于负债和所有者权益各项目的合计，即资产负债表左方和右方平衡。账户式资产负债表可以反映资产、负债、所有者权益之间的内在关系，即“资产 = 负债 + 所有者权益”。我国一般企业资产负债表格式如表 9-2 所示。

表 9-2　资产负债表

会企 01 表

编制单位：　　　　　　　　年　　月　　日　　　　　　　　单位：元

资产	期末余额	上年年末余额	负债和所有者权益（或股东权益）	期末余额	上年年末余额
流动资产：			流动负债：		
货币资金			短期借款		
交易性金融资产			交易性金融负债		
衍生金融资产			衍生金融负债		
应收票据			应付票据		
应收账款			应付账款		
应收款项融资			预收款项		
预付款项			合同负债		

续表

资产	期末余额	上年年末余额	负债和所有者权益（或股东权益）	期末余额	上年年末余额
其他应收款			应付职工薪酬		
存货			应交税费		
合同资产			其他应付款		
持有待售资产			持有待售负债		
一年内到期的非流动资产			一年内到期的非流动负债		
其他流动资产			其他流动负债		
流动资产合计			流动负债合计		
非流动资产：			非流动负债：		
债权投资			长期借款		
其他债权投资			应付债券		
长期应收款			其中：优先股		
长期股权投资			永续债		
其他权益工具投资			租赁负债		
其他非流动金融资产			长期应付款		
投资性房地产			预计负债		
固定资产			递延收益		
在建工程			递延所得税负债		
生产性生物资产			其他非流动负债		
油气资产			非流动负债合计		
使用权资产			负债合计		
无形资产			所有者权益（或股东权益）：		
开发支出			实收资本（或股本）		
商誉			其他权益工具		
长期待摊费用			其中：优先股		
递延所得税资产			永续债		
其他非流动资产			资本公积		
非流动资产合计			减：库存股		
			其他综合收益		

续表

资产	期末余额	上年年末余额	负债和所有者权益（或股东权益）	期末余额	上年年末余额
			专项储备		
			盈余公积		
			未分配利润		
			所有者权益(或股东权益)合计		
资产总计			负债和所有者权益（或股东权益）总计		

二、资产负债表的编制

（一）资产负债表项目的填列方法

资产负债表各项目均需填列“期末余额”和“上年年末余额”两栏。

资产负债表的“上年年末余额”栏内各项数字，应根据上年年末资产负债表的“期末余额”栏内所列数字填列。如果上年度资产负债表规定的各个项目的名称和内容与本年度不相一致，应按照本年度的规定对上年年末资产负债表各项目的名称和数字进行调整，填入本表“上年年末余额”栏内。

资产负债表的“期末余额”栏主要有以下几种填列方法。

（1）根据总账账户余额填列。如“短期借款”“资本公积”等账户，根据“短期借款”“资本公积”各总账账户的余额直接填列；有些项目则需根据几个总账账户的期末余额计算填列，如“货币资金”项目，需根据“库存现金”“银行存款”“其他货币资金”三个总账账户的期末余额的合计数填列。

（2）根据明细账户余额计算填列。如“应付账款”项目，需要根据“应付账款”和“预付账款”两个账户所属的相关明细账户的期末贷方余额计算填列；“开发支出”项目，需要根据“研发支出”账户所属的“资本化支出”明细账户期末余额计算填列；“一年内到期的非流动资产”“一年内到期的非流动负债”项目，需要根据相关非流动资产和非流动负债项目的明细账户余额计算填列。

（3）根据总账账户和明细账户余额分析计算填列。如“长期借款”项目，需要根据“长期借款”总账账户余额扣除“长期借款”账户所属的明细账户中将在一年内到期且企业不能自主地将清偿义务展期的长期借款后的金额计算填列。

（4）根据有关账户余额减去其备抵账户余额后的净额填列。如资产负债表中“应收票据”“应收账款”“长期股权投资”“在建工程”等项目,应当根据“应收票据”“应收账款”“长期股权投资”“在建工程”等账户的期末余额减去“坏账准备”“长期股权投资减值准备”“在建工程减值准备”等备抵账户余额后的净额填列。

（5）综合运用上述填列方法分析填列。如资产负债表中的“存货”项目，需要根据“原材料”“库存商品”“委托加工物资”“周转材料”“材料采购”“在途物资”“发出商品”“材料成本差异”等总账账户期末余额的分析汇总数，减去“存货跌价准备”等账户余额后的净额填列。

（二）部分资产负债表项目的填列说明

1. 资产项目的填列说明

（1）“货币资金”项目，反映企业库存现金、银行结算户存款、外埠存款、银行汇票存款、银行本票存款、信用卡存款、信用证保证金存款等的合计数。该项目应根据“库存现金”“银行存款”“其他货币资金”账户期末余额的合计数填列。

（2）“交易性金融资产”项目，反映资产负债表日企业分类为以公允价值计量且其变动计入当期损益的金融资产，以及企业持有的指定为以公允价值计量且其变动计入当期损益的金融资产的期末账面价值。该项目应根据“交易性金融资产”账户的相关明细账户期末余额分析填列。自资产负债表日起超过一年到期且预期持有超过一年的以公允价值计量且其变动计入当期损益的非流动金融资产的期末账面价值，在“其他非流动金融资产”项目反映。

（3）“应收票据”项目，反映资产负债表日以摊余成本计量的，企业因销售商品、提供服务等收到的商业汇票，包括银行承兑汇票和商业承兑汇票。该项目应根据“应收票据”账户的期末余额，减去“坏账准备”账户中相关坏账准备期末余额后的金额分析填列。

（4）“应收账款”项目，反映资产负债表日以摊余成本计量的，企业因销售商品、提供服务等经营活动应收取的款项。该项目应根据“应收账款”账户的期末余额，减去“坏账准备”账户中相关坏账准备期末余额后的金额分析填列。

（5）“预付款项”项目，反映企业按照购货合同规定预付给供应单位的款项等。该项目应根据“预付账款”和“应付账款”账户所属各明细账户的期末借方余额合计数，减去“坏账准备”账户中有关预付账款计提的坏账准备期末余额后的净额填列。如“预付账款”账户所属明细账户期末为贷方余额，应在资产负债表“应付账款”账户内填列。

（6）“其他应收款”项目，反映企业除应收票据、应收账款、预付账款等经营活动以外的其他各种应收、暂付的款项。该项目应根据“应收利息”“应收股利”和“其他应收款”账户的期末余额合计数，减去“坏账准备”账户中相关坏账准备期末余额后的金额填列。其中的“应收利息”仅反映相关金融工具已到期可收取但于资产负债表日尚未收到的利息。基于实际利率法计提的金融工具的利息应包含在相应金融工具的账面余额中。

（7）“存货”项目，反映企业期末在库、在途和在加工中的各种存货的可变现净值或成本（成本与可变现净值孰低）。该项目应根据“材料采购”“原材料”“库存商品”“周转材料”“委托加工物资”“发出商品”“生产成本”“受托代销商品”等账户的期末余额合计数,减去“受托代销商品款”“存货跌价准备”账户期末余额后的净额填列。材料采用计划成本核算，以及库存商品采用计划成本核算或售价核算的企业，还应按加或减材料成本差异、商品进销差价后的金额填列。

【练一练 9-1】12 月 31 日，甲公司有关科目余额如下：“发出商品”账户借方余额为 800 万元，“生产成本”账户借方余额为 300 万元，“原材料”账户借方余额为 100 万元，“委托加工物资”账户借方余额为 200 万元，“材料成本差异”账户贷方余额为 25 万元，“存货跌价准备”账户贷方余额为 100 万元，“受托代销商品”账户借方余额为 400 万元，“受托代销商品款”账户贷方余额为 400 万元，则当年 12 月 31 日，甲公司资产负债表中“存货”项目“期末余额”栏的列报金额 =800+300+100+200−25−100+400−400=1 275（万元）。

（8）“合同资产”项目，反映企业按照《企业会计准则第 14 号——收入》（2018）的相关规定，根据本企业履行履约义务与客户付款之间的关系在资产负债表中列示的合同资产。“合同资产”项目应根据“合同资产”账户的相关明细账户期末余额分析填列，同一合同下的合同资产和合同负债应当以净额列示，其中净额为借方余额的，应当根据其流动性在“合同资产”或“其他非流动资产”项目中填列，已计提减值准备的，还应以减去“合同资产减值准备”账户中相关的期末余额后的金额填列；其中，净额为贷方余额的，应当根据其流动性在“合同负债”或“其他非流动负债”项目中填列。

（9）“固定资产”项目，反映资产负债表日企业固定资产的期末账面价值和企业尚未清理完毕的固定资产清理净损益。该项目应根据“固定资产”账户的期末余额，减去“累计折旧”和“固定资产减值准备”账户的期末余额后的金额，以及“固定资产清理”账户的期末余额填列。

【练一练 9-2】12 月 31 日，甲公司“固定资产”账户借方余额为 4 000 万元，“累计折旧”账户贷方余额为 2 000 万元，“固定资产减值准备”账户贷方余额为 500 万元，“固定资产清理”账户借方余额为 500 万元，则当年 12 月 31 日，甲公司资产负债表中“固定资产”项目“期末余额”栏的列报金额 =4 000-2 000-500+500=2 000（万元）。

（10）“在建工程”项目，反映资产负债表日企业尚未达到预定可使用状态的在建工程的期末账面价值和企业为在建工程准备的各种物资的期末账面价值。该项目应根据“在建工程”账户的期末余额，减去“在建工程减值准备”账户的期末余额后的金额，以及“工程物资”账户的期末余额，减去“工程物资减值准备”账户的期末余额后的金额填列。

（11）“无形资产”项目，反映企业持有的专利权、非专利技术、商标权、著作权、土地使用权等无形资产的成本减去累计摊销和减值准备后的净值。该项目应根据“无形资产”账户的期末余额，减去“累计摊销”和“无形资产减值准备”账户期末余额后的净额填列。

【练一练 9-3】12 月 31 日，甲公司“无形资产”账户借方余额为 800 万元，“累计摊销”账户贷方余额为 200 万元，“无形资产减值准备”账户贷方余额为 100 万元，则当年 12 月 31 日，甲公司资产负债表中“无形资产”项目“期末余额”栏的列报金额 =800-200-100=500（万元）。

2. 负债项目的填列说明

（1）“短期借款”项目，反映企业向银行或其他金融机构等借入的期限在一年以下（含一年）的各种借款。该项目应根据“短期借款”账户的期末余额填列。

（2）“应付票据”项目，反映资产负债表日以摊余成本计量的，企业因购买材料、商品和接受服务等开出、承兑的商业汇票，包括银行承兑汇票和商业承兑汇票。该项目应根据“应付票据”账户的期末余额填列。

【练一练 9-4】12 月 31 日，甲公司“应付票据”科目的余额如下所示：25 万元的银行承兑汇票，10 万元的商业承兑汇票。则当年 12 月 31 日，甲公司资产负债表中“应付票据”项目“期末余额”栏的列报金额 =25+10=35（万元）。

（3）“应付账款”项目，反映资产负债表日以摊余成本计量的，企业因购买材料、商品和接受服务等经营活动应支付的款项。该项目应根据“应付账款”和“预付账款”账户所属的相关明细科目的期末贷方余额合计数填列。

（4）“预收款项”项目，反映企业按照合同规定预收的款项。该项目应根据“预收款项”和“应收账款”账户所属各明细账户的期末贷方余额合计数填列。如“预收账款”账户所属明细账户期末为借方余额,应在资产负债表“应收账款”项目内填列。

（5）“合同负债”项目，反映企业按照《企业会计准则第 14 号——收入》（2018）的相关规定，根据本企业履行履约义务与客户付款之间的关系在资产负债表中列示的合同负债。“合同负债”项目应根据“合同负债”的相关明细账户期末余额分析填列。

（6）“应付职工薪酬”项目，反映企业为获得职工提供的服务或解除劳动关系而给予的各种形式的报酬或补偿。该项目应根据“应付职工薪酬”账户所属各明细科目的期末贷方余额分析填列。外商投资企业按规定从净利润中提取的职工奖励及福利基金，也在该项目列示。

【练一练 9-5】 12 月 31 日，甲公司“应付职工薪酬”科目明细项目为：工资 70 万元，社会保险费（含医疗保险、工伤保险）4.1 万元，设定提存计划（含基本养老保险费）2.5 万元，住房公积金 2 万元，工会经费 1.4 万元。则当年 12 月 31 日，甲公司资产负债表中“应付职工薪酬”项目“期末余额”栏的列报金额 =70+4.1+2.5+2+1.4=80（万元）。

（7）“应交税费”项目，反映企业按照税法规定计算应缴纳的各种税费，包括增值税、消费税、城市维护建设税、教育费附加、企业所得税、资源税、土地增值税、房产税、城镇土地使用税、车船税等。企业代扣代缴的个人所得税，也通过该项目列示。该项目应根据“应交税费”账户的期末贷方余额填列。需要说明的是,“应交税费”账户下的“应交增值税”“未交增值税”“待抵扣进项税额”“待认证进项税额”“增值税留抵税额”等明细账户期末借方余额应根据情况，在资产负债表中的“其他流动资产”或“其他非流动资产”项目列示;“应交税费——待转销项税额”等账户期末贷方余额应根据情况，在资产负债表中的“其他流动负债”或“其他非流动负债”项目列示;“应交税费”账户下的“未交增值税”“简易计税”“转让金融商品应交增值税”“代扣代交增值税”等账户期末贷方余额应在资产负债表中的“应交税费”项目列示。

（8）“其他应付款”项目，反映企业除应付票据、应付账款、预收账款、应付职工薪酬、应交税费等经营活动以外的其他各项应付、暂收的款项。该项目应根据“应付利息”“应付股利”“其他应付款”账户的期末余额合计数填列。其中，“应付利息”账户仅反映相关金融工具已到期应支付但于资产负债表日尚未支付的利息。基于实际利率法计提的金融工具的利息应包含在相应金融工具的账面余额中。

（9）“长期借款”项目，反映企业向银行或其他金融机构借入的期限在一年以上（不含一年）的各项借款。该项目应根据“长期借款”账户的期末余额，扣除“长期借款”账户所属的明细账户中将在资产负债表日起一年内到期且企业不能自主地将清偿义务展期的长期借款后的金额计算填列。

3. 所有者权益项目的填列说明

（1）“实收资本（或股本）”项目,反映企业各投资者实际投入的资本（或股本）总额。该项目应根据“实收资本（或股本）”账户的期末余额填列。

（2）“资本公积”项目，反映企业收到投资者出资超出其在注册资本或股本中所占的份额以及直接计入所有者权益的利得和损失等。该项目应根据“资本公积”账户的期末余额填列。

（3）“其他综合收益”项目，反映企业其他综合收益的期末余额。该项目应根据“其他综合收益”账户的期末余额填列。

（4）“盈余公积”项目，反映企业盈余公积的期末余额。该项目应根据“盈余公积”账户的期末余额填列。

（5）“未分配利润”项目，反映企业尚未分配的利润。该项目应根据“本年利润”账户和“利润分配”账户的余额计算填列。未弥补的亏损在该项目内以“-”号填列。

做一做：任务引例轻松搞定！

扫码看答案

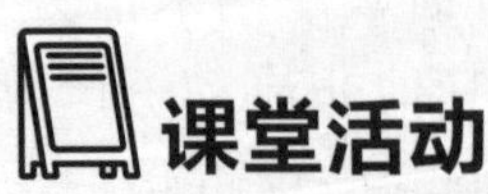

1. 以游戏形式按照随机组合方式将班级学生分成若干小组（每组 5 ～ 6 人）。

2. 各小组讨论练习，共同完成以下任务。

试一试：一起挑战高难度任务！

【业务】甲公司 2022 年 12 月 31 日的科目余额表如表 9-3 所示。

表 9–3　科目余额表

编制单位：甲公司　　　　2022 年 12 月 31 日　　　　金额单位：元

科目	借方余额	贷方余额
库存现金	5 703.54	
银行存款	17 198 640.79	
其他货币资金	228 839.00	
交易性金融资产	51 200.00	
应收票据		
应收账款	12 258 300.00	
预付账款	1 273 543.00	
原材料	2 435 208.80	
库存商品	1 191 863.20	
长期股权投资	6 000 000.00	
固定资产	2 313 300.00	
累计折旧		1 097 217.60
无形资产	1 800 000.00	
累计摊销		39 000.00
短期借款		1 200 000.00
应付账款		
应付职工薪酬		31 425.20
应交税费		752 700.58
应付利息		
其他应付款		
实收资本		20 000 000.00
盈余公积		3 679 163.24
本年利润		15 791 539.12
利润分配		2 421 692.45
生产成本	251 939.86	
合计	45 008 538.19	45 012 738.19

【任务要求】完成甲公司 2022 年 12 月 31 日资产负债表编制。

3. 每个小组推荐一位代表汇报本组任务完成情况，说明解决相关问题的思路和方法。

4. 其他小组对其汇报进行评分。

5. 每个小组将汇报情况形成文字资料，由任课教师评阅。

任务二 利润表编制

任务引例

想一想：该业务如何核算呢？

根据科目发生额表编制北京天宇贸易有限公司2022年度利润表。科目发生额表如表9-4所示。

表 9-4 科目发生额表

编制单位：北京天宇贸易有限公司　2022年12月31日　金额单位：元

科目名称	累计发生额	
	借方	贷方
主营业务收入		24 600 000
公允价值变动损益		8 000
营业外收入		28 600
主营业务成本	17 220 000	
税金及附加	59 040	
销售费用	1 027 000	
管理费用（不含研发费用）	2 062 400	
财务费用——利息费用	987 260	
财务费用——利息收入		90 000
信用减值损失	42 600	
营业外支出	85 500	
所得税费用	821 500	
其他综合收益	375 000	93 750

备注：其他综合收益全部是其他权益工具投资公允价值变动导致的。

知识学习

利润表，又称损益表，是反映企业在一定会计期间的经营成果的报表。利润表可以反映企业在一定会计期间收入、费用、利润（或亏损）的金额和构成情况，为财务报表使用者全面了解企业的经营成果、分析企业的获利能力及盈利增长趋势、做出经济决策提供依据。

一、利润表的结构

利润表的结构有单步式和多步式两种。单步式利润表是将当期所有的收入列在一起，所有的费用列在一起，然后将两者相减得出当期净损益。我国企业的利润表采用多步式格式，即对当期的收入、费用、支出项目按性质加以归类，按利润形成的主要环节列示一些中间性利润指标，分步计算当期净损益，以便财务报表使用者理解企业经营成果的不同来源。利润表一般由表头、表体两部分组成。表头部分应列明报表名称、编制单位名称、编制日期、报表编号和计量单位。表体部分为利润表的主体，列示形成经营成果的各个项目和计算过程。

为了使财务报表使用者通过比较不同期间利润的实现情况，判断企业经营成果的未来发展趋势，企业需要提供比较利润表。为此，利润表金额栏分为“本期金额”和“上期金额”两栏。我国一般企业利润表的格式如表 9-5 所示。

表 9-5 利润表

会企 02 表

编制单位： 年 月 单位：元

项目	本期金额	上期金额
一、营业收入		
减：营业成本		
税金及附加		
销售费用		
管理费用		
研发费用		
财务费用		
其中：利息费用		
利息收入		
加：其他收益		
投资收益（损失以“-”号填列）		
其中：对联营企业和合营企业的投资收益		

续表

项目	本期金额	上期金额
以摊余成本计量的金融资产终止确认收益(损失以“-”号填列)		
净敞口套期收益（损失以“-”号填列）		
公允价值变动收益（损失以“-”号填列）		
信用减值损失（损失以“-”号填列）		
资产减值损失（损失以“-”号填列）		
资产处置收益（损失以“-”号填列）		
二、营业利润（亏损以“-”号填列）		
加：营业外收入		
减：营业外支出		
三、利润总额（亏损总额以“-”号填列）		
减：所得税费用		
四、净利润（净亏损以“-”号填列）		
（一）持续经营净利润（净亏损以“-”号填列）		
（二）终止经营净利润（净亏损以“-”号填列）		
五、其他综合收益的税后净额		
（一）不能重分类进损益的其他综合收益		
1. 重新计量设定受益计划变动额		
2. 权益法下不能转损益的其他综合收益		
3. 其他权益工具投资公允价值变动		
4. 企业自身信用风险公允价值变动		
……		
（二）将重分类进损益的其他综合收益		
1. 权益法下可转损益的其他综合收益		
2. 其他债权投资公允价值变动		
3. 金融资产重分类计入其他综合收益的金额		
4. 其他债权投资信用减值准备		
5. 现金流量套期储备		
6. 外币财务报表折算差额		
……		
六、综合收益总额		
七、每股收益：		
（一）基本每股收益		
（二）稀释每股收益		

二、利润表的编制

（一）利润表项目的填列方法

我国一般企业利润表的主要编制步骤和内容如下。

第一步，以营业收入为基础，减去营业成本、税金及附加、销售费用、管理费用、研发费用、财务费用，加上其他收益、投资收益（或减去投资损失）、净敞口套期收益（或减去净敞口套期损失）、公允价值变动收益（或减去公允价值变动损失）、资产减值损失、信用减值损失、资产处置收益（或减去资产处置损失），计算出营业利润。

第二步，以营业利润为基础，加上营业外收入，减去营业外支出，计算出利润总额。

第三步，以利润总额为基础，减去所得税费用，计算出净利润（或净亏损）。

第四步，以净利润（或净亏损）为基础，计算出每股收益。

第五步，以净利润（或净亏损）和其他综合收益为基础，计算出综合收益总额。

利润表各项目均需填列“本期金额”和“上期金额”两栏。其中“上期金额”栏内各项数字，应根据上年该期利润表的“本期金额”栏内所列数字填列。“本期金额”栏内各项数字，除“基本每股收益”和“稀释每股收益”项目外，应当按照相关科目的发生额分析填列。如“营业收入”项目，根据“主营业务收入”“其他业务收入”账户的发生额分析计算填列；“营业成本”项目，根据“主营业务成本”“其他业务成本”账户的发生额分析计算填列。

（二）利润表主要项目的填列说明

（1）“营业收入”项目，反映企业经营主要业务和其他业务所确认的收入总额。该项目应根据“主营业务收入”和“其他业务收入”账户的发生额分析填列。

【练一练 9-6】乙公司为热电企业，其经营范围包括电、热的生产和销售，发电、输变电工程的技术咨询，电力设备及相关产品的采购、开发、生产和销售等。乙公司本年度“主营业务收入”科目发生额明细如下所示：电力销售收入合计 8 000 万元，热力销售收入合计 1 400 万元；“其他业务收入”科目发生额合计 600 万元。则乙公司本年度利润表中“营业收入”项目“本期金额”栏的列报金额 =8 000+1 400+600=10 000（万元）。

（2）“营业成本”项目，反映企业经营主要业务和其他业务所发生的成本总额。该项目应根据“主营业务成本”和“其他业务成本”账户的发生额分析填列。

（3）“税金及附加”项目，反映企业经营业务应负担的消费税、城市维护建设税、教育费附加、资源税、土地增值税、房产税、车船税、城镇土地使用税、印花税等相关税费。该项目应根据“税金及附加”账户的发生额分析填列。

（4）“销售费用”项目，反映企业在销售商品过程中发生的包装费、广告费等费用和为销售本企业商品而专设的销售机构的职工薪酬、业务费等经营费用。该项目应根据“销售费用”账户的发生额分析填列。

（5）“管理费用”项目，反映企业为组织和管理生产经营发生的管理费用。该项目应根据“管理费用”账户的发生额分析填列。

（6）“研发费用”项目，反映企业进行研究与开发过程中发生的费用化支出以及计入管理费用的自行开发无形资产的摊销。该项目应根据“管理费用”账户下的“研发费用”明细账户的发生额以及“管理费用”账户下“无形资产摊销”明细账户的发生额分析填列。

（7）“财务费用”项目下的“利息费用”项目，反映企业为筹集生产经营所需资金等而发生的应予费用化的利息支出。该项目应根据“财务费用”账户的相关明细账户的发生额分析填列。该项目作为“财务费用”项目的其中项，以正数填列。“财务费用”项目下的“利息收入”项目，反映企业按照相关会计准则确认的应冲减财务费用的利息收入。该项目应根据“财务费用”账户的相关明细账户的发生额分析填列。该项目作为“财务费用”项目的其中项，以正数填列。

（8）“其他收益”项目，反映计入其他收益的政府补助，以及其他与日常活动相关且计入其他收益的项目。该项目应根据“其他收益”账户的发生额分析填列。企业作为个人所得税的扣缴义务人，根据《中华人民共和国个人所得税法》收到的扣缴税款手续费，应作为其他与日常活动相关的收益在本项目中填列。

（9）“投资收益”项目，反映企业以各种方式对外投资所取得的收益。本项目应根据“投资收益”账户的发生额分析填列。如为投资损失，该项目以“-”号填列。

（10）“公允价值变动收益”项目，反映企业应当计入当期损益的资产或负债公允价值变动收益。该项目应根据“公允价值变动损益”账户的发生额分析填列，如为净损失，该项目以“-”号填列。

（11）“信用减值损失”项目，反映企业按照《企业会计准则第22号——金融工具确认和计量》（2018）的要求计提的各项金融工具信用减值准备所确认的信用损失。该项目应根据“信用减值损失”账户的发生额分析填列。

（12）“资产减值损失”项目，反映企业有关资产发生的减值损失。该项目应根据“资产减值损失”账户的发生额分析填列。

（13）“资产处置收益”项目，应根据“资产处置损益”账户的发生额分析填列；如为处置损失，该项目以“-”号填列。

（14）“营业利润”项目，反映企业实现的营业利润。如为亏损，该项目以“-”号填列。

（15）“营业外收入”项目，反映企业发生的除营业利润以外的收益，主要包括与企业日常活动无关的政府补助、盘盈利得、捐赠利得（企业接受股东或股东的子公司直接或间接的捐赠，经济实质属于股东对企业的资本性投入的除外）等。该项目应根据“营业外收入”账户的发生额分析填列。

（16）“营业外支出”项目，反映企业发生的除营业利润以外的支出，主要包括公益性捐赠支出、非常损失、盘亏损失、非流动资产毁损报废损失等。该项目应根据“营业外支出”账户的发生额分析填列。

（17）“利润总额”项目，反映企业实现的利润。如为亏损，该项目以“-”号填列。

（18）“所得税费用”项目，反映企业应从当期利润总额中扣除的所得税费用。该项目应根据“所得税费用”账户的发生额分析填列。

（19）“净利润”项目，反映企业实现的净利润。如为亏损，该项目以“-”号填列。

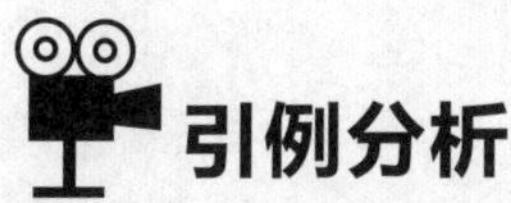

做一做：任务引例轻松搞定！

扫码看答案

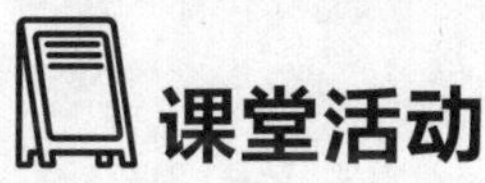

试一试：一起挑战高难度任务！

1. 以游戏形式按照随机组合方式将班级学生分成若干小组（每组5～6人）。

2. 各小组讨论练习，共同完成以下任务。

【业务】甲公司2022年的科目发生额如表9-6所示。

表 9–6 科目发生额

编制单位：甲公司　　2022 年　　金额单位：元

账户名称	累计发生额	
	借方	贷方
主营业务收入		85 109 980
其他业务收入		4 000 000
投资收益		−31 000
营业外收入		33 600
主营业务成本	68 887 984	
其他业务成本	2 900 000	
税金及附加	203 398.72	
销售费用	682 047.17	
管理费用（不含研发费用）	3 192 888.67	
财务费用——利息费用	375 750	
信用减值损失	12 300	
营业外支出	54 500	
所得税费用	3 943 002.86	

【任务要求】完成甲公司 2022 年利润表编制。

3．每个小组推荐一位代表汇报本组任务完成情况，说明解决相关问题的思路和方法。

4．其他小组对其汇报进行评分。

5．每个小组将汇报情况形成文字资料，由任课教师评阅。

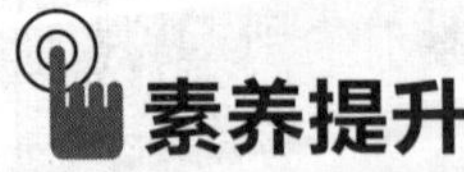

素养提升

财务报表编制原则

财务报表是现代企业管理、资本交易的重要参考信息，财务报表是对丰富、庞杂的财务信息与数据的高度整合，为管理人员了解企业的经营状况、真实的盈利情况提供了方便。企业在编制财务报表过程中应遵循以下原则。

（1）数字真实。财务报表中的各项数据必须真实可靠，如实地反映企业的财务状况、经营成果和现金流量，这是对会计信息质量的基本要求。

（2）内容完整。财务报表应当反映企业经济活动的全貌，全面反映企业的财务状况和经营成果，才能满足各方面对会计信息的需要。

（3）计算准确。日常的会计核算以及编制财务报表，涉及大量的数字计算，只有准确计算，才能保证数字的真实可靠。这就要求企业编制财务报表必须以核对无误后的账簿记录和其他有关资料为依据，不能使用估计或推算的数据，更不能以任何方式弄虚作假、玩数字游戏或隐瞒谎报。

（4）报送及时。及时性是信息的重要特征，财务报表信息只有及时地传递给信息使用者，才能为使用者的决策提供依据。

（5）手续完备。企业对外提供的财务报表应加具封面、装订成册、加盖公章。

由于编制财务报表的直接依据是会计账簿，因此为保证财务报表数据的正确性，企业编制报表之前必须做好对账和结账工作，做到账证相符、账账相符、账实相符，以保证报表数据的真实准确。

项目小结

1. 资产负债表编制

报表内容		编制方法
表头		包括报表名称、编制单位名称、资产负债表日、报表编号和计量单位
上年年末余额		应根据上年末资产负债表“期末余额”栏内所列数字填列
期末余额	1. 根据总账科目余额填列	报表中“短期借款”“应付票据”“应付职工薪酬”“应交税费”“预计负债”“专项应付款”“递延所得税负债”“实收资本”“资本公积”“盈余公积”等项目，应根据相关总账科目的期末余额直接填列；“货币资金”项目应根据“库存现金”“银行存款”“其他货币资金”科目的期末余额合计填列
	2. 根据明细科目余额计算填列	报表中“预收账款”项目，应根据“预收账款”“应收账款”科目所属各有关明细科目的期末贷方余额合计填列；“预付账款”项目，应根据“预付账款”“应付账款”科目所属各明细科目的期末借方余额合计填列；“应付账款”项目，应根据“应付账款”“预付账款”科目所属各有关明细科目的期末贷方余额合计填列；“开发支出”项目，需要根据“研发支出”科目所属的“资本化支出”明细科目期末余额计算填列

续

<table>
<tr><th colspan="3">1. 资产负债表编制</th></tr>
<tr><th colspan="2">报表内容</th><th>编制方法</th></tr>
<tr><td rowspan="3">期末余额</td><td>3. 根据总账科目和明细科目余额分析计算填列</td><td>报表中“一年内到期的非流动资产”项目和“一年内到期的非流动负债”项目，应根据有关非流动资产和非流动负债总账科目及所属明细科目的期末余额分析计算填列；“长期借款”项目，需要根据“长期借款”总账科目余额扣除“长期借款”科目所属的明细科目中将在一年内到期且企业不能自主地将清偿义务展期的长期借款后的金额计算填列</td></tr>
<tr><td>4. 根据有关科目余额减去其备抵科目余额后的净额填列</td><td>报表中“应收票据”“应收账款”“长期股权投资”“在建工程”等项目，应当根据这些科目的期末余额减去“坏账准备”“长期股权投资减值准备”“在建工程减值准备”等备抵科目余额后的净额填列</td></tr>
<tr><td>5. 综合运用上述填列方法分析填列</td><td>“存货”项目应根据“材料采购”“原材料”“周转材料”“库存商品”“发出商品”“委托代销商品”“受托代销商品”“生产成本”等项目的期末余额合计，减去“存货跌价准备”“受托代销商品款”科目期末余额后的金额填列</td></tr>
<tr><th colspan="3">2. 利润表编制</th></tr>
<tr><th colspan="2">报表内容</th><th>编制方法</th></tr>
<tr><td colspan="2">表头</td><td>包括报表名称、编制单位名称、编制日期、报表编号和计量单位</td></tr>
<tr><td colspan="2">上期金额</td><td>应根据上年度利润表的“本期金额”直接填列</td></tr>
<tr><td rowspan="2">本期金额</td><td>1. 根据相应科目的发生额分析填列</td><td>包括“主营业务收入”“主营业务成本”“其他业务收入”“其他业务成本”“税金及附加”“销售费用”“管理费用”“研发费用”“财务费用”“公允价值变动收益”“投资收益”“营业外收入”“营业外支出”“所得税费用”等科目</td></tr>
<tr><td>2. 根据计算公式计算填列</td><td>“营业利润”“利润总额”“净利润”项目应根据表中的计算公式计算填列，若亏损应以“-”号填列。“每股收益”项目应根据有关公式和表中数据计算填列</td></tr>
</table>

即测即评

参考文献

[1] 中华人民共和国财政部，企业会计准则：2006[M]．北京：经济科学出版社，2006．

[2] 财政部会计司编写组，企业会计准则讲解：2010[M]．北京：人民出版社，2010．

[3] 财政部会计财务评价中心，初级会计实务 [M]．北京：经济科学出版社，2023．

[4] 财政部会计财务评价中心，中级会计实务 [M]．北京：经济科学出版社，2023．